高等职业教育市场营销专业教材

市场营销策划

主 编
王志刚 陈 寰

主 审
刘 伟

中国轻工业出版社

图书在版编目(CIP)数据

市场营销策划/王志刚,陈寰主编.—北京:中国轻工业出版社,2022.8
高等职业教育"十三五"规划教材
ISBN 978-7-5184-1953-1

Ⅰ.①市… Ⅱ.①王…②陈… Ⅲ.①市场营销—营销策划—高等职业教育—教材 Ⅳ.①F713.50

中国版本图书馆CIP数据核字(2018)第085774号

责任编辑:王 韧 江 娟 贺 娜
策划编辑:江 娟　　　　责任终审:劳国强　　封面设计:锋尚设计
版式设计:砚祥志远　　　责任校对:吴大朋　　责任监印:张 可

出版发行:中国轻工业出版社(北京鲁谷东街5号,邮编:100040)
印　　刷:北京君升印刷有限公司
经　　销:各地新华书店
版　　次:2022年8月第1版第3次印刷
开　　本:720×1000　1/16　印张:15.5
字　　数:310千字
书　　号:ISBN 978-7-5184-1953-1　　定价:45.00元

邮购电话:010-85119873
发行电话:010-85119832　010-85119912
网　　址:http://www.chlip.com.cn
Email:club@chlip.com.cn
如发现图书残缺请与我社邮购联系调换

KG 1456-161262

本书编委会

主　　编　王志刚（宜宾职业技术学院）
　　　　　　陈　寰（宜宾职业技术学院）

副 主 编　王香华（原宜宾君临酒业有限公司）
　　　　　　陈启强（宜宾职业技术学院）
　　　　　　戴桂君（宜宾职业技术学院）

编　　者　谢喻江（宜宾职业技术学院）
　　　　　　胡桂香（宜宾职业技术学院）
　　　　　　周　晓（宜宾职业技术学院）
　　　　　　谢　贵（宜宾职业技术学院）
　　　　　　高丽丽（宜宾职业技术学院）

主　　审　刘　伟（宜宾职业技术学院）

前　言

习近平总书记在党的十九大报告中明确提出"中国特色社会主义进入了新时代",为我国发展指出了新的历史方位。当前,我国经济发展进入新常态,供给侧结构性改革正引领我国实现更高质量、更有效率、更加公平、更可持续的发展。与之相适应,高等职业教育也进入了高质量改革和发展的新阶段。在此背景下,课程作为落实"立德树人"根本任务的核心载体和培养高素质技术技能人才的重要环节,也必须充分观照和回应新时代、新阶段和新要求。

《市场营销策划》是高等职业教育市场营销类专业的核心课程之一,目标是使学生具备从事市场营销策划等相关职业岗位所必需的营销策划基本知识、方法和技能。为此,我们以"目标导向,任务驱动,项目载体"为指导思想,借助于五粮液集团等知名企业搭建的校企合作平台,同深度合作的多家企业的营销及管理人员一起进行了项目化教学探索与实践。本书编写以培养具有创新创业精神的经管类专业高素质技术技能人才的目标为指导,以市场营销策划任务和流程为主线,结合项目化教学的要求,在阐述市场营销策划基本理论的基础上,吸收和采纳最新研究成果和最新发展动态,力求使教材具有科学性、实用性与前瞻性。

本教材主要有以下特点:

(1) 突出能力导向,将教学内容项目化。依据高素质技术技能人才培养的需要以及学生学习的能力和兴趣等,以"理论联系实际"为原则,突出学生职业核心能力的培养,按照项目化的思路重构内容体系,将知识、能力和素质等要素贯穿和融入具体的教学项目中。

(2) 依据认知规律,将工作任务步骤化。根据市场营销策划工作岗位提取典型的工作任务,将工作任务进行步骤化设计,将完成任务所需知识和技能贯穿其中,让学生逐步掌握市场营销策划具体工作任务中所需的知识和技能,并通过完成相关任务达到对知识的理解和应用。

(3) 注重探究引导,将学习内容多样化。在具体项目中设有"项目引入""知识目标""技能目标""必备知识""项目实施""项目思考"等内容，在具体工作任务中设有"任务目标""工作任务""任务实施""知识链接""经典案例"等内容，从而激发学生带着好奇和探究的心态去学习，提升教学针对性和学习成效。

本书由宜宾职业技术学院王志刚、陈寰担任主编，王香华〔原宜宾君临酒业有限公司（珍品五粮醇全国总经销）华东区域大区经理〕、陈启强、戴桂君担任副主编，由宜宾职业技术学院刘伟教授主审。编写分工如下：项目一由王志刚编写；项目二由陈启强、王香华编写；项目三由谢喻江编写；项目四由陈寰编写；项目五由胡桂香、高丽丽编写；项目六由周晓编写；项目七由谢贵、戴桂君编写。

在本书编写过程中，还借鉴和吸收了国内外市场营销策划相关的著作和资料，引用了有关的内容和研究成果，在此向有关作者一并表示诚挚的感谢。

由于编者水平有限，加上时间仓促，不足之处在所难免，敬请读者批评指正。

编　者

2018 年 5 月

目 录 CONTENTS

项目一　认识营销策划　……………………………………………………………… 1
　一、掌握营销策划基本知识　……………………………………………………… 2
　　　步骤一　理解营销策划的含义　……………………………………………… 2
　　　步骤二　遵循营销策划的原则　……………………………………………… 4
　　　步骤三　认识营销策划的类型　……………………………………………… 5
　二、掌握营销策划书的撰写　……………………………………………………… 6
　　　步骤一　营销策划书撰写前期准备　………………………………………… 6
　　　步骤二　营销策划书撰写基本原则　………………………………………… 12
　　　步骤三　营销策划书撰写流程格式　………………………………………… 13

项目二　产品品牌定位策划　……………………………………………………… 24
　一、认识产品策划　………………………………………………………………… 25
　　　步骤一　了解产品策划的步骤　……………………………………………… 25
　　　步骤二　产品生命周期策略策划　…………………………………………… 33
　　　步骤三　产品组合策略策划　………………………………………………… 37
　二、新产品开发策划　……………………………………………………………… 39
　　　步骤一　新产品开发流程　…………………………………………………… 39
　　　步骤二　新产品开发战略　…………………………………………………… 42
　三、品牌策略策划　………………………………………………………………… 44
　　　步骤一　品牌策划认知　……………………………………………………… 45
　　　步骤二　品牌策略策划　……………………………………………………… 51

项目三　价格营销策划　…………………………………………………………… 68
　一、选定合理价格　………………………………………………………………… 69
　　　步骤一　选择定价目标　……………………………………………………… 69
　　　步骤二　确定最高价格　……………………………………………………… 74

步骤三　确定价格底限 …………………………………………………… 77
　　　步骤四　分析竞争态势 …………………………………………………… 77
　　　步骤五　选择定价方法 …………………………………………………… 78
　　　步骤六　确定最终价格 …………………………………………………… 84
　二、价格变动策略 …………………………………………………………………… 92
　　　步骤一　价格上调策略 …………………………………………………… 93
　　　步骤二　价格下调策略 …………………………………………………… 95
　　　步骤三　应对变动策略 …………………………………………………… 96

项目四　渠道营销策划 ………………………………………………………………… 106
　一、认识渠道营销策划 ……………………………………………………………… 107
　　　步骤一　了解渠道营销策划含义 ………………………………………… 107
　　　步骤二　了解渠道营销理论演进 ………………………………………… 107
　　　步骤三　了解渠道营销发展前景 ………………………………………… 108
　　　步骤四　掌握渠道营销相关因素 ………………………………………… 109
　二、互联网＋渠道营销策划 ………………………………………………………… 110
　　　步骤一　认识全新渠道营销策划 ………………………………………… 110
　　　步骤二　渠道营销策划的新思路 ………………………………………… 111
　　　步骤三　互联网＋渠道营销案例 ………………………………………… 113
　三、网络营销渠道策划 ……………………………………………………………… 116
　　　步骤一　理解网络营销渠道含义 ………………………………………… 117
　　　步骤二　掌握网络营销渠道策划 ………………………………………… 119
　四、"互联网＋渠道营销策划"新趋势—新零售 ………………………………… 123
　　　步骤一　理解"互联网＋渠道营销策划"下的新零售 ………………… 123
　　　步骤二　新零售的特征 …………………………………………………… 124
　　　步骤三　新零售的发展前景 ……………………………………………… 125

项目五　促销策划 ……………………………………………………………………… 129
　一、认识促销策划 …………………………………………………………………… 130
　　　步骤一　了解促销策划的含义 …………………………………………… 130
　　　步骤二　掌握促销策划的程序 …………………………………………… 131
　二、广告策划策略 …………………………………………………………………… 132
　　　步骤一　了解广告策划基本内容 ………………………………………… 132
　　　步骤二　掌握广告策划运作过程 ………………………………………… 134

三、公关策划策略 ·· 142
　　　　步骤一　了解公关策划基本含义 ······················· 143
　　　　步骤二　掌握公关策划基本策略 ······················· 144
　　四、营业推广策划 ·· 149
　　　　步骤一　了解营业推广基本内容 ······················· 149
　　　　步骤二　掌握营业推广基本策略 ······················· 151
　　五、人员推销策划 ·· 153
　　　　步骤一　了解人员推销策划步骤 ······················· 153
　　　　步骤二　掌握人员推销策划策略 ······················· 155

项目六　线上营销策划 ··· 164
　　一、织网络——网店营销策划 ··································· 165
　　　　步骤一　认识网店平台 ····································· 165
　　　　步骤二　完善网店规划 ····································· 167
　　　　步骤三　网店活动策划 ····································· 170
　　二、圈粉丝——微信营销策划 ··································· 177
　　　　步骤一　了解微信营销 ····································· 177
　　　　步骤二　微信营销步骤 ····································· 181
　　　　步骤三　微信营销策略 ····································· 183
　　三、晒热门——事件营销策划 ··································· 190
　　　　步骤一　认识事件营销 ····································· 191
　　　　步骤二　事件营销策略 ····································· 195
　　　　步骤三　事件营销策划 ····································· 199

项目七　软文营销策划 ··· 207
　　　　步骤一　认识软文营销 ····································· 208
　　　　步骤二　软文话题策划 ····································· 210
　　　　步骤三　软文媒体策划 ····································· 212
　　　　步骤四　软文写作技巧 ····································· 220
　　　　步骤五　软文发布策略 ····································· 226
　　　　步骤六　软文效果评估 ····································· 228

参考文献 ··· 233

项目一 认识营销策划

项目引入

薛平作为公司新进员工,被安排去做营销策划工作,他需要认识和掌握什么是营销策划。薛平需要了解营销策划的含义、原则、类型,营销策划书的撰写原则和流程。作为企业的营销策划专员,需要对产品的上市、销售、活动、售后做策划,并根据竞争对手和市场的反应做出策划的调整。

知识目标

掌握营销策划的含义。
熟悉营销策划的原则。
熟悉营销策划的主要类型。
能正确地撰写营销策划书。

技能目标

能正确地运用营销策划服务于公司的营销工作,通过营销策划提升公司产品竞争力。
能根据市场变化情况设计营销策划书。
能对竞争者的变动合理调整营销策划书和活动。

必备知识

(1) 营销策划基础知识。
(2) 营销策划书的撰写技巧。

项目实施

一、掌握营销策划基本知识

任务目标

正确理解营销策划的含义、原则和类型,能将营销策划知识运用于公司的营销工作中,提升公司营销竞争力。

工作任务

薛平刚刚在白酒公司入职,被分配到营销部门,负责营销策划工作,他的主要职责是撰写营销策划书,并和团队一起执行营销策划活动,因此他需要完整并非常熟悉地掌握营销策划相关知识,并能根据市场变化和公司要求撰写营销策划书,所以他必须要对营销策划工作有个全面的认识。

任务实施

步骤一 理解营销策划的含义

薛平作为公司新职员承担新工作,务必要认真认识营销策划的含义,理解营销策划的精髓。

知识链接

(一)策划的来源

策划是一种策略、筹划、谋划或者计划、打算,它是个人、企业、组织机构为了达到一定的目的,在充分调查市场环境及相关联的环境的基础之上,遵循一定的方法或者规则,对未来即将发生的事情进行系统、周密、科学的预测并制订科学的可行性的方案。在现代生活中,常用于形容做一件事的计划,或是一种职位的名称。

"策划"一词最早出现在《后汉书》,"策"主要是指计谋、谋略,"划"指设计、筹划、谋划。选题中应用创造性思维独辟蹊径地考虑选题就是选题策划。

《后汉书·隗嚣传》中"是以功名终申,策画复得"之句,其中"画"与"划"相通互代,"策画"即"策划",意思是计划、打算,策最主要的意思是指计谋,如,决策、献策、下策、束手无策;划指设计,工作计划、筹划、谋划,意思为处置、安排;日本策划家和田创认为:策划是通过实践活动获取更佳效果的智慧，它是一种智慧创造行为；美国哈佛企业管理丛书认为：策划是一种程序，"在本质上是一种运用脑力的理性行为"；更多人说策划是一种对未来采取的行为做决定的准备过程，是一种构思或理性思维程序。

（二）营销策划的含义

营销策划是根据企业的营销目标，通过企业设计和规划企业产品、服务、创意、价格、渠道、促销，从而实现个人和组织的交换过程的行为，以满足消费者需求和欲望为核心。

1. 营销的目标

营销策划的核心要点是有机组合策划各要素，最大化提升品牌资产。品牌识别系统、品牌化战略与品牌架构就好像宪法，企业的营销传播活动就像组织与个人日常的政治、经济与社会活动，把营销策略、广告创意、终端陈列与促销当作品牌战略管理的工作，就等于把公民日常的社会活动如升学、就医、谈恋爱、婚嫁当作宪法的制定与实施了。像全国人大的工作职责一样，企业品牌战略管理部门的职责首先是品牌宪法的制定，然后是执法检查，即对品牌的营销策略、广告公关促销等传播活动的每一个环节是否有效地体现品牌宪法进行检查。

机构品牌营销顾问认为，快速发展的互联网时代让各大中小型企业不再忽视网络互动营销的潜在市场，如今正是网络营销的黄金时代。营销策划也注定离不开网络营销这一块。

网络营销时代的营销方法不断地创新，事件营销就是其中一种方式。事件营销又被称为"事件炒作"。

通过事件营销一夜成名的例子有许多。其背后拥有一支经验丰富的策划团队。事件营销就是经过策划团队的精密策划来为你的企业或是网站抑或是个人来打造独特卖点，然后经过媒体宣传从而达到知名度的迅速提升。

2. 营销内容

营销内容包括营销战略规划、产品全国市场推广、一线营销团队建设、促销政策制定、专卖体系等特殊销售模式打造、终端销售业绩提升、样板市场打造、分销体系建立、渠道建设、直营体系建设、价格体系建设、招商策划、新产品上市策划、产品规划、市场定位、营销诊断、网络营销平台的创立等。

关于营销策划，欧洲国家已经将定位、营销、策划分得很细，各自有专业的操作公司。而在我国国内，很多营销策划机构依然在追求全案操作，从定位到设计推广一体化进程，难免影响其专业性。最近几年，国内上海、广州等地已经逐渐出现了细分的营销策划公司，如专业做定位、专业做设计、专业做营销托管等，这必将是营销行业的大势所趋。

步骤二 遵循营销策划的原则

营销策划只是一种工具,薛平仅仅理解到其来源和概念远远不够,还要明白这个工具的使用原则,方可事半功倍。

知识链接

营销策划作为一种实用工具,有着其自身的原则。所有的技术、渠道都只是实施手段,唯有独到的创意、细致的分析、精准的定位、出色的策划,才是策划服务中的精髓,也是真正对客户至关重要的环节。坚决摒弃华而不实的推广方式,以及只有数据没有实际效果的单纯技术手段。除了常用的硬广告模式,襟抱堂网络传媒机构更主张"创意独到、软性营销、特色炒作、共鸣性传播",以润物细无声的方式对目标群体进行巧妙渗透,并同时注重广度宣传与深度渗透。

(一) 系统性原则

营销是一个系统性的企业经营活动,它是在营销环境下对市场营销的信息流、商流、制造流、物流、资金流和服务流进行管理的。因此,营销方案的策划,是一项复杂的系统工程。策划人员必须以系统论为指导,对企业营销活动的各种要素进行整合和优化,使"六流"皆备,相得益彰。

(二) 创新性原则

在个性化消费需求日益明显的网络营销环境中,通过创新,创造和顾客的个性化需求相适应的产品特色和服务特色,是提高效用和价值的关键。特别的奉献才能换来特别的回报。创新带来特色,特色不仅意味着与众不同,而且意味着额外的价值。在营销方案的策划过程中,必须在深入了解营销环境尤其是顾客需求和竞争者动向的基础上,努力营造增加顾客价值、为顾客所欢迎的产品特色和服务特色。

(三) 操作性原则

营销策划的第一个结果是形成营销方案。营销方案必须具有可操作性,否则毫无价值可言。这种可操作性,表现为在营销方案中,策划者根据企业营销的目标和环境条件,就企业在未来的营销活动中做什么、何时做、何地做、何人做、如何做的问题进行了周密的部署、详细的阐述和具体的安排。也就是说,营销方案是一系列具体的、明确的、直接的、相互联系的行动计划的指令,一旦付诸实施,企业的每一个部门、每一个员工都能明确自己的目标、任务、责任以及完成任务的途径和方法,并懂得如何与其他部门或员工相互协作。

(四) 经济性原则

营销策划必须以经济效益为核心。营销策划不仅本身消耗一定的资源,而且

通过营销方案的实施，必然消耗企业经营资源，从而导致成本增加。营销策划的经济效益，是策划所带来的经济收益与策划和方案实施成本之间的比率。成功的营销策划，应当是在策划和方案实施成本既定的情况下取得最大的经济收益，或花费最小的策划和方案实施成本取得目标经济收益。

（五）全局性

营销策划要具有整体意识，从企业发展出发，明确重点，统筹兼顾，处理好局部利益与整体利益的关系，酌情制订出正确的营销策划方案。

（六）战略性

营销策划是一种战略决策，将对未来一段时间的企业营销起指导作用。

（七）稳定性

营销策划作为一种战略行为，应具有相对的稳定性，一般情况下不能随意变动。如果策划方案缺乏稳定性，朝令夕改，不仅会导致企业营销资源的巨大浪费，而且会严重影响企业的发展。

（八）权宜性

任何一个营销策划都是在一定的市场环境下制订的，因而营销方案与市场环境存在一定的相互对应的关系。当市场环境发生了变化，原来的营销方案的适用条件也许就不复存在了。

（九）可行性

无法在实际中操作执行的营销策划方案没有任何价值。营销策划首先要满足经济性，即执行营销方案得到的收益大于方案本身所要求的成本；其次，营销策划方案必须与企业的实力相适应，即企业能够正确地执行营销方案，使其具有实现的可能性。

步骤三　认识营销策划的类型

薛平需要对该产品的成本进行初步的估计，以确定整个产品的最低价格底限，对整个产品的盈利情况有个清晰的认识和把握。

薛平在工作中要根据产品所处的阶段、公司的工作重点、营销战略的调整，做出正确的营销策划，他必须要对营销策划的类型有一个全面的了解，不仅要运用好传统的营销策划手段，还要运用好最新的营销策划手段。

知识链接

为了便于薛平对营销策划的类型有一个全面的理解，我们将营销策划类型分为传统营销策划手段和新营销策划手段，这两种手段他都需要掌握。

传统营销策划与新营销策划的对比见表1-1。

表 1-1　　　　　　　　传统营销策划与新营销策划的对比

传统营销策划	新营销策划
1. 新产品上市策划：市场调研、产品定位、招商策划、市场启动 经典案例：江中健胃消食片、黄金酒、王老吉 2. 广告策划：平面广告创意策划、影视广告创意策划、影视广告拍摄制作 3. 企业策划：品牌提升、品牌策划、品牌推广 4. 终端建设策划：终端手册策划编制、终端促销人员培训、终端形象设计、销售终端维护 5. 品牌提升：老品牌提升策略、老品牌销售提升、老品牌终端跟进策略 6. 销量提升：产品不同周期销量提升、市场诊断、新产品销量提升、市场诊断 7. 产品代理、销售：新产品区域销售、全国总代理、新产品合作开发	1. 品牌公关化：品牌公关机制、组织机构建立、品牌公关战略、隐性传播、显性传播、危机管理、危机公关、非传统营销、口碑营销、互动营销、品牌联合 2. 品牌模式化：企业发展战略规划、品牌模式、产业模式规划、资本策略规划、盈利模式规划、项目及产品规划、产业整合规划 3. 网络营销策划 4. 事件炒作策划 5. 话题制造策划 6. 危机公关策划 7. 电商运营策划

二、掌握营销策划书的撰写

■ 任务目标

薛平在认识了营销策划后，结合公司的要求和营销计划，为公司营销活动撰写策划书。

■ 工作任务

薛平所在白酒公司，目前主推一款婚宴用酒，公司要求他尽快设计一个促销营销策划书，通过促销迅速拉动这款酒的销售，但是目前市场上的婚宴用酒很多，如何突出公司这款酒的特色，让市场能快速认可这个产品，成为当务之急。

■ 任务实施

步骤一　营销策划书撰写前期准备

薛平做策划前一定要做市场调查，研究其他品牌定位婚宴市场酒的特点，用SWOT分析法，分析出自己这款产品的优点、缺点、机会和面临的威胁，找出自己的特色，找准顾客的需求点，找准策划的切入点。

知识链接

（一）市场背景分析

市场背景分析是非常重要的营销活动，也是开发区域市场迈出的第一步。具体分为：营销环境、消费者、竞争者、行业及企业自身。

1. 营销环境分析

（1）人口统计　人口的一些相关资料因素如性别、年龄结构、教育水准、职业、家庭人数、地区人口数、总人口数、出生率、死亡率等，是用来区分购买者、进行市场细分的有用工具。

（2）经济环境　市场不仅需要人口，而且还需要购买力。实际经济购买力取决于现行收入、价格、储蓄、负债甚至信贷。

①收入分配：一般可以把收入分配分为5种类型：家庭收入极低；多数家庭低收入；家庭收入极低与家庭收入极高并存；低、中、高收入同时存在；大多数家庭属于中等收入。产品要寻找市场，必须在以上5种类型的分配结构中选择适宜的市场。

②储蓄、债务、信贷的适用性：营销人员必须注意收入、生活费、利息、储蓄和借款形式的变化，因为这对生产收入与价格敏感产品的企业具有重大影响。

（3）法律法规环境　企业的定价、广告、促销等活动都将受到有关政策法规的限制，如专利法、商标法、商品检验法、关税法、消费者保护法、地方性法规等。

（4）社会文化环境　社会文化反映着个人的基本信念、价值观和规范的变动，它会影响到企业的目标市场定位，营销活动必须符合社会文化的要求，才能顺应消费者的需求。

2. 消费者状况分析

（1）确定影响购买者购买行为的主要因素

①文化因素：文化因素对消费者的行为具有最广泛和最深远的影响。

文化的层次可分为如下几类。

文化：如美国长大的儿童普遍有这样的价值观：成就与功名、活跃、效率与实践、上进心、物质享受、自我、自由、形式美、博爱和富有朝气。

亚文化：亚文化群体包括民族群体、宗教群体、种族团体和地理区域、社会阶层（如可以将社会阶层分为7个层次：上上层、上下层、中上层、中间层、劳动阶层、下上层、下下层）。

②社会因素：影响消费者购买行为的社会因素有相关群体（包括家庭、朋友、邻居、同事等"主要群体"和宗教、职业、贸易协会等"次要群体"）、家庭（包括"婚前家庭"和"子女家庭"，如丈夫支配型、妻子支配型、共同支配型）和社会角色与地位。

③个人因素：包括年龄阶段、职业、经济环境、生活方式、个性等。
④心理因素：包括动机（需求）、知觉、学习及信念和态度。

（2）分析购买过程

通过购买决策过程的分析可以回答以下问题：

①何时开始熟悉本企业的产品？

②他们对品牌的信念是什么？

③他们对产品的爱好程度如何？

④如何做出品牌选择以及购买后他们如何评价满意程度？

3. 竞争状况分析

（1）分销商数量及其差别程度：即分析行业结构的具体类型。

①完全独占：指只有一个企业在一定范围内提供一定的产品或服务。如果有部分替代品或者出现了紧急竞争危机，完全独占者会投入更多的服务和技术作为对新的竞争的进入障碍。另一方面，一个守法的独占者通常根据公众的利益把价格降低并提供较多的服务。

②垄断：由少数几个大企业提供从高度差别化到标准化的系统产品。有两种形式：纯粹垄断是由几家提供本质上属于同一种类的商品（如石油、钢铁）的企业共同瓜分市场，新进入者会发现只能按现行价格定价，除非它能使其服务与他人有所差别。如果竞争者在其所提供的服务方面不分上下，那么赢得竞争优势的唯一办法只能是降低成本；差别垄断是由几家提供部分差别的产品（汽车、相机等）的公司组成，在质量、特性、款式或者服务方面可能出现差别，竞争者可在其中一种主要产品的属性上寻求领先地位，吸引顾客偏爱该属性并为该属性索取溢价。

③垄断竞争：该行业和市场由许多这样的公司构成，它们能从"整体上或部分地"区别出提供各有特色的产品或服务，如餐厅、美容院等。竞争者趋向于针对某些他们能够更好地满足顾客需要的细分市场并索取溢价。

④完全竞争：该行业和市场由许多提供相同产品或服务的公司所构成，彼此之间的质量、价格等差别很小。除非广告能产生心理差别，否则就没有竞争者会做广告。分销商要获得不同的利润率，只有通过低成本生产或分销来实现。

（2）识别企业竞争者

①品牌竞争：当其他公司以相似的价格向相同的顾客提供类似的产品与服务时，公司将其视为竞争者。例如，被别克公司视为主要竞争者的是福特、丰田、本田、雷诺和其他中档价格的汽车制造商。

②行业竞争：可以把制造同样或同类产品的公司都广义地视作竞争者。例如，别克公司认为自己在与所有汽车制造商竞争。

③形式竞争：公司可以更广泛地把所有制造并提供相同服务的产品的公司都作为竞争者。例如，别克公司认为自己不仅与汽车制造商竞争，还与摩托车、自

行车和卡车的制造商在竞争。

④通常竞争：更广泛地把所有争取同一消费者的公司都看作是竞争者。例如，别克公司认为自己在与所有的主要耐用消费品、国外度假、新房产和房屋修理的公司竞争。

（3）判断竞争者的目标　判断每个竞争者在市场上追求什么？每个竞争者的行为动力是什么？通常的目标有：目前获利的可能性、市场份额增长、先进流量、技术领先和服务领先等。竞争者的目标是由多种因素共同影响和确定的，包括规模、历史、目前的经营管理和经济状况。

（4）评估竞争者的优劣势　竞争者能否达到其目标，这取决于每个竞争者的资源和能力，这就需要辨认每个竞争者的优势与劣势。通常需要搜集相关资料，即竞争者业务上的最近的关键数据，包括销量、市场份额、毛利、投资报酬率、现金流量、新投资等。通常通过第二手资料、个人经历或传闻来了解有关竞争者的优势和劣势。可以通过向顾客、供应商和中间商进行第一手调研来增加对竞争者的了解。所有这些资源信息可帮助企业做出选定挑战对象的抉择。

（5）评估竞争者的反应模式　单凭竞争者的目标和优劣势还不足以解释其可能采取的行动和对诸如降价、加强促销或推出新产品等公司举动的反应。此外，每个竞争者都有一定的经营哲学、某些内在的文化和某些起主导作用的信念。

竞争者通常的反应模式如下。

①从容竞争型：一个竞争者对某一特定竞争者的行动没有迅速反应或反应不强烈。竞争者缺少反应的主要原因有：他们可能感到顾客是忠于他们的；对竞争者主动行动的反应迟钝；他们也可能没有做出反应所需的资金等，公司一定要弄清楚竞争者从容不迫行为的原因。例如，当米勒酿酒公司在20世纪70年代后期引进立达啤酒时，安海斯－布希公司还戴着啤酒行业领袖的桂冠。后来，随着米勒在市场上变得日益凶猛，并且声称立达啤酒占领了60%的市场份额后，安海斯－布希公司才被唤醒并开始开发淡啤酒。

②选择型竞争者：竞争者可能只对某些类型的攻击做出反应，而对其他类型的攻击则无动于衷。竞争者可能经常对降价做出反应，为的是说明对手的降价行为是枉费心机的，奈何它不得。但它对广告费用的增加可能不做任何反应，认为这些并不构成威胁。了解主要竞争对手会在哪方面做出反应可为公司提供最为可行的攻击类型。

③凶狠型竞争者：这类公司对向其所拥有的领域所发动的任何进攻都会做出迅速而强烈的反应。例如，宝洁公司决不会听任一种新的洗涤液轻易投放市场。凶狠型竞争者意在向另外一家公司表明，最好不要发起任何攻击。攻击羊总比攻击老虎好些。利佛兄弟在首次攻击占领先地位的宝洁公司的"极端"洗涤液市场时，就发现了这个道理。"极端"洗涤液装在较小的瓶中，它受到零售商的欢迎，因为占据的空间较少。但当利佛兄弟引进这种洗涤液的瓶装技术时，它不能长期地得到

货架空间。宝洁公司用它的大量洗涤液品牌代替利佛的产品。

④随机型竞争者：有些竞争者并不表露可以预知的反应模式。这一类型的竞争者在任何特定情况下可能会也可能不会做出反击，而且根据其经济、历史或其他方面的情况，都无法预见竞争者会做什么事。许多小公司都是随机型竞争者，当他们发现能承受这种竞争时就站在前沿竞争；而当竞争成本太高时，他们就躲到后面去。

4. 行业分析

（1）市场规模分析　小市场一般吸引不了大的或新的竞争者；大市场常能引起企业的兴趣，因为它们希望在有吸引力的市场中建立稳固的竞争地位。预测本企业产品销售额的步骤如下。

①确定目标市场：确定了市场的地理区域，再加上对目标顾客的描述，就可以得到某个市场潜在顾客的数目。

②确定消费率或使用率：计算或估计出用户对企业产品或服务的使用频率，消费率可以用年总量或年平均量来表示。

③计算目标市场潜在的年购买量：把第一步的结果与第二步的结果相乘就可以得到结果。

④估计销售量：把第三步得出的市场潜量与预计要达到的市场份额相乘就可以估算出本企业产品或服务的潜在销量。

⑤确定最高定价：需要确定或估计出消费者愿意为单位产品或服务出多少钱。

⑥预测销售额：将第四步中得到的估计销售量与第五步中的销售价相乘就可以得到估计的销售额。

（2）市场增长速度分析　快速成长的市场会使更多企业介入；增长缓慢的市场使市场竞争加剧，并使弱小的竞争者出局。

（3）行业在成长周期中目前所处的阶段分析　是处于初始发展阶段、快速成长阶段、成熟阶段、停滞阶段还是衰退阶段？

（4）竞争对手的产品服务分析　是强差别化的、弱差别化的、同一的还是无差别化的？

（5）到达购买者的分销渠道种类。

5. 企业自身分析

企业自身分析，即企业的资源分析，企业资源包括自身资源和市场资源。如果说企业是坐标原点，那么可以认为：自身资源是纵坐标，市场资源是横坐标。

（1）自身资源分析　包括人才资源、财务资源、产品资源和开发资源。

①人才资源：首先检阅一下自己现有的营销队伍，从各个环节一一过滤，针对其应有的职能与市场经历进行对比、看看他们的能力是否适宜。营销队伍与现有市场营销实务的正反比程度，会给企业的市场布局提供一个动力性的思考。

②财务资源：检查财务运营情况，财务管理是否有影响销售的环节，在什么

地方达到了什么程度，是可以改善的还是不可避免的，这样可以给企业提供一个有效布局的依据。

③产品资源：在以往的销售中，企业的主导品牌属于什么档次，现在在市场上是上升还是下滑，预计生命周期还有多长，盈利情况怎么样及除主导品牌以外，其他的附属产品有多少，盈利对比情况如何。检查产品资源就像打仗前一定要知道自己拥有多少种武器，每种武器都还能发挥哪些功能一样重要。

④开发资源：包括新产品开发资源和新市场开发资源两部分。所谓新产品开发资源是就以往的经验，成功地开发一个新产品从定位到成品投放市场的时间；所谓市场开发资源就是现有的成功地开发一个新市场所能投入的人力和物力的平均能力、平均时间。了解现有的开发资源，有助于企业攻守决策比例的定位和程度。

(2) 市场资源分析　包括品牌资源、生命资源、客户资源、机会资源。

①品牌资源：这里的品牌资源不是理论上的企业品牌，而是具体到各个区隔市场上企业及其产品的可利用率。企业在区隔市场上的品牌资源的多少直接影响着营销投入的成本，更影响着推广的难易度和速度。

②生命资源：所谓生命资源，就是企业及其产品在各个区隔市场上现正处于什么样的周期阶段，是导入期、成长期、成熟期或是衰退期？如果是成长期，生命资源就丰富，如果是衰退期，那么资源就稀少。对生命资源的认真分析和对比，有助于企业市场归类，从而合理地分配纵向资源。

③客户资源：回顾和总结各个区隔市场的现有客户，检查以往的合作业绩，并进行细化分类；同时要检查各个区隔市场上目前企业储备的客户，其质量和数量，并分析即将合作的可能性及成功率。优秀的客户等于市场的一半。拥有的和潜在的客户都是难得的资源。

④机会资源：所谓机会资源，就是在区隔市场的竞争地位上，企业现在处于什么位置，如要成功地达到营销目标有多少阻力，克服阻力所需的资源。

自身资源与市场资源共同构成企业的营销资源。仔细检阅现有的营销资源就是为了更快更节省地寻找市场机会，坐标定位的准确与否直接决定着市场机会的大小①。

(二) SWOT 分析法

SWOT 分析法是用来确定企业自身的竞争优势、竞争劣势、机会和威胁，从而将公司的战略与公司内部资源、外部环境有机地结合起来的一种科学的分析方法。S（strengths）是优势、W（weaknesses）是劣势，O（opportunities）是机会、T（threats）是威胁。按照企业竞争战略的完整概念，战略应是一个企业"能够做的"（即组织的强项和弱项）和"可能做的"（即环境的机会和威胁）之间的有机组合。

---

① 资料来源：市场背景分析 https://wenku.baidu.com/view/7d3b080ff78a6529647d53c1.html

SWOT 分析模型见表1-2。

表1-2　　　　　　　　　SWOT 分析模型

优势	机会
劣势	威胁

SWOT 矩阵分析模型见表1-3。

表1-3　　　　　　　　　SWOT 矩阵分析模型

优势与劣势分析（SW）	机会与威胁分析（OT）	整体分析
由于企业是一个整体，并且由于竞争优势来源的广泛性，所以，在做优劣势分析时必须从整个价值链的每个环节上，将企业与竞争对手做详细的对比。如产品是否新颖，制造工艺是否复杂，销售渠道是否畅通，以及价格是否具有竞争性等。如果一个企业在某一方面或几个方面的优势正是该行业企业应具备的关键成功要素，那么，该企业的综合竞争优势也许就强一些。需要指出的是，衡量一个企业及其产品是否具有竞争优势，只能站在现有潜在用户角度上，而不是站在企业的角度上	比如当前社会上流行的盗版威胁：盗版替代品限定了公司产品的最高价，替代品对公司不仅有威胁，可能也带来机会。企业必须分析，替代品给公司的产品或服务带来的是"灭顶之灾"呢，还是提供了更高的利润或价值；购买者转而购买替代品的转移成本；公司可以采取什么措施来降低成本或增加附加值来降低消费者购买盗版替代品的风险	从整体上看，SWOT 可以分为两部分：第一部分为SW，主要用来分析内部条件；第二部分为OT，主要用来分析外部条件。利用这种方法可以从中找出对自己有利的、值得发扬的因素，以及对自己不利的、要避开的东西，发现存在的问题，找出解决办法，并明确以后的发展方向。根据这个分析，可以将问题按轻重缓急分类，明确哪些是急需解决的问题，哪些是可以稍微拖后一点儿的事情，哪些属于战略目标上的障碍，哪些属于战术上的问题，并将这些研究对象列举出来，依照矩阵形式排列，然后用系统分析的思想，把各种因素相互匹配起来加以分析，从中得出一系列相应的结论。而结论通常带有一定的决策性，有利于领导者和管理者做出较正确的决策和规划

步骤二　营销策划书撰写基本原则

薛平在对自己公司产品进行 SWOT 分析后，就要开始撰写营销策划书了，撰写前要认真学习撰写原则，避免做出的策划书逻辑混乱、无可操作性、设计陈旧无新意。

知识链接

营销策划书的撰写要遵循以下原则。

第一，策划必须实现其预定的策划目标：策划目标是策划过程起始点，策划就是围绕这个核心展开整个策划的具体工作。

第二，策划要具有可操作性：策划方案可操作性就是具有一定可执行和操作条件适合整个商业环境。因为任何策划都在一定的环境中去执行，这种环境如果与策划方案所要求的差距太大，策划方案就不具备可操作性。

第三，策划要有时效性：策划实用性原则讲究策划中考虑策划方案的时间要素。因为策划是在特定的环境中发生的思考运筹行为，因此策划必须对策划跨越的时间有明确的规定或限制。

步骤三　营销策划书撰写流程格式

在清楚撰写原则后，薛平就要开始动手实际撰写营销策划书了，他要掌握写作的流程和格式，根据公司要求撰写相应类型的策划书，如果是新品上市策划活动，就要写新品上市营销策划书；如果是促销活动，就要写促销活动策划书；如果是广告策划活动，就要写广告策划书；如果是品牌提升活动，就要写品牌提升策划书。

知识链接

1. 营销策划书撰写流程

（1）构建营销策划书的框架　在书写策划书之前，先用因果关系图（也称树状图）将有关概念和框架汇集于一张纸上，以描述策划整体构想，其目的在于将核心问题、内外环境因素，以及解决问题的思路清晰地展示出来。

（2）整理资料　在汇集资料时，应先对资料加以整理、分类，再按照营销策划书的框架顺序一一列入，绝对不允许将无关紧要的资料硬塞进策划书中。在进行资料整理前要进行充分的市场调研，把握好市场最新消息，并做到资料的属实性，那样更具说服力。

（3）版面设置　确定版面的大小、每页标题的位置，在版面中的哪个位置放置文本，哪个位置安放图片，确定页码的位置与目录的设计排列不应该一成不变，防止刻板老套，多运用图表、图片、插图、曲线图以及统计图表等，并辅之以文字说明，增加可读性。版面设计尽量做到形象具体，也要有所创新，有自己的特色。

在标题前加上统一的识别符号或图案来作为策划内容的视觉识别，自行设计的文字符号将会产生意想不到的效果，应该适当加以应用。

标题可以分为主标题、副标题、标题解说等，通过这种简练的文字，使策划书的内容与层次一目了然。

版面内容：封面、目录、前言、规划目标、情景分析方案、说明使用资源、预期效果及风险评估策划、摘要、策划背景、策划动机、内容实施的日程计划等。

（4）营销策划书书写技巧　前言的撰写最好采用概括力强的方法，如采用流程图或系统图等；在书写之前，先在一张图纸上反映出计划的全貌；巧妙利用各种图表；策划书的体系要井然有序，局部也可以用比较轻松的方式来表述；在策划书的各部分之间要做到承上启下；要注意版面的吸引力。

2. 营销策划书的格式

策划书没有一成不变的格式，它依据产品或营销活动的不同要求，在策划的内容与编制格式上也有变化。但是，从营销策划活动一般规律来看，其中有些要素是共同的。

（1）封面　策划书的封面可提供以下信息：①策划书的名称；②被策划的客户；③策划机构或策划人的名称；④策划完成日期及本策划适用时间段。因为营销策划具有一定时间性，不同时间段上市场的状况不同，营销执行效果也不一样。

（2）正文　策划书的正文部分主要包括以下几部分。

①策划目的：要对本营销策划所要达到的目标、宗旨树立明确的观点，作为执行本策划的动力或强调其执行的意义所在，以要求全员统一思想、协调行动，共同努力保证策划高质量地完成。

企业营销上存在的问题纷繁多样，但概而言之，也无非以下六个方面。

a. 企业开张伊始，尚无一套系统营销方略，因而需要根据市场特点策划出一套行销计划。

b. 企业发展壮大，原有的营销方案已不适应新的形势，因而需要重新设计新的营销方案。

c. 企业改革经营方向，需要相应地调整营销策略。

d. 企业原营销方案严重失误，不能再作为企业的营销计划。

e. 市场行情发生变化，原经销方案已不适应变化后的市场。

f. 企业在总的营销方案下，需在不同的时段，根据市场的特征和行情变化，设计新的阶段性方案。

②分析当前的营销环境状况：对同类产品市场状况，竞争状况及宏观环境要有一个清醒的认识。它是为制订相应的营销策略，采取正确的营销手段提供依据。"知己知彼方能百战不殆"，因此这一部分需要策划者对市场比较了解，这部分主要分析以下内容。

a. 当前市场状况及市场前景分析

（a）产品的市场性、现实市场及潜在市场状况。

（b）市场成长状况，产品目前处于市场生命周期的哪一阶段上。对于不同市场阶段上的产品，公司营销侧重点如何，相应营销策略效果怎样，需求变化对产品市场的影响。

（c）消费者的接受性，这一内容需要策划者凭借已掌握的资料分析产品市场发展前景。

b. 对产品市场影响因素进行分析　主要是对影响产品的不可控因素进行分析：如宏观环境、政治环境、居民经济条件等，对一些受科技发展影响较大的产品，如，计算机、家用电器等产品的营销策划中还需要考虑技术发展趋势方向的影响。

③市场机会与问题分析：营销方案，是对市场机会的把握和策略的运用，因此分析市场机会，就成了营销策划的关键。只要找准了市场机会，策划就成功了一半。

a. 针对产品目前营销现状进行问题分析　一般营销中存在的具体问题表现为多方面。

- 企业知名度不高，形象不佳，影响产品销售。
- 产品质量不过关，功能不全，被消费者冷落。
- 产品包装太差，提不起消费者的购买兴趣。
- 产品价格定位不当。
- 销售渠道不畅，或渠道选择有误，使销售受阻。
- 促销方式不对，消费者不了解企业产品。
- 服务质量太差，令消费者不满。
- 售后保证缺乏，消费者购后顾虑多等都是营销中存在的问题。

b. 针对产品特点分析优劣势　从问题中找劣势予以克服，从优势中找机会，发掘其市场潜力。分析各目标市场或消费群特点进行市场细分，对不同的消费需求尽量予以满足，抓住主要消费群作为营销重点，找出与竞争对手的差距，把握利用好市场机会。

④营销目标

营销目标是在前面目的任务基础上公司所要实现的具体目标，即营销策划方案执行期间，经济效益目标达到：总销售量为×××万件，预计毛利×××万元，市场占有率实现××。

⑤营销战略

a. 营销宗旨　一般企业可以注重这样几方面。

- 以强有力的广告宣传攻势顺利拓展市场，为产品准确定位，突出产品特色，采取差异化营销策略。
- 以产品主要消费群体为产品的营销重点。
- 建立起点广面宽的销售渠道，不断拓宽销售区域等。

b. 产品策略　通过前面产品市场机会与问题分析，提出合理的产品策略建议，形成有效的4P组合（产品、价格、促销、渠道），达到最佳效果。

- 产品定位：产品市场定位的关键主要在顾客心目中寻找一个空位，使产品迅速启动市场。
- 产品质量功能方案：产品质量就是产品的市场生命。企业对产品应有完善的质量保证体系。
- 产品品牌：要形成一定知名度、美誉度，树立消费者心目中的知名品牌，必须有强烈的创牌意识。

- 产品包装：包装作为产品给消费者的第一印象，需要能迎合消费者使其满意的包装策略。
- 产品服务：策划中要注意产品服务方式、服务质量的改善和提高。

c. 价格策略　这里只强调几个普遍性原则：
- 拉大批零差价，调动批发商、中间商积极性。
- 给予适当数量折扣，鼓励多购。
- 以成本为基础，以同类产品价格为参考，使产品价格更具竞争力。若企业以产品价格为营销优势则更应注重价格策略的制订。

d. 销售渠道　产品目前销售渠道状况如何？对销售渠道的拓展有何计划？采取一些优惠政策鼓励中间商、代理商的销售积极性或制定适当的奖励政策。

e. 广告宣传
- 原则

服从公司整体营销宣传策略，树立产品形象，同时注重树立公司形象。

长期化：广告宣传商品个性不宜变来变去，不然消费者会不认识商品，反而使老主顾也觉得陌生，所以，在一定时段上应推出一致的广告宣传。

广泛化：选择广告宣传媒体多样式化的同时，注重抓宣传效果好的方式。

不定期地配合阶段性的促销活动，掌握适当时机，及时、灵活地进行，如重大节假日，公司有纪念意义的活动等。

- 实施步骤可按以下方式进行

策划期内前期推出产品形象广告。

销后适时推出诚征代理商广告。

节假日、重大活动前推出促销广告。

把握时机进行公关活动，接触消费者。

积极利用新闻媒介，善于创造利用新闻事件提高企业产品知名度。

f. 具体行动方案　根据策划期内各时间段特点，推出各项具体行动方案。行动方案要细致、周密，操作性强又不乏灵活性。还要考虑费用支出，一切量力而行，尽量以较低费用取得良好效果为原则。尤其应该注意季节性产品淡、旺季营销侧重点，抓住旺季营销优势。

⑥策划方案各项费用预算：这一部分记载的是整个营销方案推进过程中的费用投入，包括营销过程中的总费用、阶段费用、项目费用等，其原则是以较少投入获得最优效果。费用预算方法在此不再详谈，企业可凭借经验，具体分析制定。

⑦方案调整：这一部分是作为策划方案的补充部分。在方案执行中都可能出现与现实情况不相适应的地方，因此方案贯彻必须随时根据市场的反馈及时对方案进行调整。营销策划书的编制一般由以上几项内容构成。企业产品不同，营销目标不同则所侧重的各项内容在编制上也可有详略取舍。

【案例1-1】 手机营销活动策划书

手机营销活动策划书

一、概述

公司正在实行全国连锁销售，现在准备在广东某城市建立手机连锁店。笔者在该市做了全面的调查，对该市人文情况有一定的了解。公司派我到该市调研和开发当地市场。

通过这10天里对该市市场的调查和研究，了解了该市的手机市场，并于×月××日完成了本公司在该市连锁经营的营销方案。

该方案可以帮助公司了解该市的手机市场，也可以指导我们开发该市市场的实际营销工作。

二、市场现状分析

（一）用户分析

1. 目标市场

通过市场调查问卷，随机抽查结果显示，我们的产品消费人群大多是追求时尚、处在时尚前沿的人群，以工厂职工、在校学生、刚毕业的大学生为主。另外一些老年人和听力差的人群也会成为我们的客户。

工厂职工和学生购买我们的手机，是为追求时尚，消费水平能力较低，一般在1000元左右。老年人和听力差的人群，主要是看重音量大、音质好、字体清晰的效果，老年人虽有购买能力，可是却不会轻易购买，但可从亲情上，以礼品的方式打入市场。听力差的人群也是该手机的主要消费人群。但青年人前提是以男性为主，老年人则无须考虑性别。

2. 消费偏好

在市场调查中发现：消费者普遍容易接受中低档产品；喜欢进口的品牌机和质量好的国产手机；消费者希望手机个性化，希望有专门量身定做的手机；消费者购买手机的主要用途是与人联络，工作需要和顺应流行趋势；手机最多是用来打电话和发短信、微信。

3. 购买模式

在市场调查中发现：普通大众更换手机的时间是2年左右；价位在1000～2000元；通常在专卖店或大卖场购买手机；最注重的是手机的功能、品牌和款式，提供客户所需要的产品成了我们连锁企业的优势。

4. 信息渠道

在市场调查中发现：消费者了解一款新上市的手机主要是通过电视、网络、宣传单和同学朋友之间的相互交流，宣传单的效果较差，消费者普遍喜欢同学朋友之间相互交流。电视与网络能够加大我们手机在消费者之间的知名度。消费者接触最多的媒体是 CCTV-5、CCTV-8、CCTV-3 和本地电视台以及报纸杂志等，他们最信任的媒体是中央电视台。

（二）竞争情况分析

目前市场上国外的品牌有：苹果、三星、索爱、西门子、飞利浦、松下、诺基亚；国内的品牌有：华为、小米、vivo、oppo、联想、锤子、明基、TCL、CECT、中兴、康佳等。

这些手机中市场上比较受欢迎的国外品牌有：苹果、三星，比较受欢迎的国内品牌有：华为、小米、vivo、oppo、联想等。这些比较受欢迎的国内品牌只是和国内其他品牌相比要受欢迎一点。实际上这些受欢迎的国内品牌远比不上国外那些品牌。市场上的主流品牌基本上是国外的品牌，分别是苹果、三星。尤其是苹果，它走高端路线，很受大众喜爱。

三、市场机会与问题分析

SWOT 分析如下：

优势（strength）：特色服务。我们的手机附加有娱乐、学习、理财等应用软件的功能且价格低，这很符合消费群体的要求。并且在我们这里购买的手机还有齐全的功能，如照相、MP3/MP4 使用功能、游戏、手写/按键两用、看电视、上网等全部具备，并且还有一些特别的手机保养，如，手机贴膜，手机美容。

缺点（weakness）：知名度低，担心售后问题的处理。

机会（opportunity）：手机市场日益饱和，但客户的需求呈现多样，消费者以手机购买的体验、功能方面的需求为主。手机的用途改变了通信市场的产品结构、人们的生活方式，给人们的生活沟通带来了极大的方便。中国人口基数大，人们的收入水平在不断提高，另一方面，技术的成熟，使得手机的价格不再是天价。人们有时往往喜欢怀旧，复古的款式可以成为时尚的潮流。

但是，各大连锁企业根据市场竞争情况分析，都是转向手机的服务，这是最基本的，但是在手机增值方面的服务尚未涉足。竞争企业把手机品牌（包括国外知名品牌、国内手机品牌）低价、功能多、待机时间长集中于一身。却没有了解客户真正所需要的，这样不能让客户在所要功能上有所选择，这样浪费客户大量的价值，就是说功能不能灵活地选择，这为那些享有增值业务的连锁企业带来竞争的机会。

威胁（threats）：就目前市场情况而言，大品牌的手机连锁企业（如苏宁，国美等）占有相当大的市场，所以我们面对的压力还是相当大的。根据市场潜力，广东的市场消费水平分析，我们的消费群体毕竟是有限的，所以我们必须以一定的独特的服务方式来打动更多的潜在客户。

四、营销目标

根据市场调查的结果，我们的连锁店在打入市场前三个月，应达到的销售额多由潜在客户的群体决定。市场占有率应达 3.3%~5%，提高企业的知名度。

调查分析如下：

根据市场调查，对一个大卖场（如国美等）而言，其员工人数一般为 30 个左右，他们每人一个月的销售目标一般为 100 个。所以一个大卖场一个月大约可以卖掉 3000 部手机。而市场上的手机种数大约为 20 种，所以平均每种手机的月平均销售量为 100~200 个。但每种手机的类型又有多种，对于一种新款手机其月销售量为 80~160 个。且对市场分析发现，苹果、华为、三星等知名品牌销售量偏高。

如广东市的大卖场大约有 30 个，所以一个月的销售总量 $M = 100 \times 30 = 3000$ 个，三个月的销售额 Y 元 $= 3000 \times 900 \times 3 = 810$ 万元，市场占有率 $Q = 100/3000 = 3.3\%$。在三个月内根据市场上手机总数和我们入市以后所要进行的促销和宣传，我们的市场占有率在这三个月内将会达到 3.3%~5%。随着品牌的推广和大众的认可，我相信市场占有率将会达到一个新的高度。

五、营销战略

（一）销售渠道

根据对广东某城市市场的调查，研究了解后，发现手机专营店和家电连锁（如国美、苏宁等）这两种销售模式在消费者中占大多数，所以我们可以以上述两种渠道为主要模式。

在手机专营店设立我们的展柜，由专人销售，穿公司提供的统一制服，负责专业培训，实行提成制（销售一台提 2 个点）。铺货：因为像此类卖场多集中在市中心地带，所以可以以相同数量进行铺货，每个连锁系统 100 台，我们的店面可根据情况增减铺货。根据资料显示：卖场大约有 30 家，所以公司需要提供 4000 部手机。

连锁企业的建立和铺货方式：和手机大卖场一样建立自己的专人专柜，由公司的销售代表销售，促销人员的提成如上。铺货：在市中心繁华大街进驻门店。

（二）促销策略

在导入期，可以根据消费者喜好，用以下方法来宣传。

(1) 在路牌上做广告，发传单。

(2) 在电视上做广告。

（3）报纸：运用漫画形式介绍我们的手机。
（4）网络：与商业网站如阿里巴巴、淘宝等达成商业联盟关系。
（5）大小型的活动宣传和销售。

在活动中可采用多种方法来宣传和销售。

（1）赠品　分为实物和非实物。A. 实物：如电脑包、酷夏太阳眼镜、T恤、手表、台历、剃须刀等。B. 非实物：如，手机话费、上网费、增值服务等。

（2）抽奖。

（3）展示。

（三）产品策略（售后服务）

产品品牌要形成一定的知名度、美誉度，树立消费者心目中的知名品牌，必须建立优质的售后服务（附：《售后服务指南》，供渠道成员培训和内部员工使用）。

（四）价格策略

统一市场零售价格为938元。

（1）对消费者价格为938元，配合促销活动随赠礼品。
（2）对渠道成员　让利8%，价格为863元。如果各渠道成员达成销售目标，返2个点以鼓励。

六、策划方案各项费用预算

略。

七、方案调整

（1）若时机成熟可建立自己的专卖店，并进行相关的促销方式。
（2）根据市场动态与实际碰到的因素随机应变。
（3）根据市场反映的信息做出相应的改变。

【案例1-2】1斤东北米卖出1888元高价　卖家：因为"镰刀"不一样

高价竞拍得到宝石、画作、古典花瓶等已经屡见不鲜，毕竟人人皆有一颗爱美之心。但是竞拍大米你听说过吗？近日，在黑龙江就发生了一件以1888元高价拍得1斤大米的事。

许多网友开始疑惑，这大米有什么好稀罕的？

"1888元一次、1888元两次、1888元三次，成交……"拍卖员话音刚落，中拍者便兴奋地表示，北大荒的头米，一年只等一天，一年只出一次，是米，更是文化。

竞拍仪式上，起价每斤188元的北大荒"头米"经过多轮叫价，最终被深圳一家大米销售企业以每斤1888元的价格竞拍成功，创造了新纪录。

为何大米价格能被拍得如此之高？事实上，这是2017年黑龙江省的江川农场第一镰水稻加工出来的，新磨出的1斤大米。

农场连续刷新黑龙江水稻开镰（指庄稼成熟，开始收割）日期、新米上市纪录，2017年更是在9月4日就开镰收割。

这次该农场在拍卖会上，利用网络直播与全国网友互动，通过微博抽奖、线下洽谈等营销方式，使江川农场的北大荒"头米"成为线上"网红"。吸引了多名来自不同地区的大米销售商及代理人竞相出价。

大米为何能卖出天价？

对此，有网友评价，"这大米吃了是会升仙还是能饱一年？""城里人真会玩""所以第一镰头米会比后面的好吃？那后面的米还买来干啥？"

对此，据中国网消息，《1888元一斤大米说明了啥？》作者姜文来的观点说明了这一问题。

首先，环境越来越有价值。在"舌尖上的安全"成为民众异常敏感话题的背景下，"北大荒"生态环境整体良好，加之采用了优质品种和"减农药、减化肥、减除草剂"等环保生产措施，其价格自然会比环境一般的地方高。

其次，现代经营的价值。大米之所以卖出这么高的价格，就是竞价的结果。在拍卖会上，来自不同地区的大米销售商及代理人竞相出价，最终将普通的大米"炒"到了1888元，这里面包含了现代经营的价值。

第三，品牌市场价值。商人们之所以竞相出价，就是要抢占大米"鳌头"品牌，为销售更多的大米做广告。农场之所以组织大米拍卖，也是在为自己的产品做广告。一等商人卖品牌，二等商人卖技术，三等商人卖产品。农场有强烈的树品牌意识，说明其经验上了一个档次。

除此之外，农场此举还获得了黑龙江省农垦总局党委副书记、局长王有国的批示，"很有创意，大力宣传，全方位营销，多点营销，少卖水稻，多卖大米！江川农场值得表扬。"

江川农场场长李国锋说,组织"头米"竞拍是想告诉种植户,要有"抢市场"的意识。

"抢市场"的意识开始在全国蔓延,各地都陆续在丰收的秋季,举行开镰仪式进行营销造势。

上海网上政务大厅2017年9月8日消息称,9月4日下午,2017"松江大米"开镰仪式在泖港镇黄桥村举行。副区长王玮华,区农委主任周留昌,泖港镇党委副书记、镇长杜劲松等领导出席仪式。

除此之外,据央广网消息,2017年9月16日,长丰县首届虾稻米旅游文化节暨生态稻开镰仪式在造甲乡双河村月亮湾稻虾种养示范基地举行。长丰县虾稻米2017将收获1.5万吨新米、1.1万吨龙虾。

值得注意的是,各地大搞开镰仪式的背后,是我国稻谷年产量占世界总产量30%的优越成绩。

据东方财富网消息,2016年,稻谷种植面积最多的国家是中国和印度;总产量最高的国家也是中国和印度。

中国稻谷产量占亚洲的38%,也是世界上100多个水稻生产国中的"稻米王国",占世界稻谷年总产量的30%,居世界首位。

的确,中国拥有庞大的人口基数,解决好众多人口的吃饭问题是最为关键的。

一直以来,中国就强调粮食的自给自足,95%以上的粮食消费来自国内生产。

不过,据中商产业研究院数据显示,中国2016年稻谷产量2.07亿吨,产量连续6年站稳在2亿吨以上。值得注意的是,我国稻谷产量在屡创新高的同时,2016年我国大米进口量也将突破350万吨新高。

一边是连年丰产后的"国产粮满仓",一边是进口大米的连年增长,对于大米市场的这种现象,你怎么看?

项目思考

一、基础知识

（一）单项选择

1. 营销策划是根据企业的（　　），通过企业设计和规划企业产品、服务、创意、价格、渠道、促销，从而实现个人和组织的交换过程的行为。以满足消费者需求和欲望为核心。

　　A. 营销目标　　　　　　　　B. 营销目的
　　C. 活动目标　　　　　　　　D. 活动目的

2. SWOT分析法是用来确定企业自身的竞争优势、竞争劣势、机会和威胁，从而将公司的战略与公司内部资源、外部环境有机地结合起来的一种科学的分析方法。其中S是指（　　）

　　A. 优势　　　　　　　　　　B. 劣势
　　C. 机会　　　　　　　　　　D. 威胁

（二）简述

1. 什么是营销策划？
2. 营销策划有哪些类型？
3. 营销策划应遵循什么样的原则？

二、能力训练

1. 为宜宾屏山炒青茶策划一个礼品茶推广活动，要求主题鲜明，有创意，有可操作性，策划目的是提升炒青茶的知名度和销量。

2. 请用SWOT分析方法分析宜宾叙府白酒的特点和卖点，并为其中一款产品设计一个品牌推广策划活动。

项目二 产品品牌定位策划

项目引入

五粮液集团有限公司，坐落于万里长江第一城——宜宾，其前身沿自明初时期的8家酿酒作坊，在20世纪50年代初才组建"中国专卖公司四川省宜宾酒厂"，1998年改制为"四川省宜宾五粮液集团有限公司"，公司组建初期主要销售中低档白酒，酒的价位一直不是很高，企业经营团队一直努力打造中国一流的白酒品牌，在专家的建议下，持续打造品牌，进行品牌升级，不断提升知名度，最终成就了中国一流知名白酒品牌。运营团队在经营企业品牌时，一定要先定好产品的品牌定位，究竟是走高档路线，还是中低档路线，还是走平民路线，这一点非常重要。

知识目标

掌握产品策划的步骤。
掌握产品生命周期理论。
掌握新产品开发流程。
掌握品牌的命名和标志设计策略。

技能目标

具有基本的产品策划能力。
具备新产品策划能力。
具备品牌设计的能力。

必备知识

（1）产品策划。
（2）新产品开发策划。
（3）品牌策略策划。

项目实施

一、认识产品策划

任何一个公司都要通过提供产品并将其销售出去才能盈利，因此使用正确的产品策划策略则显得尤为关键。

任务目标

掌握产品策划的步骤，认识产品生命周期策略，能利用所学产品组合知识，完成产品组合策略策划。

工作任务

雯雯所在的屏山茶叶公司，正在针对商务接待目标客户群，策划一套礼品接待用茶产品，她需要了解产品的整体概念、产品的生命周期以及如果将这个产品打包，作为一个组合来进行销售推广。

任务实施

步骤一　了解产品策划的步骤

要做好产品策划，就务必了解产品的概念、产品的生命周期理论、产品营销组合策略、产品的包装策略等知识。

（一）认识产品整体概念

产品是指通过交换满足消费者或者顾客某一需求和欲望的任何有形的产品和无形的服务，现代市场营销理论认为，产品整体概念包含核心产品、有形产品、附加产品、期望产品和潜在产品五个层次。

任何一个产品都是由三个层次构成，最里面是核心产品，第二层次是外围产品，第三层次是外延产品。核心产品是指向顾客提供的产品的基本效用和利益，核心产品也就是顾客真正要购买的利益，即产品的使用价值，例如，对于快餐，消费者要购买的是"快捷、方便、简单"；对于游乐园，消费者购买的就是游戏娱乐。

知识链接

产品整体构成可以用图2-1来表示。

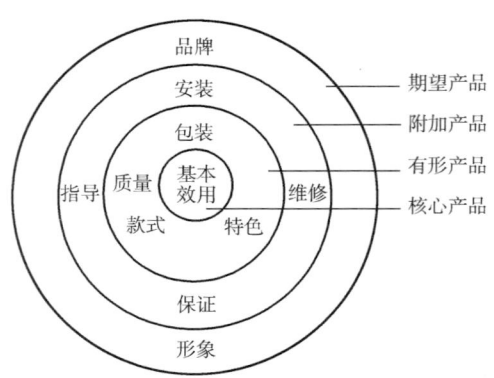

图2-1 产品整体结构图

核心产品。是指消费者购买某种产品时所追求的利益,是顾客真正要买的东西,因而在产品整体概念中也是最基本、最主要的部分。消费者购买某种产品,并不是为了获得或占有产品本身,而是为了获得能满足某种需要的效用或利益。

有形产品。是核心产品借以实现的形式,即向市场提供的实体和服务的形象。如果有形产品是实体品,则它在市场上通常表现为产品质量水平、外观特色、式样、品牌名称和包装等。产品的基本效用必须通过某些具体的形式才得以实现。

附加产品。附加产品指的是消费者或客户在购买某一特定的形式产品时所得到的其他方面利益的总和,包括产品介绍、咨询服务、信贷支持、免费送货安装、技术培训、产品质量保证、售后服务等。比如消费者购买了空调,销售方要免费提供送货、安装、调试服务,保证空调能够正常运行,销售方提供的免费送货、安装、调试服务就属于附加产品。

期望产品,是指购买者购买某种产品通常所希望和默认的一组产品属性和条件。一般情况下,顾客在购买某种产品时,往往会根据企业的营销宣传和以往的购买经验,对所将购买的产品形成一种期望,如对于五星级酒店的客人,不仅仅期望的是干净的床、毛巾、热水、电话,还期望更优质的服务和安静的环境。顾客所得到的,是购买产品所应该得到的,也是企业在提供产品时应该提供给顾客的,对于顾客来讲,在得到这些产品基本属性时,并没有形成偏好,但是如果顾客没得到他们心目中预期的价值,就会感到非常不满,因为顾客没有得到他应该得到的价值,所以顾客所期望的一整套产品属性和条件。

【案例 2-1】一瓶 8.9 元的护发素，竟年销 15 亿，经典老国货传奇如何成就？

导读：它曾经是中国 20 世纪 80~90 年代日化领域里绝对的大牌，曾经一度，只要提到护发素，你唯一能想到的牌子，只有蜂花！而当时，它最辉煌的时候，是把市面上所有化妆品统称为"雪花膏"的年代。

时至今日，它虽然已没有了 20 世纪 80~90 年代的辉煌，甚至不为很多人熟知，但是这个低调又悄悄的老国货，业绩却很惊人，一年销售额 15 亿！

它的秘诀就俩字，低价！

一瓶护发素 8、9 元的超低价格，而市场上的同类产品都在 20 元以上。

这种廉价高品质路线，让它与竞品相比，一下子具备了很强的优势，虽然它无法在中端、中高端市场与对手 PK，但是也在市场上占据了一席之地，蜂花产品最广受欢迎的就是护发素。根据中商情报网调查，在"2016 年中国市场护发素十大品牌 TOP10"中，蜂花护发素在潘婷之后居第二位。

这是一个怎样的产品呢，先来几张图（图 2-2）让大家感受一下：

图 2-2　蜂花护发素和洗发精、洗发露

蜂花是头发洗护界的一个神话，一直有着一种"神秘"的口碑。上海华蜂日用品有限公司主要经营"蜂花"牌洗发水、护发素、焗油膏、甘油等化妆品。

1985 年上海轻工业品进出口公司与上海县马桥公社俞塘大队合资组建了上海华银洗涤剂厂，也就是上海华银日用品有限公司的前身。该厂以生产"蜂花"牌洗发水和护发素产品为主，并成为国内第一家专业从事液体洗发水和护发素生产的企业。

20世纪80～90年代，恰逢改革开放初期，蜂花产品的出现使低迷的日用品消费市场出现曙光。从计划经济时代过来的人，都不会忘记用肥皂或者洗衣粉洗发的历史。那时，在人们的心中，根本就没有护发的概念，洗发也仅仅是为了保持卫生而已。

随着改革开放浪潮的不断推进，人们的生活观念也在潜移默化中发生着变化。加上当时上海人民也有一定的消费水平，所以蜂花产品曾风靡一时。上海老一辈的人们都还记得当时一瓶难求的情况。

然而随着时间的流逝，经济的发展，蜂花也面临着市场上同类产品的激烈竞争。蜂王、好迪、霸王、拉芳等国内竞争对手以及凶猛的国外竞争对手如飘柔、潘婷、欧莱雅的出现给蜂花人制造了一个棘手的问题，那就是如何在同类产品中屹立不倒，并且在市场上向前拓展。

蜂花在20世纪末曾一度被广大消费者淡忘，绝多部分消费者都倾向于新型产品。从1995年开始，"蜂花"产品的市场出现萎缩，连续5年销量下降。1998—1999年连续两年间企业出现严重亏损。

但是蜂花没有就此放弃。

她依然坚持自己的传统，走廉价高品质路线，一直不断创新，20多年来，"蜂花"品牌从无到有，从小到大，走过的是一条非同寻常的路。

"三十而立"的"蜂花"品牌开疆辟土，在68亩（1亩＝666.7平方米）马桥的土地上，建设6万平方米的新厂房，年产10万吨液体，年产值达到15个亿。

蜂花的拳头产品营养护发素黄瓶、蓝瓶、红瓶，即便2018年的今天，你打开京东网站（图2-3），标价还是8.9元。而市场上同类护发素最低标价基本均在20元之上。极低价格能买到老品牌，溢价完全超出了市场想象。

蜂花极少出现在电视或者其他的广告版面上，这是因为蜂花不同于其他品牌的定位，她的传统之一便是"低成本"策略，让利消费者，这便导致了"高投入"的广告不在"蜂花"的营销策略之中。正如蜂花企业老总自己对媒体说的：与其花大成本大量投入广告，不如靠产品质量取胜，让利给消费者。

"价廉"的蜂花，与其他品牌形成错位竞争，因此30年来，它一直默默根植于波涛汹涌的消费品市场，牢牢吸引大量农村和城市平民消费群体，成为日用品市场中不可或缺的一员。

其次"价廉"又使得蜂花品牌免受假冒伪劣侵害，形成了天然的自我保护。因为山寨厂家仿冒外资品牌，通常看中的是中高档产品带来的巨大利润空间，它们看不上或者不屑于靠大规模生产支撑下才可能创造的薄利。

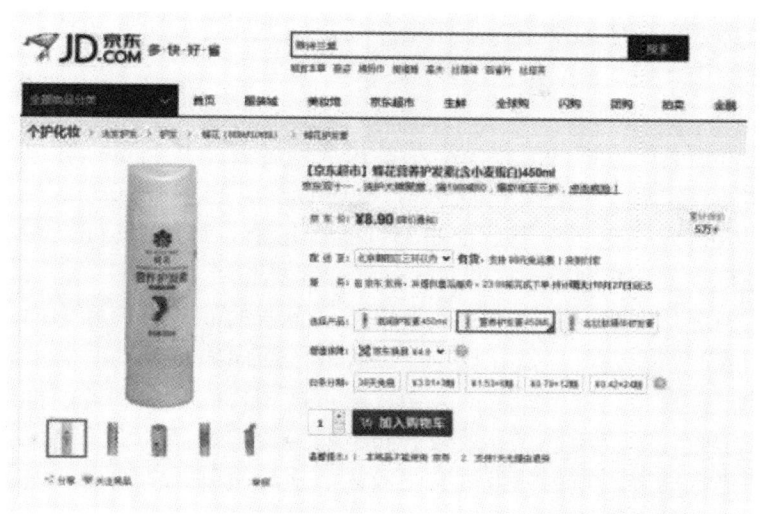

图 2-3 蜂花护发素京东销售页面

价廉不等于质廉,蜂花从 1998 年开始就建立了质量保证体系,使用的材料达到了国内甚至是国际质量标准。拳头产品蜂花护发素系列在 1993 年、1994 年、2001 年和 2002 年被评为上海市名牌产品,2004 年至今蜂花商标被评为上海市著名商标。

【案例启示】

好产品需要产品策划和定位,"蜂花"产品,定位于爱国货的老顾客,生产出低价高质量的产品,与其他品牌形成错位竞争,受到了市场的青睐。

(二) 找出产品的目标顾客群

了解了产品整体概念,找准了产品的定位,还要精确地找到产品的消费者——目标顾客群,只有将产品卖给目标顾客群,产品的价值才能得到体现,企业才能盈利,才能发展。

1. 目标顾客群概念认知

众人皆知,每个企业都是通过向产业链下游提供产品或服务才能获取社会认同及股东收益的,我们将这些购买者统称为客户。多数时候,企业无法满足所有客户对同类所有产品的属性要求,也不可能达到这个境界,无法在整个同业市场中实现价值传递。但是,企业可以针对自身的能力向特定的客户提供有特定内涵的产品价值,这些特定的客户即是"目标客户群体"。

随着我国市场经济的高速发展,买方市场的深化,消费者需求呈现多样化,市场细分成为了企业发展的必由之路。为满足消费者日益细化的需求而衍生出许多细分行业，细分产业的价值链条越来越长，通吃产业链的产品已经成为过去式，针对部分目标客户群体的细分需求制定产品定位方能提升企业的核心竞争力，在市场竞争大潮中才能踏浪而行。

2. 目标客户群的确定

企业在制定营销方案的时候所面临的最大问题就是找到目标客户群，确定目标客户群体的真实需求。中国14亿人口，世界人口早已突破70亿人，有人就有市场，市场很大，人也很多，但是企业不可能让每个人都成为自己的客户。因此，要对客户进行细分，找到真正属于自己的目标客户群。

在初步确定目标客户群体时，必须关注于企业的战略目标和方向，其包括两个方面的内容，第一方面，是寻找企业品牌应该面向的具有共同需求和偏好的消费群体；第二方面，是挖掘能帮助公司获得可观销售收入和利益的群体。通过分析居民可支配收入、年龄特点、地域分布、购买该类产品的支出情况，可以将所有的消费者进行细分，筛选掉因可支配收入、地域限制、消费者习惯等原因不可能成为本公司消费者的群体，保留可能成为购买者的消费群体，并对可能形成购买的消费群体进行分解，分解的标准可以依据年龄层次、购买力水平，也可以依据分析出来的消费习惯来进行。由于分析方法更趋于定性分析，经过筛选保留下的消费群体的边界可能是模糊的，需要进一步地细化与探索。

3. 目标客户群的需求分析

确定了目标客户群，企业下一个目标就是要明确向该目标客户群体提供符合他们需求的产品价值，因此，企业需要从多个维度了解消费者对产品的不同需求。

（1）将不同变量中的数据整合在一起　包括地理分析、人口统计、心理研究、行为研究、需求研究的数据，通过整合这些数据，来定位目标客户群体的需求轮廓。

（2）有组织有计划地进行消费者市场调查研究　通过问卷调查、座谈、客户访问甚至体验消费者一天或一周的生活，来获得真实的调研数据。

（3）了解消费者除了对产品的基本功能外还有哪些附加需求，挖掘出顾客未满足的个性需求或者未被重视的心理需求。

为了更深入地了解目标客户群体，通过他们为企业带来更好的效益，企业需要从消费者的行为、习惯、信仰、态度、购买动机等各个方面来挖掘他们的真正需求。

（1）定量分析　对市场中的消费者行为进行基本概括和分析，比如进行产品测试、包装测试、广告文案测试等，通过这次测试活动定量数据，用来支撑企业决策。

（2）基础性的消费者研究　了解消费者对一个品类或单个产品的消费行为，如生活习惯和消费经验研究，消费中遇到的问题研究等。

（3）经验性的消费者研究　通过对消费者的深入研究，将定性和定量两种研究方法与消费者的生活紧密结合起来进行分析。

【案例2-2】 科技新秀飞行轿车

目前,美国最新设计一款"空中巡航器"(图2-4),它是终极版交通工具,结合了飞机、旋翼机和汽车的功能。它解决了飞行汽车最大的问题——需要跑道起飞和着陆。

在地面上,"空中巡航器"9.5米长的机翼可以收缩起来,电动机驱动车轮在道路上行驶,时速可达到112千米,但是地面行驶时机身长度仍有8.4米。该飞行器通过一个特殊的"转换桨片",可实现飞机和旋翼机模式转换。

"空中巡航器"最大的优点在于摆脱传统飞机起飞和降落地点的制约,可以实现点到点快速抵达,它能够在狭小空间上空盘旋起飞着陆。

图2-4 "空中巡航器"图示

【案例启示】

问题就是机遇,面对现有产品的缺陷,对其进行升级,提升产品的竞争力,甚至研发出跨代产品,通过最大限度的产品策划,满足顾客的新需求,创造新市场,只有这样企业才能适应市场充满活力。

(三)提炼产品的卖点

当锁定了目标客户群后,还要为自己的产品挖掘出一个消费者愿意认可的"卖点",抓住消费者内心最真实的需求,激发他们的购买欲望,从而引导消费者进行购买。

1. 提炼产品卖点的必要性

产品,作为品牌价值的最终载体,承担着连接品牌和消费者之间的重要责任,是满足消费者直接需求的根本。作为企业盈利才是最终目标,但是如果产品没有卖点,怎么才能抓住顾客呢?在这个产品同质化特别厉害的时代,是几乎不可能的,因此,公司必须为自己的产品找到卖点,并记住能打动消费者的不仅仅是产品本身,还有产品带给人的情感上的满足或享受等附加价值。

可口可乐多年蝉联全球价值第一,企业品牌价值高达 700 亿美元。在中国,有人曾做过一个有趣的试验:让消费者试饮两瓶掩去品牌的可乐饮料,大多数消费者认为百事可乐比可口可乐好喝,但他们在购买时却倾向于可口可乐,因为喝可口可乐意味着他们更有品位,更有鉴赏力。这说明,可口可乐带给消费者文化上和观念上的认同,让他们最终接受可口可乐。

但是为什么企业认为找到自己产品的卖点很难,甚至找不出卖点?怎么办?难道就没有成功营销的机会了么?假如产品本身真的卖点缺乏,还可以通过精心策划、包装,通过创意去赋予产品一定的卖点,从而形成自己独有的产品差异化。一个好的卖点,可以让本企业的产品和竞争对手的产品区别开来,并对产品的宣传、销售、品牌打造等有着巨大的推动效应。当然,如果产品个性不够,特点不突出,有可能导致卖点不够吸引人,影响销售。

2. 卖点提炼的原则

(1) 卖"特色" 产品卖点无处不在,它贯穿于营销活动的整个过程,可以是有关产品品质中独特的品质,如 100 元一斤的有机大米,完全是无公害、无农药残留的大米,定位为高端消费群体,产品质量标准特别高,目标顾客明确,卖点鲜明;将养在山林里的土鸡命名为"跑山鸡",和普通的土鸡做了很好的区别,卖点突出,卖点的发掘也可以通过营销创新(如广告、促销、活动、理念等)的提炼。

要提炼出产品的卖点,务必要对市场进行充分的调研,打开思路,充分地挖掘产品内涵,找准市场细分,找到自己产品的特色,从营销的各个层面去打造产品卖点。

(2) 卖"名字" 将紫薯与牛肉串成串的烤串命名为"子鼠丑牛",借用古典,有文化内涵又好记,还有新奇感,该新品推广上市,一个单品一天卖 3 万,销售异常火爆。好名好运,有特色的名字,更容易引起消费者的兴趣,从而产生销量。

(3) 卖"文化" 历史或文化使商品促销市场巨大无比,且越来越巨大,因而其卖点更为商家所看重,值得策划者大力关注,大力利用。"唐时宫廷酒,盛世剑南春",剑南春卖的是历史的味道,卖的是宫廷的文化,卖出了好前途。

(4) 卖"品质" 在产品日趋同质化的今天,产品务必在千万种商品中找到自己的位置,良好的品质与口碑,是一种销售利器,产品不仅要卖"专家"、卖"故事"、卖"售后服务"、卖"专业",更要卖品质。"国酒茅台",卖的不仅仅是酒,而是一种品质,接待外宾常用的中国佳酿。

步骤二 产品生命周期策略策划

要做好产品策划,就务必了解产品的概念、产品的生命周期、产品营销组合策略、产品的包装策略。

(一) 认识产品生命周期

产品生命周期简称 PLC,是指产品的市场寿命。一种产品进入市场后,其销售量和利润都会随时间推移而改变,呈现一个由少到多再由多到少的过程,就如同人的生命一样,由诞生、成长到成熟,最终走向衰亡,这就是产品的生命周期现象。所谓产品生命周期,是指产品从进入市场开始,直到最终退出市场为止所经历的市场生命循环过程;产品只有经过研究开发、试销,然后进入市场,它的市场生命周期才算开始,产品退出市场,则标志着生命周期的结束。

典型的产品生命周期一般可分为四个阶段,即投入期、成长期、成熟期和衰退期。

1. 投入期

新产品投入市场,便进入投入期。此时,产品影响力小,顾客对产品还不了解,只有少数追求新奇的顾客可能购买,销售量很低。为了打开销路,需要大量的促销策划费用,对产品进行宣传。在这个阶段,由于销量低,技术不成熟,产品无法大批生产,从而导致成本高,销售额增长缓慢,企业难以获得利润,甚至可能亏损,产品也需要进一步完善、改进、提升。

2. 成长期

在这个阶段顾客对产品已经熟悉,大量的新顾客开始购买,老顾客保持着持续的消费或者分享,市场逐步扩大。由于产品可以实现大批量生产,所以产品生产成本相对降低,企业的销售额迅速拉升,利润也迅速增长。竞争者看到市场前景好,有利可图,将纷纷进入市场参与竞争,导致同类产品供给量不断增加,价格也随之下降,企业利润增长速度逐步放缓,最后达到该产品生命周期利润的最高点。

3. 成熟期

在这个阶段,市场需求趋向饱和,顾客已经被最充分地进行了挖掘,潜在的顾客已经非常少了,销售增长缓慢甚至开始下降,标志着产品进入了成熟期。在这一阶段,竞争变得十分剧烈,产品售价降低,促销活动不断,费用增加,企业利润下降。

4. 衰退期

随着科学技术的发展,新产品或新的替代品出现,将使顾客的消费习惯和需求发生改变,转而购买其他产品,从而使原来产品的销售额和利润额迅速下降。于是,产品又进入了衰退期。

(二) 产品生命周期策划思路

产品的生命周期四个阶段体现出不同的市场特征,企业的营销策略也应以各阶段的特征为基准来制定和实施。

1. 投入期的营销策略

投入期的特征是产品制造成本高，产品销量很少，促销费用高昂，销售利润很低甚至为负值。根据这一阶段的特点，企业应努力做到：投入市场的产品要有针对性；进入市场的时机要把握准确；尽力把销售力量直接投向最有可能的购买者，使市场尽快接受该产品，以缩短介绍期，更快地进入成长期。

在产品的介绍期，一般可以由产品、价格、促销、渠道四个基本要素组合成各种不同的市场营销策略。将价格高低与促销费用高低综合起来考虑，就有下面四种策略。

（1）快速撇脂策略　快速撇脂策略是指以高价格、高促销费用推出新产品。实行高价策略可以使每单位销售额产生最大利润，提升收回投资的效率；高促销费用能够较快地建立知名度，占领市场。但实施这一策略务必具备以下条件：产品要有较大的需求潜力；目标顾客追求新奇心理强，急于购买新产品；企业面临众多潜在竞争者的威胁，需要尽快树立品牌形象。一般而言，在产品引入阶段，只要新产品比替代的产品有明显的优势，市场对其价格就不会那么计较。

（2）缓慢撇脂策略　通过高价格、低促销费用推出新产品，追求以尽可能低的费用开支获得更多的利润。实施这一策略需要具备的条件是：市场规模总体较小；产品本身已有一定的知名度；目标顾客愿意支付高价进行购买；潜在竞争者的威胁不大。

（3）快速渗透策略　以低价格、高促销费用推出新产品，其目的在于以最快的速度进入市场，获取尽可能大的市场占有率。而后再随着销量和产量的提升，使单位成本降低，取得规模效益。实施这一策略的条件是：该产品市场容量要相当大；潜在消费者对产品不是很了解，但对价格十分敏感；潜在竞争者较多，较为激烈；通过快速提升销量，让产品大批量生产，从而降低产品的单位制造成本，获取后期利润。

（4）缓慢渗透策略　以低价格、低促销费用推出新产品。低价可扩大销售，低促销费用可降低营销成本，增加利润。这种策略的适用条件是：市场容量很大；市场上该产品的知名度较高；市场对价格十分敏感；存在某些潜在的竞争者，但威胁不大。

2. 成长期市场营销策略

新产品经过市场介绍期以后，大多数消费者对该产品已经有一定消费意愿，消费习惯也逐渐形成，销售量迅速提升，这时新产品就进入了成长期。进入成长期以后，随着老顾客重复购买，并且介绍来新顾客，销售量攀升，企业利润迅速增长，在这一阶段利润达到最高峰值。随着销售量的增加，企业生产规模也逐步扩大，产品成本不断降低，新的竞争者看到了较为可观的利润会投入竞争。企业为维持市场的继续成长，需要加大投入促销费用，但由于销量增加，所以平均促销费用还会有所下降。针对成长期的特征，企业为维持其市场增长率，延长获取更多利润的时间，可以采取下面几种策略。

（1）产品升级　如增加新的功能，改变产品款式，开发新的型号，增加新的用途等。对产品进行改进提升，可以提高产品的竞争力，满足顾客更广泛的需求，吸引更多的顾客持续购买。

（2）寻找新的细分市场　通过市场细分，找到新的还未被满足的细分市场，根据其需要组织生产，迅速进入这一新的市场，占领市场先机，获取第一波次最大利润。

（3）改变宣传策略　把广告宣传的重心从介绍产品的实用性转到建立产品形象上来，打造名牌，维护好老顾客，吸引新顾客。比如中国的蜂花护发素就拥有大批的老粉丝，由于产品形象好，也开始受到年轻人的追捧。

（4）适时降价　在适当的时机，可以搞大量促销活动，通过降价策略，以激发那些对价格比较敏感的顾客，让他们产生购买动机去购买产品。

3. 成熟期市场营销策略

进入成熟期以后，产品的销售量增长缓慢，销售呈现从最高峰值逐渐下滑的趋势；产品的销售利润也开始从最高点开始下降；市场竞争变得异常激烈，各种品牌、各种款式的同类产品不断涌现。

对成熟期的产品，可以采取主动出击的策略，使成熟期尽量延长，或使产品生命周期出现二次循环。据此，可以采取以下三种策略。

（1）创新突破　这种策略不是要调整产品本身的功能，而是要发现产品的新用途、挖掘新的用户或甚至改变营销方式等，以使产品销售量得以扩大。

（2）产品调整　这种策略是通过产品自身的二次开发来满足顾客的不同需要，吸引不同需求的顾客。整体产品概念的任何一个层次的新调整都可视为产品再推出。

（3）市场营销组合调整　即通过对产品、定价、渠道、促销四个市场营销组合因素加以综合调整升级，刺激销售量再次回升。常用的方法包括提高促销水平、降价、开发更多分销渠道和提高服务质量等。

4. 衰退期市场营销策略

衰退期的主要特点是：产品销售量迅速下降；企业从这种产品中获得的利润非常低甚至为负；大量的竞争者发现无利可图开始退出市场；消费者的消费习惯已发生根本改变等。面对处于衰退期的产品，企业需要进行认真的研究分析，决定在什么时间采取什么策略退出市场。通常有以下几种策略可供选择。

（1）继续策略　继续沿用过去的营销策略，仍按照原来的细分市场进行销售，使用相同的分销渠道、定价及促销方式，直到这种产品完全退出市场为止，攫取最后一点利润。

（2）集中策略　把企业能力和资源集中在最有利可图的细分市场和分销渠道上，通过这种方式从中获取利润。这样有利于延缓产品退出市场的时间，同时又能为企业创造更多的利润。

（3）收缩策略　如果这个产品注定已经落后，不再有希望，可以大幅度降低促销水平，大幅度减少促销费用，以获取尽可能多的利润。这样做会导致产品在市场上的衰退加速，但也能从忠实顾客中获得一点利润。比如，21世纪初还比较流行的 MP3，随着手机播放音乐效果越来越好，甚至出现了专门的音乐手机，很多公司开始收缩这一产品，目前这一产品已经很少见，成为小众市场了。

（4）放弃策略　对于衰退比较迅速的已经过时产品，应该当机立断，放弃经营。采取完全放弃的策略，如立即停止生产并销售完毕，销售完毕后不再生产；也可采取逐渐放弃的方式，慢慢收回成本，让资源向其他新产品或行业转移。比如风靡20世纪90年代的 BB 机，现在已经完全没有人用了，生产商应当采取放弃策略。

产品生命周期理论是美国哈佛大学教授费农1966年在其《产品周期中的国际投资与国际贸易》一文中首次提出的。费农认为：产品生命是指市场上的营销生命，产品和人的生命一样，要经历形成、成长、成熟、衰退这样的周期，而这个周期在不同技术水平的国家里，发生的时间和过程是不一样的，其间存在一个较大的差距和时差，正是这一时差，表现为不同国家在技术上的差距，它反映了同一产品在不同国家市场上的竞争地位的差异，从而决定了国际贸易和国际投资的变化，为了便于区分，费农把这些国家依次分成创新国（一般为最发达国家）、一般发达国家、发展中国家。

知识链接

费农还把产品生命周期分为三个阶段，即新产品阶段、成熟产品阶段和标准化产品阶段。费农认为，在新产品阶段，创新国利用其拥有的垄断技术优势，开发新产品，由于产品尚未完全成型，技术上未加完善，加之，竞争者少，市场竞争不激烈，替代产品少，产品附加值高，国内市场就能满足其攫取高额利润的要求等，产品极少出口到其他国家，绝大部分产品都在国内销售。而在成熟产品阶段，由于创新国技术垄断和市场寡占地位的打破，竞争者增加，市场竞争激烈，替代产品增多，产品的附加值不断走低，企业越来越重视产品成本的下降，较低的成本开始处于越来越有利的地位，且创新国和一般发达国家市场开始出现饱和，为降低成本，提高经济效益，抑制国内外竞争者，企业纷纷到发展中国家投资建厂，逐步放弃国内生产。在标准化产品阶段，产品的生产技术、生产规模及产品本身已经完全成熟，这时对生产者技能的要求不高，原来新产品企业的垄断技术优势已经消失，成本、价格因素已经成为决定性的因素，这时发展中国家已经具备明显的成本因素优势，创新国和一般发达国家为进一步降低生产成本，开始大量地在发展中国家投资建厂，再将产品远销至别国和第三国市场。由介绍得知，产品生命周期理论是作为国际贸易理论分支之一的直接投资理论而存在的，它反映了国际企业从最发达国家到一般发达国家，再到发展中国家的直接投资过程。

步骤三　产品组合策略策划

(一) 认识产品组合策略

所谓产品组合是指一个企业生产或经营的全部产品线、产品项目的组合策略，它包括四个变量：长度、宽度、深度和一致性。企业在进行产品组合时，涉及三个层次的问题需要做出抉择，即：

(1) 是否增加、修改或废除产品项目。

(2) 是否扩展、填充和删除产品线。

(3) 哪些产品线需要增设、加强、简化或淘汰，以此来确定最佳的产品组合方式。

三个层次问题的抉择应该遵循利于销售，有利于利润的增加这个原则。

(二) 产品组合策略策划的主要内容

企业在调整产品组合时，可以针对具体情况选用合适的产品组合策略。

1. 扩大产品组合策略

扩大产品组合策略是开拓产品组合的广度和加强产品组合的深度。开拓产品组合广度是指增添一条或几条产品生产线，扩大产品经营范围；加强产品组合深度是指在原有的产品线内增加新的产品项目。主要方式如下。

在维持原产品品质和价格的前提下，扩展同一产品的规格、型号、花色和款式。

丰富同一种产品不同品质和不同价格的产品系列。

增加与原产品相类似但功能丰富的产品。

增加与原产品毫不相关、拥有新用途或新特色的产品。

扩大产品组合有着以下优点：

满足有着不同的偏好的消费者更多方面的需求，提高产品的市场占有率。

充分利用企业已有的信誉和商标知名度，完善产品系列，丰富产品内涵，给顾客更多选择，扩大经营规模。

充分利用企业资源和剩余生产能力，提高经济效益。

降低市场需求变动性的影响，通过丰富产品、产品多元化，化解市场风险，降低可能的损失程度。

2. 缩减产品组合策略

缩减产品组合策略是削减产品线或产品项目，特别是要削减那些获利少的产品，以便集中资源经营获利大的产品线和产品项目。缩减产品组合的方式有以下几种。

减少产品线数量，实现更专业化生产经营，让产品更加精简。

原产品线保留，但削减产品项目，停止生产某类产品，可以外购其他企业的同类产品继续销售。

缩减产品组合的优点有：集中资源和技术力量改进保留下来的产品的品质，让保留产品质更优，价更廉，知名度更高。

提高生产效率，降低生产成本，让生产经营更专业化。

有利于企业向市场的纵深发展，寻求更合适的目标市场，开发新市场。

减少资金占用和资金回收的风险，加速资金周转，提高资金的使用效率。

3. 高档产品策略

高档产品策略，就是在原有的产品线内增加高档次、高价格的产品项目。实行高档产品策略可以带来以下益处。

高档产品的生产经营更容易为企业带来丰厚的利润，提升企业的盈利能力。

可以提升企业现有产品影响力，提高企业产品的市场地位。

有利于企业生产技术水平和管理水平的进一步提高。

但是采用这一策略的企业也要承担一定风险。因为，企业如果长期以生产廉价产品的形象在消费者心目出现，这种印象难以立即转变，高档产品的销路不容易很快打开，从而影响新产品销售，甚至难以收回项目研制费用，导致资源浪费。比如宜宾最著名的酒是五粮液，很多当地酒业公司都模仿五粮液推出高端酒，无一成功，几乎都滞销，究其原因是其他酒业公司给消费者的印象都是中低端，突然出现一款价格与五粮液相差无几的酒，但知名度本身又很低的情况下，顾客不愿意购买，从而导致大量滞销。

4. 低档产品策略

低档产品策略，就是在原有的产品线中增加低档次、低价格的产品项目，以满足价格敏感客户的需求。实行低档产品策略有以下好处。

借高档名牌产品的声誉，吸引消费水平较低的顾客慕名购买，让该产品线中的低档廉价产品产生效益。

充分利用企业现有生产能力，丰富产品项目，形成更丰富的产品系列。

增加销售总额，扩大市场占有率，提升企业总体利润。

与高档产品策略一样，低档产品会给企业带来新的利润增长点，发现新的市场机会，但是也有可能带来风险，比如影响企业原有的品牌形象、市场声誉。

知识链接

由于市场需求和竞争形势的变化，产品组合中的每个项目，必然会在变化的市场环境下发生分化，一部分产品获得较快的成长，一部分产品继续取得较高的利润，另有一部分产品则趋于衰落。企业如果不重视新产品的开发和衰退产品的剔除，则必将逐渐出现不健全的、不平衡的产品组合。

为此，企业需要经常分析产品组合中各个产品项目或产品线的销售成长率、利润率和市场占有率，判断各产品项目或产品线销售成长上的潜力或发展趋势，以确定企业资金的运用方向，做出开发新产品和剔除衰退产品的决策，以调整其产品组合。

所以,所谓产品组合的动态平衡是指企业根据市场环境和资源条件变动的前景,适时增加应开发的新产品和淘汰应退出的衰退产品,从而随着时间的推移,企业仍能维持住最大利润的产品组合。可见,及时调整产品组合是保持产品组合动态平衡的条件。动态平衡的产品组合亦称最佳产品组合。

产品组合的动态平衡,实际上是产品组合动态优化的问题,只能通过不断开发新产品和淘汰衰退产品来实现。产品组合动态平衡的形成需要综合性地研究企业资源和市场环境可能发生的变化,各产品项目或产品线的成长率、利润率、市场占有率将会发生的变化,以及这些变化对企业总利润率所起的影响。对一个产品项目或产品线众多的企业来说这是一个非常复杂的问题,系统分析方法和电子计算机的应用,已为解决产品组合最佳化问题提供了良好的前景。

二、新产品开发策划

新产品:指采用新技术、新原理、新设计、新构思研制、生产的全新产品,在结构、材质或工艺等某一方面比原有产品有明显改进,从而显著提高了产品性能或扩大了使用功能的产品。从市场营销的角度看,凡是企业向市场提供的过去没有生产过的产品都是新产品;新产品的开发是大多数企业的必由之路,任何产品都会经历投入期、成长期、成熟期和衰退期,当产品处于成熟期和衰退期时,就可以考虑新产品开发了。

任务目标

掌握新产品开发策略和新产品上市策略,根据产品的新特点,做出相对的策划,推进产品的销售。

工作任务

雯雯所在的屏山茶叶公司,传统产品销售遇到了瓶颈,经过研究他们发现产后的妈妈们有着重塑身材、减肥瘦身的需求,公司准备为这个群体开发一款塑身养生茶。

任务实施

步骤一 新产品开发流程

(一)新产品开发的概念

新产品开发流程是指企业用于开发、设计和商业化一种新产品的步骤或活动的安排,流程就是一系列步骤的组合,把一系列投入变成一系列产出。

有的组织界定和遵循清晰又细致的开发流程，而有的组织流程模糊，难以描述，但是每一个组织使用的流程至少与其他组织的流程通常有略微的区别。在实际操作中，同一企业对于不同的开发项目也可能采用不同的流程，具体操作流程要根据项目的性质、难度、方向来决定。

（二）新产品开发的流程

第一步，规划。

规划经常被作为"第一阶段"是因为它要先于实际产品开发过程和项目的启动。这一阶段始于公司策略，并包括对技术开发和市场目标的预估。规划阶段的成果是对项目任务的陈述，即定义产品的目标市场、商业目标、商业模式、销售模式、盈利模式、关键假设和面临的限制条件。

第二步，概念开发。

概念开发阶段的主要任务是区分、识别目标市场的需求，产生并评估可替代的产品概念，为进一步开发新品选择一个概念。这里的概念是指产品形状、功能、款式、花色和特性的描述，通常附有一套专业名词、竞争产品分析和项目的经济收益支出分析。

第三步，系统水平设计。

系统水平设计阶段包括产品结构的定义以及产品子系统和部件的划分。生产系统的最终装配计划也通常在此阶段定义。该阶段的产出通常是产品的几何设计、每一个产品子系统的功能专门化，以及最终装配过程的基本流程图。

第四步，细节设计。

细节设计阶段包括产品的所有非标准部件与从供应商处购买的标准部件的尺寸、材料和公差的完整细目，建立流程计划并为每一个即将在生产系统中制造的部件设计工具，该阶段的产出是产品的控制文档（control documentation）——描述每一部件几何形状和制造工具的图纸和计算机文件、购买部件的细目，以及产品制造和装配的流程计划。

第五步，测试和改进。

测试是公司为分析、评价、验证新产品质量和可靠性的一种方式，通过对测试结果的统计和分析、评价新产品的性能指标、环境适应性、可靠性，找出其薄弱环节。在新产品测试结果出来后，对其进行改善和创新，以提高新产品的市场接受度和成功率。

第六步，新产品推出。

在新产品推出阶段，使用规划生产系统制造产品。将生产出来的产品给有偏好的顾客使用评估，让他们找出其中的缺陷，将反馈的信息进行收集整理后返给生产部门，让其改进，并最终生产出顾客满意的新品。

> 知识链接

产品开发流程经典 PACE

产品开发流程有着经典的标准过程参考模型 PACE（Product And Cycle – time Excellence，产品及周期优化法），经过多年改善，包括 IBM、Motorola、杜邦、华为等在内的许多公司已把 PACE 的各种理念方法付诸实施，这种模型的流程如下。

第一步，决策；
第二步，项目小组构成；
第三步，开发活动的结构；
第四步，开发工具与技术；
第五步，产品战略流程；
第六步，技术管理；
第七步，管道管理。

【案例2-3】加油站超市

> 加油站一直是汽车加油的地方，但我们经常能看到加油站也会卖别的商品，如口香糖、零食、饮料、糖果等（主要是冲动性消费品）。前些年，加油站开始卖起了报纸、杂志、影碟和胶卷。在某些地方的加油站开始卖起了食品。
>
> 在过去的5年里，汽油价格和税收的持续增加使得加油站受到了冲击。为了找其他路子挣钱，加油站打起了开超市的主意。同时，由于社会发生变化（夫妻双方都工作的家庭大大增多），加上人们几乎无暇购物，这样，许多来加油站加油的顾客会愿意同时买些如面点、土豆等理性消费品。一些石油分销公司决定在他们的加油站开设品种齐全的食品超市。如今，在绝大部分城市的加油站都能买到水果、面包、蔬菜、水、咖啡、香肠等商品。
>
> 在加油站卖食品的一个重要的优势在于，食品的价格相对油费而言显得够少了，"买一包2美元的零食相对30美元油费来说算什么"，顾客不会去考虑同一种零食在普通超市只卖1美元。另外，顾客在此购物无须担心停车问题。他们只需将车子停在油泵和食品超市旁即可。通常情况下，他们在店里平均花上5分钟便能买齐家中所缺的物品。
>
> 如今，加油站超市为石油公司带来了一大笔收入。一加仑（一加仑 = 3.785L）汽油的利润是1%，而超市内商品的平均利润竟高达50%。
>
> 加油站里开起了超市！我们已经说明这种生意是怎样做起来的。让我们再花几秒钟想想，加油站变成超市真的合乎逻辑吗？

步骤二　新产品开发战略

新产品开发战略的类型是根据新产品战略的维度组合而成，产品的竞争领域、新产品开发的目标及实现目标的措施构成了新产品战略的三个维度，对各维度及维度的各要素组合便形成各种新产品开发战略；几种典型的新产品开发战略如下。

（一）冒险战略

冒险战略是具有高风险性的新产品战略，通常是在企业面临巨大的市场压力下，可以考虑采取，企业常常会调动其所有资源孤注一掷地投入新产品开发，风险非常大，一旦成功回报也大。该战略的产品竞争领域是产品的最终用途和技术的结合，企业希望在技术上有较大的突破；新产品开发的目标是迅速提高市场占有率，迅速成为该新产品市场的领导者；创新度希望是首创，甚至是首创中的最新突破，通过抓住率先进入市场的投放契机；创新的技术来源于自主开发、联合开发或技术引进等方式。实施该新产品战略的企业要具备领先的技术、强大的资金实力、强有力的营销运营能力，因此中小企业由于其自身实力不足，不适宜运用此新产品开发战略。

（二）进取战略

进取新产品战略是由以下几个要素组合而成：竞争领域在于产品的最终用途和技术改进方面，新产品开发的目标是通过新产品提高市场占有率使企业获得较高的利润和较快的发展；创新程度更高，频率更快；大多数企业新产品选择率先进入市场；开发方式通常是以自主开发为主；以现有的一定企业资源进行新产品开发，不会因此而影响企业现有的生产状况。新产品创意可来源于对现有产品用途、功能、工艺、顾客新需求、营销策略等的改进，改进型新产品、降低成本型新产品、形成系列型新产品、重新定位型新产品都可成为其选择。也不排除具有较大技术创新的新产品开发，该新产品战略的风险相对要小。

（三）紧跟战略

紧跟战略是指企业紧跟本行业实力最强大的竞争者，快速仿制竞争者刚成功上市的新产品，来维持企业的生存和发展，快速获取利润，很多中小企业在发展之初经常采用该新产品开发战略。该战略的特点是：产品的战略竞争领域是由竞争对手所选定的产品或产品的最终用途，本企业无法也无须选定；企业新产品开发的目标是维持或提高市场占有率；仿制新产品的创新程度不高；产品进入市场的时机选择具有灵活性；开发方式多为自主开发或委托开发；紧跟战略的研究开发费用小，但市场营销风险相对要大。实施该新产品战略的关键是快速及时跟进，全面、快速和准确地获得竞争者有关新产品开发的信息，并能迅速开展仿制；其次，简单的模仿难以取得较高的收益，最好的方式是在模仿的基础上改进，提升顾客使用价值，让模仿新品更有市场竞争力，当然营销保障也非常重要。比如二战后，大量日本企业在仿制美国新品的基础上进行改进升级，使日本的产品更加优于美国产品，带动了日本经济二战后的快速复苏，取得了巨大的经济效益。

（四）保持地位或防御战略

产品处于生命周期的衰退阶段，或者该企业是夕阳产业，可以采用该种战略。该战略的最终目标是保持和维持市场现状，在维持的基础上获取一定的利润，新品开发的目的不是为了扩大市场，而是维持市场，更多的是保守作战。为了降低成本，新品开发的模式通常是模仿型地进行开发，以节约成本为主，能基本满足客户需要，带动消费为目标。

【案例2-4】 脑白金——新产品成功营销的典范

从IT高科技技术起家的史玉柱绝对是中国罕见的营销天才，而中国营销史中，也没有人再比史玉柱的经历更加起伏跌宕、精彩纷呈。

1989年，27岁的史玉柱凭借自己研发的M6401中文软件成功掘得人生第一桶金。

1993年，巨人仅靠卖中文手写电脑软件的年销售额即达到3.6亿元，位居四通之后，成为中国第二大民营高科技企业，同年，企业开始涉入房地产和生物工程领域。

1995年2月，史玉柱发动促销电脑、药品和保健品的三大战役，同年7月《福布斯》将史玉柱列为中国大陆富豪第8位。

1997年，巨人大厦停工，欠债高达上亿，巨人集团陷入破产边缘，时年35岁的巨人集团董事长史玉柱从公众视野中彻底消失了整整3年。

2001年，史玉柱凭借创造的脑白金营销传奇成功偿还2亿多元巨额债务，重出江湖。

2003年，史玉柱推出的新产品黄金搭档再获成功。

2006年，史玉柱进军网络游戏领域的第一款游戏《征途》上市后大获成功，跻身国内网游公司前列。

2007年11月1日，史玉柱打造的网游公司——巨人网络在美国纽约交易所成功上市，史玉柱身价再次倍增，进入中国富豪榜前列。

一个新开发市场产品在上市之初，一定要做到两点：①引起注意；②产生购买欲望。脑白金上市之初的推广，非常成功地完成了这两点。

脑白金为大家最熟知的可能是那个"今年过节不收礼、收礼还收脑白金"的广告，这个广告已经连续十年被评为"十大恶俗广告"，但无疑也是中国最卖货的广告（脑白金至今销售已超过百亿），这其中蕴涵的商业智慧非那些天天喊创意的花哨广告公司所能明白。但在脑白金定位礼品市场、开始推广"收礼只收脑白金"的广告之前，其首创的新闻体软文广告所完成的成功市场教育功不可没，新闻体软文广告成功帮助脑白金完成了市场启动，积累了原始资金。

【案例启示】

脑白金从改善老年人"睡眠、肠胃"的功效市场,切入到一个更大的市场——礼品市场。

中国自古以来就有送礼文化,但在这个送给老人的礼品市场里始终没有一个领导品牌,脑白金"送礼就送脑白金"的诉求,简单、直接、精准,迅速抢占礼品第一品牌的位置,这种敏锐的市场感和诉求的精准绝非追求创意的花哨广告公司所能领悟。

中国礼品市场之大不用多说,这个新市场的开发也把脑白金销售推到了一个新的高度。2001年脑白金全年销售高达13亿,成为继三株后保健品行业新的霸主,并间接带动了中国保健品行业的第二次复苏。2014年,脑白金畅销17年,连续16年成为中国销量第一的保健食品,市场份额高达10.13%。

脑白金成功的市场操作影响巨大,其所独创的新闻体软文广告及一系列广告形式,直接影响了医药保健品行业广告的一次大变革,甚至影响到其他众多行业,今天国美、大中等家电零售巨头也纷纷采用、借鉴其中的热销炒作等形式。而在经历巨人风波、通过脑白金重新站立起来的史玉柱完成了一次新的飞跃,本身就是营销高手的史玉柱,对营销和商业有了更深入、更高层面的洞察,因此他一语中的指出了网游行业的盈利点——装备,并成功推出《征途》游戏,短期内就创造了让业界瞩目的惊人业绩!

三、品牌策略策划

品牌策划(brand planning)是深层次表达:品牌策划就是使企业形象和产品品牌在消费者脑海中形成一种个性化的区隔,并使消费者与企业品牌和产品品牌之间形成统一的价值观,从而建立起自己的品牌声浪。品牌是给拥有者带来溢价、产生增值的一种无形的资产,它的载体是用以和其他竞争者的产品或劳务相区分的名称、术语、象征、记号或者设计及其组合。增值的源泉来自于消费者心智中形成的关于其载体的印象。

■ 任务目标

掌握品牌策略的概念和要点,熟悉品牌命名的方法,熟悉品牌标志的设计方法,能够为公司设计完整的品牌策略。

■ 工作任务

雯雯所在的屏山茶叶公司,正在开发一款针对产后妈妈的修身茶,这款茶的品牌还未做命名,她要为这个茶叶命名和设计标志,请你帮助下她,为她做个设计,并说明该设计的理由。

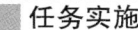 **任务实施**

步骤一　品牌策划认知

（一）什么是品牌

品牌是人们对一个企业和其产品、售后服务、文化价值的一种评价和认知，是一种信任。品牌已是一种商品综合品质的体现和代表，当人们想到某一品牌的同时，总会和时尚、文化、价值联想到一起。企业在创品牌时不断地创造时尚，培育文化，随着企业的做强做大，不断从低附加值转向高附加值升级，向产品开发优势、产品质量优势、文化创新优势的高层次转变。只有当品牌文化被市场认可并接受后，品牌才产生其市场价值，企业才能盈利，才能获得发展。

（二）品牌的价值

品牌的价值由用户价值和自我价值两部分组成，品牌的功能、质量和价值是品牌的用户价值要素，也是品牌的内在三要素；品牌的知名度、美誉度和普及度是品牌的自我价值要素，也是品牌的外在三要素。品牌的用户价值大小取决于其功能、质量和价值，品牌的自我价值大小取决于知名度、美誉度和普及度。

（三）品牌与商品之间的区别与联系

商标和品牌是两个不同领域的概念，人们极易混淆，甚至错误地认为标注商标的符号就成为了一个品牌，这个认识是极其肤浅的，商标不是品牌，品牌也不是商标，二者有着本质的区别，但又有紧密的联系。

我国是一个商标大国，商标不计其数，但是我国又是一个品牌弱国，品牌价值低，全球最有价值的100个品牌，中国品牌很少，在国际上的影响力滞后。因此，商标与品牌当然不能够简单画等号，二者对同一事物看待的角度不同，它们之间既有密切联系又有区别。人们认为商标注册后就成了一个品牌这个理解有误，注册商标要成为一个真正的知名品牌要经历一个艰辛漫长的过程。品牌（brand）一词来源于古挪威文字brandr，它的中文意思是"烙印"，在当时，西方游牧部落在马背上打上不同的烙印，用以区分自己的财产，这是原始的商品命名方式，同时也是现代品牌概念的来源；1960年，美国营销学会（AMA）给出了对品牌较早的定义：品牌是一种名称、术语、标记、符号和设计，或是它们的组合运用，其目的是借以辨认某个销售者或某销售者的产品或服务，并使之同竞争对手的产品和服务区分开来。而商标是指按法定程序向商标注册机构提出申请，经审查，予以核准，并授予商标专用权的品牌或品牌中的一部分，商标受法律保护，任何人未经商标注册人许可，皆不得仿效或使用。综上所述，品牌的内涵要更宽广一些。

商标只是品牌的一个组成部分，只是品牌的标志和名称，使消费者记忆识别区分更容易。但品牌的内涵更丰厚，品牌不仅仅是一个标志和名称，它体现着人的价值观，象征着人的身份与地位。例如，宝马的品牌内涵远不止是"宝马"这几个字构成的标志和名称，它体现着德国人"精益求精"的文化。

给品牌起名和设计标志只是品牌建立的第一步骤，真正打造一个知名品牌，还要进行品牌调研、品牌定位、品牌推广传播、品牌调整评估等各项工作，还需要不断提升品牌的美誉度、知名度、忠诚度，积累品牌资产，坚持自己的品牌定位，信守对消费者所做的承诺，让品牌形象深入人心，从而经久不衰。

商标和品牌都是商品的标记，不同的是商标是一个法律名词，品牌则是一个经济名词。品牌要产生经济效益必须要让消费者喜爱，愿意买单才行，否则没有意义。根据我国法律规定品牌只有根据《商标法》登记注册后才能成为注册商标，才能受到法律的保护，持续地获得收益。

从归属上来说，商标掌握在注册人手中，而品牌植根于消费者心里。商标的所有权是掌握在注册人手中的，商标注册人可以转让、许可自己的商标，可以通过法律手段打击别人侵权使用自己的商标；但品牌则植根于广大消费者心中，品牌巨大的价值及市场感召力是来源于消费者对品牌的信任、偏好和忠诚，如果一个品牌失去信誉，失去消费者的信任，品牌会一文不值。例如，三鹿奶粉就是因为产品质量问题，极大地打击了消费者的信任，但最终品牌消失、企业倒闭。因此，品牌在消费者心中，是一笔巨大的无形财富，这种无形财富可以转化为经济财富。

（四）品牌的特征

1. 品牌是专有的品牌

品牌是用以识别生产或销售者的产品或服务的，品牌拥有者经过法律程序的认定，享有品牌的专有权，有权要求其他企业或个人不能仿冒和伪造。专有权也是指品牌的排他性，但是我国企业在国际竞争中没有很好地利用法律武器，没有发挥好品牌的专有权，大量的中国知名品牌，在国外被抢注，这点非常值得企业重视。

2. 品牌是企业的无形资源

品牌的价值在于品牌拥有者可以凭借品牌扩大市场，不断地获取收益，通过不断积蓄，使企业无形资产和有形资产都获得巨大提升，这些资产可以在市场里交易，并迅速变现。

中国的品牌创造虽起步较晚，但国内的名牌发展较为迅速，像云南红塔集团的"红塔山"、大连的三山浦海产集团、浙江杭州的娃哈哈、山东青岛的海尔、四川绵阳的长虹集团等知名品牌的价值也很不菲。

【案例2-5】2016中国品牌价值100强发布，五粮液品牌价值达875.69亿

作为国内自主品牌价值研究的权威榜单，"中国品牌价值100强"是全球研究中国消费品牌颇具参考价值的评选活动之一。日前，"2016（第22届）中国品牌价值100强"在美国波士顿正式发布，五粮液以875.69亿的品牌价

> 值蝉联了"中国品牌价值100强"第三名,居白酒制造类第一位。同时,五粮液公司旗下的五粮春、五粮醇分别以145.72亿元、108.33亿元的品牌价值位居第29位和第38位。据统计,五粮液品牌价值较去年有大幅提升,比2015年761.26亿元增长了114.43亿元。2017年中国品牌价值100强揭晓,五粮液品牌价值达958.59亿元。
>
> 报告分析认为,白酒品牌现在全国依然有上万家,正在加速集中的过程。以五粮液为首的白酒品牌将受益于这个趋势,它既有高端品牌五粮液,也有适合百姓日常消费的五粮春、五粮醇、尖庄等。无论从品牌历史还是品牌多层次多区域的消费区分,都具备了良好的品牌拓展优势。尽管最近4年的增长趋于平缓,依然不改上升趋势。随着白酒市场竞争的去地方保护及白酒品牌的结构调整,以五粮液为首的白酒品牌拓展必将加速。
>
> 当前,白酒行业仍处于调整中,各大酒企只有在不断创新中转型升级,才能真正满足消费者的不同需求。正是因为五粮液坚持改革创新,开拓进取,赢得了社会各界人士的普遍认可。
>
> 据悉,"中国价值品牌100强"研究是中国最早也是持续时间最长的关于品牌价值比较的专业研究,目的是研究品牌价值内涵及发展规律,推进中国企业创建自主品牌。这项关于品牌价值的比较研究,已成为海内外了解中国品牌的重要参考。

3. 品牌转化具有一定的风险及不确定性

品牌创立后,随着市场的变化也存在很多变数,如果企业经营非常良好,品牌价值越来越大,转化越来越容易,但是如果市场行情不好,企业经营不善,则有可能让品牌价值降低,如果出现产品质量问题,服务质量问题,严重影响企业形象的事件发生,则有可能让品牌价值迅速缩水。

4. 品牌的表象性

品牌是企业的无形资产,不属于实体,它最原始的目的就是让人们便于识别、记忆,因此务必要把品牌转化为物质载体,使品牌形式化。没有物质实体,品牌就无法表现,也无法传播,因此企业要注重品牌的物质载体的研究,让它更利于品牌的传播和升值。品牌的直接载体有文字、图案和符号,间接载体有产品的质量、产品服务、知名度、美誉度、市场占有率等。优秀的品牌载体能让顾客更加快速记忆和产生好的联想,比如"五粮液"的文字能让人们联想到白酒的品质和高端,能让人们产生美酒的联想。

5. 品牌的扩张性

品牌具有识别功能,代表一种产品、一个企业,企业要充分利用这一优点,提升品牌对市场的开拓能力,甚至可以利用品牌资本进行扩张。

（五）品牌的种类

品牌可以依据不同的标准划分为不同的种类。

1. 根据品牌知名度的辐射区域划分

根据品牌的知名度和辐射区域划分，可以将品牌分为地区品牌、国内品牌、国际品牌、全球品牌，地区品牌是指在一个较小的区域之内生产销售的品牌，例如，地区性生产的销售的特色产品，这些产品一般在一定范围内生产、销售，产品辐射范围不大，主要受产品特性、地理条件及某些文化特性影响，这有点像地方戏种秦腔主要在陕西，晋剧主要在山西，豫剧主要在河南等的现象。

国内品牌是指国内知名度较高，产品辐射全国，在全国销售的产品。例如茅台、五粮液、郎酒等。

国际品牌是指在国际市场上知名度、美誉度高，产品辐射全球的品牌，例如LV、宝马、保时捷、福特等。

2. 根据品牌产品生产经营的不同环节划分

根据产品生产经营的所属环节可以将品牌分为制造商品牌和经营商品牌。制造商品牌是指制造商为自己生产制造的产品设计的品牌，经销商品牌是经销商根据自身的需求，对市场的了解，结合企业发展需要创立的品牌。制造商品牌很多，如海尔、格力、长虹等。经销商品牌如"沃尔玛""世纪华联""新世界"等。

3. 根据品牌的生命周期长短划分

根据品牌生命周期的长短来划分，可以分为短期品牌、长期品牌。短期品牌是指品牌生命周期持继较短时间的品牌，由于某种原因在市场竞争中昙花一现或持续一时；长期品牌是指品牌生命周期随着产品生命周期的更替，仍能经久不衰，永葆青春的品牌。例如历史上的老字号全聚德、同仁堂、王府井等。

4. 根据品牌产品内销或外销划分

依据产品品牌是针对国内市场还是国际市场可以将品牌划分为内销品牌和外销品牌。由于世界各国在法律、文化、科技等宏观环境方面存在巨大差异，一种产品在不同的国家市场上有不同的品牌，在国内市场上也有单独的品牌。品牌分为内销品牌和外销品牌对企业形象整体传播可能产生不利，但由于各种原因，不得不采用。

（六）品牌策划的思路

企业品牌由于其信誉高、销量大、附加值高，可以使企业加速资金周转，获得高额利润。因此，企业品牌战略应纳入企业整体战略中去，而企业品牌战略作为企业战略的一部分，只有与企业整体战略有机结合，才能发挥整体效应，否则，遗憾无穷。比如，有的企业占领市场后沾沾自喜，认为皇帝的女儿不愁嫁，于是不再考虑产品和营销创新；有的企业闯出了市场，俨然以品牌自居，任意加价结果最终失去市场；有些企业急功近利，为了扩大规模仓促地搞联营、卖牌子（有偿使用品牌而不注意产品质量监控），最终影响品牌信誉；有些企业舍不得在企业品牌上投资,而当形成规模、实力增强,想独创企业品牌则为时已晚。从这些反面例子我们可以看出,企业的品牌战略具有长期性、整体性和前瞻性的特点。这就要求企业必须树立"品牌"意识,端正"创立品牌"思想。

品牌商标必须掌握两个基本要素,名称定位与产品商标定位。

1. 名称定位

名称定位有很多技巧,企业品牌名称是否产生"一眼望穿"效应,最大限度提高公众的"直接联想力",让众人在短短几秒钟内知道品牌的含义,这是品牌营销中成功品牌的基本特征之一。企业品牌名称定位需要对历史、文化、风俗、习惯、民族心理及现代意识有全面的把握。

2. 产品商标定位

除了品牌名称定位,还应重视韵律感、视觉美、寓意深、个性化。对一新企业的新产品来说,商标的首要问题是搞好商标设计,确定商标投资。它主要是提出新商标开发的经费估算,包括商标的设计费、注册费、宣传费以及设计和使用新包装的材料费等。如果要发展国际商标,则还要研究各国政府及商标国际组织的有关规定、商标所指的市场情况。即要搞清市场饱和程度和竞争对手情况,并且要掌握各国的消费心理。

【案例 2-6】 百年宝马,一个值得中国学习的品牌案例

3月7日,在一百年前的今天,一家位于德国巴伐利亚的公司拔地而起,在那时,这家企业并非名门望族,但出于对技术与品质的追求,以及对品牌价值提升的不断努力,百年之后,这家公司已然成为豪华车领域全球销量最高的品牌,这家公司就是"宝马"(BMW)(图2-5)。

图 2-5 宝马"BMW"

近期红旗事业部独立,东风 A9 准备上市,中国品牌的上行之路再次出发。虽然这是中国汽车品牌力求上行的一次尝试,但行动起来总比停滞不前要好上许多,在这个日子里,建议即将出发的中国品牌,能够更多地学习一下他山之石的做法。

1. 品牌力不是一日建成的罗马

王侯将相,宁有种乎?宝马天生也不是贵族,1923 年推出的摩托车 R32,1954 年推出的微型车 Isetta,以及 1962 年推出的宝马 1500 小型轿车。三款产品虽然都不是价比天高的"富人玩具",但都是宝马历史阶段上举足轻重的产品,为什么?因为他们都获得了德国消费者乃至全世界的赞誉。而今日的宝马正是在这一点一滴的赞誉积累中不断养成的。

记得一位中国品牌的汽车人对笔者说过一段话:"什么是品牌?好的技术形成积累产生好的产品,好的产品形成积累产生好的口碑,好的口碑形成积累才产生好的品牌。"而正是弄清了这一点,这家自主品牌在 2015 年取得了百万的好成绩。反观另外的一些民族品牌,在还没有形成口碑之时就盲目建立新品牌,扩张渠道,造成了资金和渠道资源的重复建设,至今伤痛犹在。看看宝马,走到今日用了百年时光,我们又何必那么着急?一步一个脚印,做好当下的每一步,才能"至千里,至百年!"

宝马"四缸大厦"见图 2-6。

图 2-6 宝马"四缸大厦"

2. 欲速则不达但方向不能错

步子迈太大会扯到裤裆,裤裆破了补补便可。但方向选错了,则是浪费金钱与生命。在宝马成立之时,同为一国的竞争对手奔驰已经走过了将近 30

个年头,并在豪华车领域称霸一方。为何宝马仍能独当一面,最重要的是要选对方向。

当奔驰已在豪华车领域叱咤风云之时,宝马却选择了另一条路线:运动、科技与未来。那时的奔驰正聚焦于各种豪华加长轿车,宝马却选择了开辟了303这个强调短小、运动、操控的品类,并最终在328这个车型上开花结果。而这些产品正是号称宝马灵魂的3系的鼻祖。时至今日,无论是其SUV产品还是旗舰7系,运动仍然是其值得骄傲且不可分割的基因。这样的聚焦与别具一格,支撑了这个品牌走过了百年。

今天的中国品牌能否也找到适合自己的方向?而不再是一位强调官车形象,或是土豪气息?中国的品牌,应该更了解中国市场,最明白中国文化底蕴或者是中国消费者心中能够持续百年的喜好要素是什么。只有立于此,并聚力于此才能真正发展百年。

步骤二 品牌策略策划

(一) 品牌命名的意义

说到命名,不由得想起孔子的那句:"名不正则言不顺,言不顺则事不成",并且根据这句经典延伸出的一个成语:名正言顺。一个好的名字,是一个企业、一种产品拥有的一笔永久性的精神财富。一个企业,只有其名称、商标登记注册,才会拥有对该名称的独家使用权,好名字能带给人们好的联想,利于品牌的传播与宣传。

(二) 品牌命名的程序

1. 前期调查

在品牌命名前,务必要做好市场调查,针对国内外最新发展趋势、当地人文特点、使用国人们的生活习惯、传统认知等进行深入调查,通过这种调查找到适合自己企业的名称。

2. 头脑风暴

经过调查后,要对名字进行挖掘和筛选,一个人难以想到好的名字,可以通过头脑风暴法的方式,召开命名会议,通过大家的思想碰撞,提出更多的参考名称。在参考名称的基础上,再进行二次筛选或多次筛选,最终确定2~3个备选名称,再通过二次验证市场调研,最终确定命名。

3. 名称发散

当找出命名名称后,由这个词语,可以发展出无数的词语,确定中心思想后,展开大规模的社会命名征集活动,通过征集一方面可以收集到好的名称,另外一方面又可以扩大企业的影响力,利于名称的今后推广与发散。

4. 法律审查

当命名到了只剩下几个备选名称时，一定要从法律角度，邀请法律人士进行鉴定，名称不能与法律规定相冲突，否则无法通过审查，如果无法通过工商注册，所有前期努力就前功尽弃了。

5. 语言审查

组织文字高手对备选名称进行筛选，将有语言障碍的名称剔除出去，剩下朗朗上口、人们易读易记、易于传播的名称。

6. 测试

名称究竟好不好，不是由少数人说了算，而是要获得更多人的认可，利于市场推广，因此将筛选出来的名称，找目标顾客群进行测试，根据测试结果，最终选出2~3个名称。

7. 确定名称

公司召开研讨会，最终确定适合公司文化、适合国情、利于传播和宣传的名称，进行工商注册登记，获得法律的认可。

（三）品牌命名的原则

1. 合法注册

命名要合法，如果不合法就不能注册，无法获得法律的保护，再好的名字也没有意义，也不属于真正的品牌。比如"成都小吃"，是一个非常有影响力的名称，但是却被重庆人在用，这个名字名不副实，谁都用，无法保证品牌的可持续开发性，也无法证明其品牌质量和价值，无人专有，就无人保护，如果命名这类名称，对于企业本身来讲并无意义。

2. 适应各国文化

各国各地有其独特的文化，其消费习惯、风俗、价值观念、历史文化有着非常大的差异，同一个品牌在其他国家的人的眼里的理解会完全不一样。在一个国家认为是美好的东西，到另外一个国家就变成了不祥之物，因此命名务必要考虑接地气，符合当地文化、风俗习惯。比如，荷花在中国被认为是一种非常纯洁的生物，出淤泥而不染，但是日本人则非常讨厌，认为从淤泥里出来的东西很脏，不讨人喜欢。

3. 容易记忆

为品牌取名，要遵循有利于传播的原则。名称不是为公司取的，而是为顾客取的，如果顾客不喜欢，不易于顾客记忆，公司认为再好的名称，也是最糟糕的名称。今天的大牌名称都遵循了这个原则，苹果、华为、现代、小米、阿里巴巴，这些名称通俗易懂，识记非常方便。

4. 容易传播

品牌名称一定要利于传播，如果一个品牌传播不出去，就没有任何的价值。吉普（Jeep）汽车的车身都带有GP标志，并标明是通用型越野车，Jeep即是通用型的英文 general purpose 首字缩写 GP 的发音，但有另一种来源之说，称其来源于一部连环画中的一个怪物，这个怪物总是发出"吉——普，吉——普"的声音。这个名称就非常容易发音也易于传播。

5. 正面联想

好的名字一定要让人能产生正面联想，让顾客认为购买该产品能带来价值、带来吉祥、带来好运。比如宝马这个品牌，就非常符合中国人的正面联想，在中国古代"宝马"就是千里马的意思，意味着高效率、高档次、尊贵、稀有品，品牌深受中国人的喜爱。

6. 产品属性

有一些品牌能很好地描述其属性，表述很直观，带给顾客良好的感受。比如意可贴、酒鬼酒、特步、农夫山泉等。这些品牌从其名字就能看出其特性，易于记忆与传播，但是如果要采取多元化策略，这个品牌就有局限性。

【案例2-7】全球著名品牌的产品命名案例

名字是信息和人脑之间的第一个接触点。在定位时代，你能做的唯一重要的营销决策就是给产品起什么名字——国际权威营销战略专家，定位理论创始人之一，艾尔·赖兹

1. 宏碁电脑

被誉为华人第一国际品牌、世界著名的宏碁电脑 1976 年创业时的英文名称叫 Multitech，经过十年的努力，Multitech 刚刚在国际市场上小有名气，但就在此时，一家美国数据机厂商通过律师通知宏碁，指控宏碁侵犯该公司的商标权，必须立即停止使用 Multitech 作为公司及品牌名称。经过查证，这家命名为 Multitech 的美国数据机制造商在美国确实拥有商标权，而且在欧洲许多国家都早宏碁一步完成登记。商标权的问题如果不能解决，宏碁的自有品牌 Multitech 在欧美许多国家恐将寸步难行。在全世界，以"~tech"为名的信息技术公司不胜枚举，因为大家都强调技术，这样的名称没有差异化；又因雷同性太高，在很多国家都不能注册，导致无法推广品牌。因此，当宏碁加速国际化脚步时，就不得不考虑更换品牌。宏碁不惜成本，将更改公司英文名称及商标的工作交给世界著名的广告公司——奥美广告。为了创造一个具有国际品位的品牌名称，奥美动员美国纽约、英国、日本、澳大利亚、中国台湾省分公司的创意工，运用电脑从数万多人拟定的名字中筛选，挑出 1000 多个符合命名条件的名字，再交由宏碁的相关人士讨论，前后历时七八个月，终于决定选用 Acer 这个名字。

宏碁选择 Acer 作为新的公司名称与品牌名称，出于以下几方面的考虑。

（1）Acer 源于拉丁文，代表鲜明的、活泼的、敏锐的、有洞察力的，这些意义和宏碁所从事的高科技行业的特性相吻合。

（2）Acer 在英文中，源于词根 Ace，有优秀、杰出的含义。

（3）许多文件列举理事厂商或品牌名称时，习惯按英文字母顺序排列，Acer 第一个字母是 A，第二个字母是 C，取名 Acer 有助宏碁在报刊媒体的资料中排行在前，增加消费者对 Acer 的印象。

（4）Acer 只有两个音节，四个英文字母，易读易记，比起宏碁原英文名称 Mutitech，显得更有价值感，也更有品位。

宏碁为了更改品牌名和设计新商标共花费近一百万美元。应该说宏碁没有在法律诉讼上过多纠缠而毅然决定摒弃平庸的品牌名 Multitech，改用更具鲜明个性的品牌名 Acer，是一项明智之举。

2. 可口可乐

可口可乐也许是人类商业史上最著名的品牌，今天，全世界有超过 190 个国家的消费者在饮用可口可乐。在中国，可口可乐也是最畅销的饮料品牌之一。可口可乐中文品牌名称得上是品牌名的顶级佳作。它既包含感性诉求又包含理性诉求，"可口"让人们联想到这种饮料的美妙滋味，"可乐"既突出这种饮料带给人们的心理享受，又与可口可乐多年来一直着力强调并大力宣传的"欢乐、尽情"的品牌形象不谋而合。

3. 力士

英国联合利华公司的力士是当今世界最有名的香皂品牌，力士品牌今天之所以在全球风行，除了它大量利用影星做广告树立国际形象外，该品牌名称典雅高贵的优美含义也为它的发展起了很大的推动作用，可以这么说，初期的力士能成功完全依赖其杰出的命名创意。

利华公司 19 世纪末向市场推出了一种新型香皂，一年中先后采用过猴牌与阳光牌作为品牌名称。前者与香皂没有任何联系，显得不伦不类，且有不洁的联想；后者虽有所改进，但仍落俗套。第一年里，香皂的市场销路一直不好。1900 年，公司在利物浦的一位专利代理人建议了一个令人耳目一新的品牌名称：Lux，立即得到公司董事会的同意。名称更换之后，产品销量大增，并很快风靡世界，时间不长就成为驰名世界的品牌。虽然香皂本身并无多大的改进，但 Lux 给商品带来的利益是巨大的，可以说这种商品的成功很大程度上归功于它的品牌命名创意。

Lux 是一个近乎完美的品牌名称，它是西方国家拉丁字母品牌命名的经典之作，备受业内人士推崇。它几乎能满足优秀品牌的所有优点。首先它只有三个字母，易读易记，简洁明了，在所有国家语言中发音一致，易于在全世界传播。其次它来自古典语言 luxe，具有典雅高贵的涵义，它在拉丁语中是

"阳光"之意,用作香皂品牌,令人联想到明媚的阳光和健康的皮肤,甚至可以使人联想到夏日海滨度假的浪漫情调。另外,它的读音和拼写令人潜意识地联想到另外两个英文单词 Luckys 和 Luxury。无论做何种解释,这个品牌名称对产品的优良品质起到了很好的宣传作用,它本身就是一句绝妙的广告词,至今尚未有其他品牌能在命名内涵上超过它。

4. Pentium

下面就以英特尔公司的"Pentium"的决策过程为例,对 Pentium 名字诞生的来龙去脉做具体的介绍。1989 年英特尔开始研制代码为 P5 的处理器,期望 1992 年秋天导入市场。由于由数字构成的名字不能作为商标,于是英特尔公司任命 Karen Alter 负责 P5 的命名工作。她迅速组建一个广告团队来为新处理器选择一个名字。他们要求新的品牌名字既要体现自己的特点,又要指出新芯片是第几代。在具体阐明 P5 名字的选择标准时,团队决定名字的必要条件是:①竞争者难以仿造;②可作为贸易标志;③指出新一代技术,以便有效地从上一代过渡过来;④有积极联系,且适应全球;⑤支持英特尔品牌资产;⑥听起来像一个部件,以便它能与英特尔合作伙伴的品牌名字相配合。

在选择名字过程中,团队的初期目标受众是零售消费者。尽管一个关键目的是建立早期采用者对新产品的信任,但他们知道这个群体不会真正关心微处理器的真实名字。英特尔销售团队在为期 2 个月的对大量顾客进行的关于他们不采用数字名字的想法的调查中,有些消费者告诉英特尔不使用"586"而改变行业语言是不可行的。他们认为,行业变化太快,市场已经达到一定成熟水平,产品太复杂,重新教育消费者很困难。而另一些人,特别是技术老练的原始设备制造商,则喜欢这种区分英特尔技术的想法。他们认为,一个区别性的名字有利于将他们的产品与 PC 市场低级制造商的产品区别开,也有利于在工作站和服务器市场区别于不同的竞争者。

为了给 P5 找一个好名字,英特尔进行了一项历史上最昂贵的调查研究。除了任务团队自己采用脑力风暴法产生的数以百计的名字之外,英特尔雇佣了一家以 Lexicon 命名的公司为他们服务。同时在公司范围内举办命名竞赛,全世界有 1200 名英特尔雇员参加,其中一些较为幽默的入围名字包括:"iCUCyrix""iAmFastest""GenuIn5""586NOT"等。业内出版物 Computer Reseller News 甚至自己进行命名比赛。此外,公司还收到来自世界各地许多个人主动提出的建议。一个 16 岁的澳大利亚男孩建议使用"SWIFFT",即"Speed With Intel's Fastest Future Technology"的缩写。全部选择过程一共产生 3300 个名字。Karen Alter 对这过程做如下描述:与 586 相比较,其他名字听起来都是可怕的,因为它缺乏 x86 命名式的熟悉感。英特尔们将所有名字分成三个类别:①与英特尔密切联系的;②技术上"冷酷的",如建筑风格的名字；③全新的，但有某些代的概念嵌入其中。

在名字选择过程中，英特尔公司进行非常具体的全球化的研究，以确保每个名字不会被复制，确保每个名字在各种语言中都是有效的。在确定了每个名字都是可注册的和符合语言规则的之后，公司测验了每个名字以及该名字与管理资讯系统和美国、欧洲终端用户相关的概念，以确定每个名字符合已经设定标准的程度。团队还专门要求参加者评价每个名字的正面和负面联想、是否容易记忆、使用的意愿、对产品的适合性以及促销的能力。类似的测验除了在欧美地区进行外，还在亚太地区进行。任务团队对10个测验名字的每一个进行讨论，并从每个类别中选择一个呈送给名字选择最高执行官。最终的三个名字分别是"InteLigence""RADAR1""Pentium"。在正式名字公布的前10天，公司最高执行官和任务团队成员一起做出最后的选择。会议由英特尔首席执行官Grove主持。他要求每个与会者从中选择一个名字并说出原因。不足为奇的是，任务团队成员几乎是平均地支持三个名字。任务团队的公关成员喜欢"InteLigence"，因为该名字是他们最容易向公众解释的。技术成员喜欢"冷酷"的名字"RADAR1"。而销售和营销人员喜欢"Pentium"，他们觉得Pentium是新的，代表着最彻底的突破，比较容易卖给OEM厂商和其他顾客。在所有的人都给出自己的看法之后，Grove告诉他们，一旦名字选定，不要再做讨论。之后，Grove和Carter走进Grove的办公室做最后的决定。终于，一个新品牌名字诞生了，它的名字就是"Pentium"，该名字暗示部件。Pentium的"Pent"来自希腊语，意思是"5"，暗示新的芯片是家族的第五代；加上"ium"使得芯片看起来像基本元素。

5. 摩黛丝

摩黛丝是美国强生公司生产的背胶免带式卫生棉，原品牌是Modess，在台湾则为"摩黛丝"。其汉语品牌命名的确定是按照严格的科学步骤进行的。他们首先设计出若干名字，包括梦的丝、摩黛丝、摩登丝、美贴适、美的适、美的舒、吸美乐、好自在等10个候选名字，随后进行一系列的测验。在记忆测验中，发现美登适、美的舒、美的适等记忆效果比较差。在学习测验中，发现各名称之间差异不大，没有谐音问题。在偏好测验中，梦的丝脱颖而出，最受欢迎，其次是摩黛丝，其他落后甚多。在联想测验中，美贴适被联想成为皮鞋产品，吸美乐被联想为抽油烟机，梦的丝联想到的都是一些少女的梦幻、神化、诗情画意般的东西，摩黛丝的联想则有一点稳重成熟之感。根据测验结果，同时考虑使用卫生棉的女性年龄在十二三岁至五十岁左右，故选择摩黛丝。

在国外，给产品命名已成为一个比较系统的庞大产业。随着工商业的发展，商品越来越多，而给产品命名变得更加困难，要设计制定一个新颖不重复的品牌名称已不是一件容易的事。并且随着其边缘科学的发展，品牌命名已成为一门学科。与此相适应，就出现了一些专业的命名机构，于是品牌命名产业应运而生。

目前全球著名的命名机构有英国的 Interbrand 和 Novamark，美国的 Namestormers、Landor、Lexicon 和 Namelab。Interbrand 是一个集品牌评估、咨询、设计于一体的全球性著名品牌发展机构，是品牌理论研究和实践的先驱者，它每年为全球评定世界驰名商标，十分权威，命名是它从事的业务之一。Novamark 主要是一个全球性的知识产权机构，命名也只是一个小分支。Landor（兰多）是蜚声世界的企业形象设计机构，但如果是新公司或新产品需要设计形象，它也给它们命名。其余几个机构则主要从事产品命名工作。它们的命名特色也不一样，Namelab 比较喜欢采用新创词设计品牌名称，它的命名一般都有一番科学的程序和步骤；而 Namestormers 则偏重于创意命名。

（四）品牌命名的策略

1. 便于宣传

在品牌的经营方面，一个成功的品牌之所以能区别于其他的品牌，一个很重要的原因就是：成功的品牌拥有非常高的知名度，消费者在购买时能够潜意识地回忆起该品牌的名称，不自觉地购买该品牌的商品。品牌传播越快、传播面积越广、传播深入人心，品牌的动能就越大，就越能带动销售，就越能为公司产生效益。好的品牌要让消费者记得住、传播得开，能占据消费者的头脑。

品牌的传播力强大与否取决于品牌名称的组成结构和含义，组成简单，含义正能量，容易理解，符合消费者心理，就能很好地传播。比如百事可乐，该品牌从名称来看非常喜庆，给人一种欢乐祥和喜庆的感觉，中国人看了都喜欢，自然传播起来就容易。

2. 亲和力要浓

品牌不是具有传播属性就能异军突起，一劳永逸，还要具有亲和力，让消费者愿意接近，愿意购买。比如六个核桃，这个名称既表述了产品的原材料和属性，又非常亲民，深受消费者喜爱；又如红牛，这个品牌视觉冲击力很强，好念，又代表充满活力的意思，满满的正能量，亲和力十足。

3. 保护要好

一旦一个品牌取得了空前的成功，就会有很多追随者进行模仿，企图从中分得一杯羹，而且这种市场行为是短期的市场行为，目的就是为了赚钱，追随者的产品质量得不到保证，从而影响整个行业的信誉，最终导致这一行业口碑下降，顾客流失。因此品牌一定要保护好，做好打假工作，一方面可以保证市场的正当竞争，保证产品质量，另一方面可以让这个行业健康发展。

【案例2-8】 老干妈的生意经：斥巨资打假造口碑

老干妈近日因上不上市问题再度成为焦点。2013年，老干妈公司日均生产辣椒酱200万瓶，实现年销售收入37.2亿元，直接带动上下游产业链3.2万余人就业。老干妈操盘手陶华碧称，几乎不在营销推广上有所投入，仅靠消费者口碑。事实上，老干妈对于品牌建设不可不谓之稳准狠，且看老干妈的火辣营销，如何锻造一瓶辣椒酱的风靡，最终从贵州老太变身"宅男女神"。

1. 口碑传播：老干妈变身"宅男女神"

全世界有华人的地方就有老干妈，这是民间为老干妈创造的广告语。不久前老干妈登上奢侈品折扣网站Gilt，在国外被译作"LaoGanMa"，并被誉为全球最顶级的辣椒酱，在微博上被戏称为"一秒钟变格格"。1996年，陶华碧创办了贵阳南明老干妈风味食品有限责任公司，经过近20年的发展，这家企业将一瓶不足10元的辣椒酱锻造成为中国辣椒酱品牌代言者。

在靠宣传打天下的快消行业，老干妈几乎是一种另类，各类媒体上不见其广告身影，陶华碧称几乎不在营销推广上有所投入，仅靠消费者口碑。此前老干妈相关负责人曾表示，老干妈在广告上的投入曾连续几年为零。

广东一位老干妈经销商透露，他所在的贸易公司成为老干妈广东地区的经销商时，也正值老干妈的起步时期。在没有进行广告宣传的情况下，老干妈依旧迅速占领广东市场，每年的销售额在3亿~5亿元。

良好的口碑传播是老干妈得以成功的关键。在快消品营销专家张胜军看来，老干妈的口碑传播多是由消费者在积极推进。事实上，最早老干妈口碑传播来自海外留学生，"谁只有在生病时才能吃一点从国内带去的老干妈"成为一个成功的口碑传播样本。此后，随着网络的兴起，"宅男女神老干妈"又成功助推老干妈的口碑传播。张胜军表示，老干妈几乎是这个行业第一个成规模的企业，多年来一枝独秀，持续的终端传达，形成了消费者的固定印象："老干妈"就是辣椒酱的代表，是消费者的记忆性首选品牌。

2. 打假维系品牌：每年两三千万

能形成老干妈如此强大口碑传播力的原因还在于老干妈在市场上几乎鲜有对手，并且每年花费巨额资金打击冒牌。来自智研数据研究中心整理的数据显示，老干妈市场占有率目前排名第一，几乎垄断市场一半以上份额。

陶华碧曾坦言诚信经营是其成功的法宝，这体现在其公司运营的现金和产品质量上。供应商和经销商不能拖欠货款，产品质量只要有问题就必须全部收回销毁，并且凭借强大现金流，老干妈一直坚持不上市。

但一个常被外界忽略的成功举措是,老干妈对于假冒仿制上的零容忍。老干妈辣椒酱创立之后,假冒"老干妈"的产品多达五六十种,造假地遍及贵州、湖南、四川、陕西、甘肃等地。老干妈一度被逼到生死存亡的关头。公司派出了一批又一批打假人员。最轰动的例子莫过于"陶华碧老干妈"与"刘湘球老干妈"之争。在陶华碧老干妈刚兴起时,在湖南的华越公司几乎在同一时间申请刘湘球老干妈商标,双方均得到国家商标局的认可。一时间,多地货架上同时出现两位有着红底黄字瓶贴、身着白色围裙的"老干妈"。

为了正名,从1996年持续到2001年,陶华碧老干妈进行了长久的拉锯战,最终以陶华碧老干妈胜诉告终,公司在国家工商总局商标局领取到了"陶华碧老干妈及图"商标注册证书。

而在2014年两会期间,陶华碧秘书刘涛介绍,老干妈对于打假绝不手软,不允许任何冒用公司品牌的行为发生,公司近年来每年都要安排两三千万用来"打假"的专项资金。

3. 品牌规模优势封杀追随者

事实上,老干妈对竞争对手的绝杀远不止打假。在老干妈之后,曾出现不少老干爹、老干娘等品牌,包括后起之秀阿香婆也只是昙花一现,仍没有一家能与之抗衡。

中国品类创新研究院首席品类研究专家张胜军表示,老干妈占领了佐餐消费群体的习惯性消费支出的主流价位区间:5~6元/瓶,7~8元/瓶,9~10元/瓶,同时,利用强大的终端消费者品牌认知,构建起对主流消费群体的有效满足。这样,老干妈通过充分利用规模优势、品牌优势的综合力量把跟随者封杀在上下两极区域,最终形成竞争对手无论从力量积累还是从规模发展上都难以真正形成对老干妈的威胁。

在迈迪品牌咨询公司咨询顾问李光义看来,很多品牌都是到处挖坑,但每个坑都很浅,并没有挖到消费者的心里去,从而塑造了一个个大而不强的"虚弱品牌"。"老干妈"迄今为止,只有不到二十个单品,专注在辣椒调味品上。"老干妈"的产品,几乎都和这几个关键词相关:风味、豆豉、辣椒、香辣,把辣椒调味品这一块做深做透,几乎没有任何一点超格的产品延伸。

李光义表示,"老干妈"产品配方虽然有一定的独特性,但并非竞品无法达到、无法超越,而在于:老干妈一直坚守自己的"风味""香辣"特点,十余年不变,让品牌深深植于消费者心中———从某种程度上,"老干妈"对"风味""香辣"持续一致的坚守甚至改变了中国消费者对辣椒的接受度和依存度,改变了中国人的口味。品牌强势与否,不在于你能覆盖多少品类,而在于你不能覆盖多少品类。

【案例启示】

老干妈的杀手锏

- 多年来一枝独秀，持续的终端传达，形成了消费者的固定印象："老干妈"就是辣椒酱的代表，是消费者的记忆性首选品牌。
- 每年花费巨额资金打击冒牌。老干妈市场占有率目前排名第一，几乎垄断市场一半以上份额。
- 单品数少，不到二十个单品，专注在辣椒调味品上。"老干妈"的产品，几乎都和这几个关键词相关：风味、豆豉、辣椒、香辣，把辣椒调味品这一块做深做透，几乎没有任何一点超格的产品延伸。
- 通过充分利用规模优势、品牌优势的综合力量，把跟随者封杀在上下两极区域，最终使竞争对手无论从力量积累还是从规模发展上，都难以真正形成对老干妈的威胁。

（五）品牌策略

1. 统一品牌策略

统一品牌策略是指企业将经营的所有系列产品使用同一品牌的策略，使用同一策略，有利于建立"企业识别系统"，这种策略可以使推广新产品的成本降低，节省大量广告费用，如果企业声誉甚佳，新产品销售必将强劲，利用统一品牌是推出新产品最简便的方法。

统一品牌策略涉及企业的多元化，多种类产品共用一个品牌，如果其中任何一种产品，出现质量问题或者口碑问题，都会影响整个公司，因此，采用这种策略的企业必须要严格控制质量和服务，维护好公司的口碑。

2. 扩展品牌策略

扩展品牌策略是指企业利用公司已有的一定声誉的品牌，推出新品，利用已有的品牌影响力来打开新品的销路。使用这种策略要注意品牌在市场上要有非常高的声誉和较高的市场认可度，扩展的产品必须是相关产品，且质量上乘。比如小米公司以前主营业务是手机，由于该品牌有着非常大的影响力，通过该品牌扩展出了箱包等一系列的其他产品，且销量非常好。

3. 品牌创新策略

品牌创新策略是指在整合以前品牌的基础上，设立新品牌。品牌创新有两种方式，一种是渐进式，让新品与旧品造型接近，慢慢变化，以便适应消费者心理，另一种便是突变，完全舍弃以前的品牌，采用全新的设计和品牌。比如格力电器原本主要制造空调，由于在空调领域取得重大成功，成为领导品牌，格力公司在整合以前品牌的基础上，利用现有品牌的影响力，创新品牌设计，推出了晶弘、TOSO 新品牌，并将生产领域拓展到了电饭煲、冰箱等领域，取得了巨大的成功。

知识链接

每个公司都应该有自己的战略，通常的品牌战略有以下几种。

战略一：攻城略地型

主动进攻，挑战市场领导品牌，以期抢占市场份额。主动出击型品牌之战的发起一定要切中要害，方能一招制敌，否则只能草草收场，怅然若失。

战略二：借鸡生蛋型

通过品牌之战，以期实现侧翼突围，提升品牌知名度。当品牌有实力与竞争对手比拼时，可以考虑正面进攻策略，有时一次强有力的出击会将对手拉下马。对于对行业领导者形成直接威胁的挑战者品牌，其主要的竞争战略就是通过不断地向领导品牌发出具有威胁性的挑战，来发展自己的实力与品牌竞争力，削弱领导品牌的影响力与优势，从而实现借鸡生蛋，增加挑战者的品牌知名度，实现替代其地位的目标。

战略三：运筹帷幄型

这样做的目的在于调整行业格局，以期在固有格局中占有一席之地。运筹帷幄型品牌之战的发起者，必定有很强的实力，包括产品、技术等各个方面。企业只有加强本身的核心竞争力，才有可能占据市场有利位置。

【案例2-9】爱马仕品牌之路

1. 创建

爱马仕（Hermès）是世界著名的奢侈品品牌，1837年由Thierry Hermès创立于法国巴黎，早年以制造高级马具起家，迄今已有170多年的悠久历史。爱马仕是一家忠于传统手工艺，不断追求创新的国际化企业，截至2014年已拥有箱包、丝巾领带、男装、女装和生活艺术品等十七类产品系列。爱马仕的总店位于法国巴黎，分店遍布世界各地，1996年在北京开了中国第一家Hermès专卖店，"爱马仕"为大中华区统一中文译名。爱马仕一直秉承超凡卓越、极致绚烂的设计理念，造就优雅之极的传统典范。

2. 发展

历经了170多年的风雨沧桑，爱马仕家族经过几代人的共同努力使其品牌声名远扬。早在20世纪来临之时，爱马仕就已成为法国式奢华消费品的典型代表。20世纪20年代，创立者蒂埃利·爱马仕之孙埃米尔曾这样评价爱马仕品牌："皮革制品造就运动和优雅之极的传统。"起初，爱马仕只是巴黎城中的一家专门为马车制作各种配套的精致装饰的马具店（从Hermès的logo可以看出这段历史）。在1885年举行的巴黎展览会上，爱马仕获得了此类产品的一等奖。此后，爱马仕之子埃米尔·查尔斯再建专卖店，生产销售马鞍等物品，并开始零售业务。随着汽车等交通工具的出现和发展，爱马仕开始转产，将其精湛的制作工艺运用于其他产品的生产之中，如钱夹、旅行包、手提包、手表带,以及一些体育运动如高尔夫球、马球、打猎等所需的辅助用具,也设计制作高档的运动服装。其所有的产品都选用最上乘的高级材料,注重工艺装饰,细节精巧,以其优良的质量赢得了良好的信誉。

杰出而富有创业精神的爱马仕六代成员陆续开拓版图,征服了新市场,长久以来,爱马仕一直忠诚于创立者制定的基本价值观,在阿克塞尔·杜马斯的带领下,爱马仕开始了对革新与进步的世纪追求。他们尊重过去,同样醉心于未来。对精致素材和简约表现的热衷,对传世手工技术的挚爱以及那种不断求新的活力,在爱马仕代代相传。

3. 品牌经典

爱马仕的丝巾由于色彩多变、手工考究,因而成为明星商品。自1937年第一条丝巾问世到现在,爱马仕已推出超过900款丝巾。一条爱马仕丝巾最多会利用到40种颜色,从设计到完成需要一年半的时间,在出厂前更有超过40人的检查小组监控每一条丝巾的品质。爱马仕的标准丝巾尺寸是90厘米×90厘米见方,以75克的真丝制成,搭配方式变化多端:可作为腕上的手镯;可像花束般别在肩上;亦可环绕颈间或以蝴蝶节系在皮带或手提袋上。过去的圣诞节期间,爱马仕平均每38秒卖出一条丝巾,可见其受欢迎的程度。

现在最具人气的皮革包款分别是凯莉包和柏金包。

4. 营销策略

爱马仕是法国的公司,爱马仕公司以此商标名称立足于时尚品牌的领域。爱马仕初始是以马具产品工房创业,预见了汽车发展之后,马车使用将会衰退,于是开始将事业的重心转移到皮夹及手袋的生产,并且获得成功。

今日爱马仕已拥有多种各式产品,旗下80多家子公司,从事生产批发零售与物流管理,并构成爱马仕三大部分,即HERMÈS Sellier(皮革用品),La Montre HERMÈS(手表)及HERMÈS Parfums(香水),并在全世界设有分公司。爱马仕在全球拥有两百家左右的专卖店、56个零售专柜,为了维持一贯保有的爱马仕品位与形象,所有产品的制作、对每家专卖店的格局设计,连陈列柜都是在法国原厂订制,才空运至各地,期望保持的是百年历史的坚持。

5. 业务扩展

爱马仕公司最早是1837年,由Thierry HERMÈS(1801—1878年)在巴黎创立的马具制造公司。后来法国的拿破仑三世和俄国皇帝都成为他们的顾客。

Thierry的孙子,也就是公司第三代的负责人Emile - Maurice HERMÈS(1871—1951年)将事业版图朝向更多角化的经营。1890年开始,以制作马具的技术为基础,爱马仕制作出了最早的手提袋Sachaut - à - croire。1927年推出手表。此后又推出服饰、香水,陆续开展扩大其生产部门。而所有产品的设计、制造及贩售全部都由公司内部统筹规划,一手包办而不假他人之手。1920年,爱马仕积极拓展手提袋、旅行袋、手套、皮带、珠宝、笔记本,以及手表、烟灰缸、丝巾等生产路线,亦在纽约开了第一家海外专卖店,进入另一个里程碑。1950年Robert DUMAS接掌后,更陆续推出了瓷器、手表和桌饰系列等新商品,让爱马仕真正成为横跨生活全方位的品位代表。

1975年取得John Lobb鞋厂授权后,其他包括靴子、织品、帽子的优秀品牌相继被爱马仕国际集团网罗。在爱马仕的14种业务中,依重要性排列,皮革产品居首,接着是丝绸及成衣,制表位列第四,然后才是香水、餐具、金银器皿、水晶和珠宝等。

2008年,由布加迪(Bugatti)和爱马仕(Hermès)合作推出的Bugatti Veyron Fbg Par Hermès是一款限量版超级跑车,Fbg代表着Hermès巴黎总店福宝大道(Faubourg)的地址。这是继1924年,Hermès(爱马仕)与布加迪推出Bugatti Type35后,事隔84年二者再度联手的合作。

【案例2-10】五粮液和施华洛世奇做了一款高端婚庆定制酒

五粮液要做高端奢侈品?

2017年6月28日,五粮液与国际时尚品牌施华洛世奇打造的经典与时尚、中西相融的创新品五粮液"缘定晶生"酒在上海发布。据了解,新品主打行业首款高端、时尚婚庆定制的礼品用酒,但五粮液并未公布其售价。

在茅台频繁强调"茅台不做奢侈品"的大背景下,与奢华品牌的结合隐藏着五粮液何种企图?

(1)五粮液推高端婚庆礼品用酒,价格或超越茅台酒 融合了施华洛世奇元素的五粮液"缘定晶生"酒,采用瓶中瓶设计,由两只施华洛世奇经典水晶天鹅构成爱心形状,酒瓶颈部由意大利工匠手工镶嵌施华洛

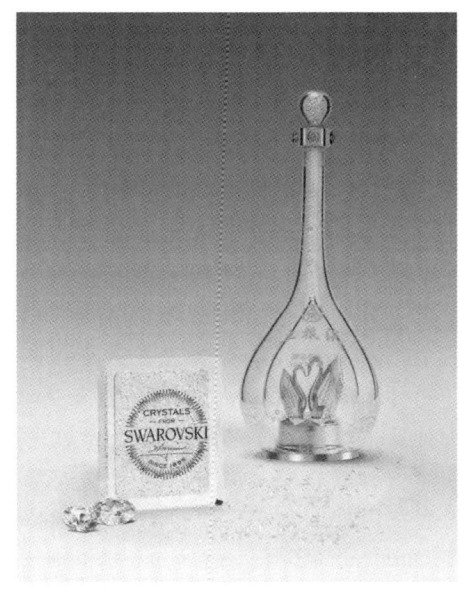

图2-7 "缘定晶生"酒的照片

世奇水晶,瓶盖镶嵌水晶沙,产品设计蕴含了对爱情的鉴证和美好祝愿,是行业首款专为高端、时尚婚庆定制的礼品酒。

虽然并未公布售价,但从"五粮液+施华洛世奇"的高端品牌背书和全新的设计、水晶材质装饰、手工镶嵌水晶工艺等设计来看,价位完全有望突破现有的高端白酒。

五粮液股份公司董事长刘中国在发布会上表示,五粮液与施华洛世奇的合作,展示了五粮液品牌的国际性、时尚性和高端属性。希望通过"缘定晶生"这款产品所提供的差异化服务体验为切入点,助力五粮液在国内国际市场的创新性发展。

图2-8 "缘定晶生"酒上海发布现场照片

施华洛世奇第五代家族成员、执行董事局发言人 Markus Langes Swarovski 也受邀为新品站台,他表示,"酒业与珠宝的联袂合作实属难得,'缘定晶生'是口感与美感、传统与时尚、东方与西方文化碰撞的结晶,创意与设计非常惊艳,自然能有耀眼火花。"

(2)五粮液小心翼翼在做奢侈品?

对于五粮液来讲,并不缺乏高端酒产品,但依然推出"缘定晶生"酒,吸引五粮液的正是与施华洛世奇这一奢华品牌的结合:"高端定制+奢华珠宝品牌"让五粮液在奢侈品酒这个市场更具有想象力。

在国外,与珠宝结合打造奢侈品级酒的案例并不鲜见。例如,干邑 Henri IV Dudognon Heritage Cognac Grande Champagne 瓶身外表镀上24K 黄金与纯白金,另镶有6500颗钻石,售价约为1240万人民币;世界上最贵的伏特加酒 DIVA 普通版价格为400~1000美金,而特别推出的酒瓶中央贯穿施华洛世奇水晶装饰款DIVA售价超过600万人民币。

对于白酒来讲，奢侈品同样不是禁区，相反，还是未来突破的一个重要方向。在全世界烈酒品种中，白酒具有最复杂的酿造工艺，对自然生态环境有着苛刻要求，达到顶级品质水平的白酒产品非常稀缺。上述条件决定了极少数的一部分白酒完全有条件被打造为奢侈品。

而联系几年前，中央八项规定和厉行节约反对浪费的要求出台后高端酒销售断崖式下滑，做白酒奢侈品是个较为敏感的话题。

笔者注意到，五粮液"缘定晶生"一是婚礼为切口，二是没有公布售价，这中间体现了五粮液的巧心，没有刻意打奢侈品的招牌。

五粮液很可能已经做好了充分的准备，在小心翼翼地试探市场和消费者对白酒奢侈品概念的接受度。如果社会反响良好，可以继续大规模推广。如果反响不强烈，还可以做小众市场。

（3）五粮液撕开了超越茅台的口子？

目前，中国消费者已占据了全球个人奢侈品市场的30%以上份额，成为仅次于美国的全球第二大奢侈品消费国，并有可能在未来五年内超过美国成为第一。从经济的角度来说，奢侈品品牌是一个国家的"国宝级"存在，同时还代表着深厚的文化传统，对于国家形象同样有极大的提升作用，但到目前为止，还没有一个中国白酒品牌能够堂堂正正地扛起"奢侈品"大旗，代表"中国制造"的最高水平亮相于世界舞台。作为中国白酒行业的两大巨头，茅台、五粮液被视为最佳的选手。

然而，茅台却有意无意留下了一个"缝隙"。在季克良时代，贵州茅台已经提出"茅台不做奢侈品"的观点。2012年左右，茅台酒价格一度飙升至2000元以上，当时便有了"茅台将成为奢侈品"的声音，而出于当时市场环境和风险性的考虑，茅台坚决否定了这一说法，并一再强调：茅台不是奢侈品，转而走"亲民"策略。

面对当前茅台酒价格高涨的态势，茅台集团党委书记、总经理李保芳在2017年6月12日谈到茅台酒与奢侈品的问题时表示，奢侈品的旗帜茅台不会扛，奢侈品是少数人的消费，而随着小康进程的加快，茅台酒始终是老百姓在重要节庆时餐桌上的必备品，因此茅台酒是中国人民大众的酒，不是奢侈品，也不会成为奢侈品。

茅台不是奢侈品，那么为什么五粮液不能做奢侈品？！应当看到的是，经过三年多的行业调整时期，茅台已经建立起比较全面的领先优势，从市场规模到行业地位，从产品价格到品牌打造，均对五粮液形成压制。在茅台、五粮液都有千亿目标的背景下，五粮液要在上述任何一个方面赶超茅台，其难度都非常之大。二者在传统市场层面的见招拆招，相当于在"直道"上赛车，作为同样经验丰富、实力超群的"车手",茅台几乎封死了五粮液所有的超车路线。

回顾最近几年,五粮液能够压制茅台的战略性表现少之又少,在二者直接竞争中长期处于被动地位,通过与奢华品牌结合推出奢侈品级产品,五粮液的尝试,看似无心插柳轻描淡写,实则是对茅台发起战略反击的一个标志性动作。以奢侈品标杆的身份,压过茅台作为高端白酒标杆的身份,以此拉动品牌的整体上升和卡位,在此基础上,则是从价格方面阻击茅台,最终一举实现市场销售和行业地位的逆袭,重新夺回"老大"地位。

应该说五粮液此举非常高明,一方面是在几乎无隙可乘的情况下,硬是撕开了一道战略突破口,而这个突破口,又是茅台在相当长一段时间内无法反击的,毕竟已经从名义上否认了奢侈品身份,只能坐看五粮液在台上的演出。

对于五粮液来讲,能够走出这样一步"釜底抽薪"的妙棋,实则代表了李曙光掌帅五粮液之后,其超越茅台的强烈意愿和决策魄力。"缘定晶生"的出现,虽然只是一个微弱信号,但确实把悬念带回到五粮液与茅台的"王者之争"。

项目思考

一、基础知识

(一)判断

1. 产品是指通过交换满足消费者或者顾客某一需求和欲望的任何有形的产品和无形的服务。( )

2. 任何一个产品都是由三层构成的,最里面是核心产品,第二层是中间产品,第三层是外延产品。( )

3. 产品生命周期(product life cycle),简称 PLC,是指产品的市场寿命。( )

4. 新产品是指采用新技术原理、新设计构思研制、生产的全新产品,或在结构、材质、工艺等某一方面比原有产品有明显改进,从而显著提高了产品性能或扩大了使用功能的产品。( )

5. 冒险战略是具有高风险性的新产品战略,通常是在企业面临巨大的市场压力时为之,企业常常会孤注一掷地调动其所有资源投入新产品开发,期望风险越大,回报越大。( )

6. 紧跟战略是指企业紧跟本行业实力强大的竞争者,迅速仿制竞争者已成功上市的新产品,来维持企业的生存和发展。许多中小企业在发展之初常采用该新产品开发战略。( )

7. 品牌是人们对一个企业及其产品、售后服务、文化价值的一种评价和认知，是一种信任。（　　）

8. 品牌的价值包括用户价值和使用价值两部分。（　　）

9. 统一品牌策略是指企业将经营的所有系列产品使用同一品牌的策略。（　　）

（二）简答

1. 什么是整体产品？
2. 什么是目标客户群？
3. 什么是新产品开发？
4. 新产品开发的流程有哪些？
5. 品牌命名应当遵循什么样的原则？
6. 品牌命名的策略是什么？

二、能力训练

1. 如何将产品组合策划策略运用到宜宾屏山的茶叶销售中去？
2. 用产品生命周期理论分析宜宾李庄白酒的生产和销售情况。
3. 宜宾的茶叶适合哪种新品开发策略，为什么？
4. 什么是紧跟战略，如何使用，结合当地特色产品或者你家乡的产品提出使用建议。
5. 屏山炒青茶应当采用什么样的品牌策略？
6. 宜宾五粮液集团公司应当采用什么样的品牌策略，请说明理由。

项目三 价格营销策划

项目引入

薛平作为公司营销人员,公司开发出新的产品,公司老总咨询薛平新产品应该如何定价。薛平需要考虑企业本身的成本、供求、需求弹性、竞争因素等影响企业定价的因素,并选择合理的定价方法,选定最终的价格。同时,作为企业的营销人员,还需要在产品投放之后,根据竞争对手的价格反应,采用合理的价格调整策略对企业产品价格进行调整。

知识目标

了解不同类型的定价目标。
了解成本导向、需求导向和竞争导向定价的区别。
掌握影响企业定价的因素。
掌握制定价格的过程和定价策略。
熟悉价格变动方法及他人价格变动的反应措施。

技能目标

能正确综合企业定价目标、产品需求、成本和竞争状况,选择合理定价。
能根据市场变化情况调整企业营销价格。
能对竞争者价格变动做出合理的反应。

项目任务

(1)选定合理价格。

（2）价格变动方法及他人价格变动的反应。

> **项目实施**

一、选定合理价格

> **任务目标**

正确判断影响产品定价的成本、供求、需求弹性、竞争因素，选择合理的定价方法，确定最终的产品价格。

> **工作任务**

薛平所在的白酒公司拥有一定的品牌影响力，产品销售量大，市场渠道完善。此次新开发的白酒产品针对中端市场，产品竞争激烈。薛平作为销售主管，负责对整个市场进行调查，充分了解产品的供求、需求弹性情况和竞争情况，综合企业产品成本，为整个产品做出合理定价。

> **任务实施**

步骤一　选择定价目标

在此项业务中，薛平所在的白酒公司根据企业产品组合和市场情况，选择定价目标为既能够展示企业形象，又能够获得高回报。

> **知识链接**

（一）企业定价目标

定价目标（pricing objectives）是企业在对其生产或经营的产品制定价格时，有意识地要求达到的目的和标准。它是指导企业进行价格决策的主要因素。定价目标取决于企业的总体目标。定价目标以企业营销目标为基础，是企业选择定价方法和制定价格策略的依据。因为定价目标是为企业营销目标而服务的，所以，正如实现营销目标可以通过多种途径一样，企业的定价目标也有多种。

定价目标，是指企业通过对特定商品价格的判定或调整所要达到的预期目的。定价目标大致有以下几种。

1. 利润导向的定价目标

（1）利润最大化为定价目标　以最大利润为定价目标，指的是企业期望获取最大限度的销售利润。最大利润有长期和短期之分，还有单一产品最大利润和企业全部产品综合最大利润之别。

一般而言，企业追求的应该是长期的、全部产品的综合最大利润。对于一些中小型企业、产品生命周期较短的企业、产品在市场上供不应求的企业等，也可以谋求短期最大利润。

最大利润定价就是企业期望通过制定较高的价格，从而迅速获取最大利润的定价目标。采用这种定价目标的企业，其产品多处于绝对有利的地位。例如企业新产品上市时希望快速收回投资获取高额利润，并取得同竞争者展开价格竞争的有利条件，而采用这种目标定价。当然最大利润定价也包括企业的产品和服务在某一特定情况下无法迅速回收投资，而此时的最大利润即表现为高于变动成本的最大边际收益。

利润目标又分为短期利润目标和长期利润目标两种。在当前市场竞争不是十分激烈，而市场需求尚未能得到较好满足的情况下，较高的价格水平可能有助于企业短期利润目标的实现。但较高的价格水平和盈利水平也可能迅速引至大量的竞争者，从而使企业在未来面临十分严峻的竞争局面，不利于企业的长期利润目标。因此，即使是以获取最大利润为定价目标，其价格的高低也应是适当的。企业应该着眼于长期利润目标，兼顾短期利润目标。因为从长期观点来看，企业追求最大利润就会使其不断提高技术水平，改善经营管理，以求在竞争中取胜，这对企业、对社会、对消费者都是有利的。而企业如果只顾眼前利益，甚至不择手段地追求最高利润会使企业信誉受损而不能发展，最终可能连短期利润也难以实现，即使侥幸能够实现，也会因为企业不牢固的基础而使整个经营失利。

（2）以投资收益为定价目标　　投资收益定价目标是指使企业实现在一定时期内能够收回投资并能获取预期的投资报酬的一种定价目标。投资收益率又称为投资报酬率，是衡量企业经营实力和经营成果的重要标志，它等于净利润与总投资之比，一般以一年为计算期，其值越高，企业的经营状况就越好。采用这种定价目标的企业，一般是根据投资额规定的收益率，计算出单位产品的利润额，加上产品成本作为销售价格。但必须注意两个问题：第一，要确定适度的投资收益率。一般来说，投资收益率应该高于同期的银行存款利息率。但不可过高，否则消费者难以接受。第二，企业生产经营的必须是畅销产品。与竞争对手相比，产品具有明显的优势。

（3）适当利润目标　　适当利润目标是指企业在补偿社会平均成本的基础上，适当地加上一定量的利润作为商品价格，以获取正常情况下合理利润的一种定价目标。以适度利润为目标确定的价格不仅使企业可以避免不必要的竞争，又能获得长期利润，而且由于价格适中，消费者愿意接受，还符合政府的价格指导方针，因此这是一种兼顾企业利益和社会利益的定价目标。

需要指出的是，适当利润的实现，必须充分考虑产销量、投资成本、竞争格局和市场接受程度等因素。否则，适当利润只能是一句空话。

2. 销售导向定价目标

增加销售量或扩大市场占有率是企业常用的定价目标。

（1）保持或扩大市场占有率　市场占有率又称市场份额，是指企业的销售额（量）占整个行业销售额（量）的百分比。作为定价目标，即企业从占领市场的角度来制定商品的定价目标。市场占有率的高低，对于价格的高低有很大影响。市场占有率包括绝对占有率和相对占有率，是反映企业市场地位的重要指标，影响企业的市场形象和盈利能力。与同类企业或产品比较，市场地位高，表明在竞争过程中，企业拥有一定优势。意味着企业生产和销售的规模大，即便在单位利润水平不高的情况下，企业仍具有较强的盈利能力；反之，市场占有率很低，则可能意味着企业没有明显优势，甚至可能处于十分危险的地位。即便单位利润水平很高，但在生产经营量有限的情况下，盈利能力仍是有限的。因此，许多企业经常采用价格手段，力图维持或扩大其市场占有率。在现有生产量和销售量基础上，仍具有较大的扩张潜力，成本也有一定的下降空间，而产品的价格需求弹性又较高的企业，更是经常采用降价手段，扩大自身的市场占有率。但在采用这一定价目标时也必须慎重考虑，量力而行。因为运用低价策略扩大市场占有率，必然会使需求量急剧增加。为此，企业必须有充足的商品供应，否则，由于供不应求而造成潜在的竞争者乘虚而入，这反而会损害企业的利益。

在实践中，市场占有率目标被国内外许多企业所采用，其方法是以较长时间的低价策略来保持和扩大市场占有率，增强企业竞争力，最终获得最优利润。但是，这一目标的顺利实现至少应具备下列三个条件。

①企业有雄厚的经济实力，可以承受一段时间的亏损，或者企业本身的生产成本本来就低于竞争对手。

②企业对其竞争对手情况有充分了解，有从其手中夺取市场份额的绝对把握。否则，企业不仅不能达到目的，反而很有可能会受到损失。

③在企业的宏观营销环境中，政府未对市场占有率做出政策和法律的限制。比如美国制定有"反垄断法"，对单个企业的市场占有率进行限制，以防止少数企业垄断市场。在这种情况下，盲目追求高市场占有率，往往会受到政府的干预。

（2）增加销售量（销售额）　大量的销售即可形成强大的声势，提高企业在市场的知名度，又可有效地降低成本。对于需求价格弹性较大的产品，降低价格而导致的损失，可以由销售量的增加而得到补偿。

销售额由该产品的销售量和价格共同决定。需求价格弹性大，降价导致的损失可由量增得到补偿，宜用薄利多销策略，保证在总利润不低于企业最低利润的条件下，尽量降低价格，促进销售，扩大盈利；需求价格弹性小，提价使销售额增加，应用高价、厚利、限销的策略。

采用销售额目标时，确保企业的利润水平尤为重要。在二者发生矛盾时，除非是特殊情况（如为了尽量地回收现金），应以保证最低利润为原则。

3. 竞争导向的定价目标

即企业通过服从竞争需要来制定价格的定价目标。

生产同类产品的企业，关注竞争对手的定价政策和价格策略是十分自然的。企业往往着眼于在竞争激烈的市场上应付和避免价格竞争，大多数企业对其竞争对手的价格很敏感，在定价以前，一般要广泛搜集资料，把本企业产品的质量、特点和成本与竞争对手的产品进行权衡比较，然后再制定产品价格。以对产品价格有决定影响的竞争对手或市场领导者的价格为基础，采取高于、等于或低于竞争对手的价格出售本企业的产品。

一般来说，企业对竞争者的行为都十分敏感，尤其是对方的价格策略。事实上，在市场竞争日趋激烈的形势下，企业在定价前都会仔细研究竞争对手的产品和价格情况，然后有意识地通过自己的定价目标去对付竞争对手。根据企业的不同条件，一般有下面四种情况。

①力量较弱的企业，可采用与竞争者的价格相同或略低于竞争者价格出售产品的方法。

②力量较强的企业，要扩大市场占有率时，可采用低于竞争者价格出售产品的方法。

③资力雄厚，并拥有特殊技术或产品品质优良或能为消费者提供较多服务的企业，可采用高于竞争者价格出售产品的方法。

④为了防止别人加入同类产品竞争行列的企业，在一定条件下，往往采用一开始就把价格定得很低的方法，从而迫使弱小企业退出市场或阻止对手进入市场。

（1）稳定价格目标　稳定价格目标是指以保持价格相对稳定，避免正面价格竞争为目标的定价。稳定的价格通常是大多数企业获得一定目标收益的必要条件。其实质是通过本企业产品的定价来左右整个市场价格，可以使市场价格在一个较长的时期内相对稳定，减少企业之间因价格竞争而发生的损失。为达到稳定价格的目的，通常情况下是由那些拥有较高的市场占有率、经营实力较强或具有竞争力和影响力的领导者企业采用的定价目标，其他企业的价格则与之保持一定的距离或比例关系。这样，对大企业是稳妥的价格保护政策，中小企业也以此避免因价格竞争带来的风险。在钢铁、采矿业、石油化工等行业内，稳定价格目标得到最广泛的应用。

（2）追随定价目标　企业有意识地通过给产品定价主动应付和避免市场竞争。企业价格的制定，主要以对市场价格有影响的竞争者的价格为依据，根据具体产品的情况稍高或稍低于竞争者。竞争者的价格不变，实行此目标的企业也维持原价，竞争者的价格变动，此类企业也相应地参照调整价格。一般情况下，中小企业的产品价格定得略低于行业中占主导地位的企业的价格。

（3）挑战定价目标　如果企业具备强大的实力和特殊优越的条件，可以主动出击，挑战竞争对手，获取更大的市场份额。一般常用的策略目标有：打击定价，实力较强的企业主动挑战竞争对手，扩大市场占有率，可采用低于竞争者的价格出售产品；特色定价，实力雄厚并拥有特殊技术或产品品质优良或能为消费者提供更多服务的企业，可采用高于竞争者的价格出售产品；阻截定价，为了防止其他竞争者加入同类产品的竞争行列，在一定条件下，往往采用低价入市，迫使弱小企业无利可图而退出市场或阻止竞争对手进入市场。

4. 生存导向的定价目标

生存导向定价目标又称为维持生存的目标，是特定时期过渡性目标。当企业经营不善，或由于市场竞争激烈、顾客需求偏好突然变化时，会造成产品销路不畅，大量积压，资金周转不灵，甚至面临破产危险时，企业应以维持生存作为主要目标。短期而言，只要售价高过产品变动成本，足以弥补部分固定成本支出，则可继续经营。

5. 维护企业形象的定价目标

即把价格作为确定企业特定形象的表现手段的定价目标。企业形象是企业的无形财产。为维持企业形象，定价目标首先要考虑价格水平是否与目标顾客的需求相等，是否有利于企业整体策略的实施。

价格是消费者据以判断企业行为及其产品的一个重要因素。一个企业的定价与其向消费者所提供服务的价值比例协调，企业在消费者心目中就较容易树立诚实可信的形象，反之，企业定价以单纯的获利，甚至以获取暴利为动机，质价不符，或是质次价高，企业就难以树立良好的形象。比如，与产品策略等相配合，适当的定价也可以起到确立强化企业形象特征的作用。为优质高档商品制定高价，有助于确立高档产品形象，吸引特定目标市场的顾客；适当运用低价或折扣价则能帮助企业树立"平民企业"、以普通大众作为其服务目标对象的企业形象。又比如，激烈的价格竞争常常使企业之间"两败俱伤"，从短期来看可能会给消费者带来一定好处，但是破坏了市场供求正常格局，从长期来看终究会给消费者带来灾难。在这样的情况下，如果有企业为稳定市场价格做出努力并取得成效的话，就会在社会上确立其行业中举足轻重的领导者地位。

在实际工作中，以上五种定价目标有的单独使用，有时也会配合使用。定价目标是企业定的，当然也要由企业灵活运用。

(二) **3C 模型分析**

3C 模型，是指企业在产品定价的过程中，要重点考虑三个因素：消费需求，产品成本，竞争对手定价。

1. 消费需求分析

消费需求决定了产品价格的上限。一般的，市场需求随着产品价格的上升而减少，随着产品价格的下降而增加。总体而言，从产品定价的角度看，消费者需求因素主要体现为该种产品的需求价格弹性。

2. 成本分析

成本则决定着价格的下限。从长期来看，只有产品的价格高于所发生的成本费用，企业才能获得利润。

3. 竞争者分析

产品定价要考虑市场上其他竞争者的产品价格，并将竞争者的产品及其价格作为企业产品定价的参考。

步骤二　确定最高价格

薛平需要调查产品的市场供求关系并算出价格变化与需求变化的关系，对整个白酒产品的需求价格弹性进行统计研究，最终确定出市场大致能够接受的该产品的最高价格。

知识链接

（一）供求规律

供求规律是商品经济的内在规律，市场供求的变动与产品价格的变动是相互影响相互确定的。

1. 价格与需求

需求是指有购买欲望和购买能力的需要。影响需求的因素很多，这里讨论价格对需求的影响一般表现为：当产品价格下降时，会吸引新的需求者加入购买行列，也会刺激原有需求者增加需求；相反，当产品价格上升时，就会影响需求者减少需求量，或改变需求方向，去选购其他代用品。价格与需求量呈反方向变化。反映这种关系的曲线称为需求曲线（图3-1）。

2. 价格与供给

价格与需求量关系的法则也适用于供给，只是价格与供给量的变化方向相同。当某种产品价格上升时，会刺激原来的产品生产者扩大生产和供应，还会刺激其他生产者参与该产品的生产和经营，从而使该产品的供应数量增加；当某种产品价格下降，从事该产品的生产者或经营者的利润就减少，甚至亏本，于是就缩小或停止其生产或经营，从而使该产品的供应数量减少。价格与供应量呈同方向变化，能够反映这种关系的曲线称为供给曲线（图3-2）。

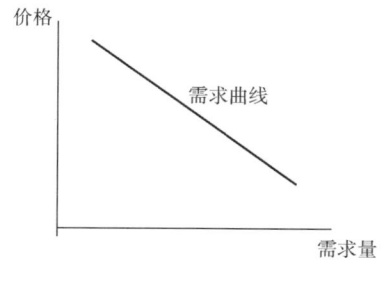

图3-1　需求曲线

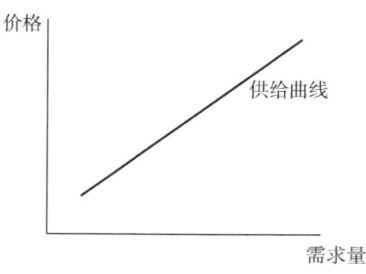

图3-2　供给曲线

3. 供求关系与均衡价格

由于价格影响需求与供应的变化方向是相反的，在市场竞争的条件下，供给与需求都要求对方与之相适应，即供需平衡，这一个平衡点只能稳定在供求两条曲线的交点上。当市场价格偏高时，购买者就会减少购买量，使需求量下降。而生产者则会因高价的吸引而增加供应量，使市场出现供大于求的状况，产品发生积压，出售者之间竞争加剧，其结果必然迫使价格下降。当市场价格偏低时，低价会导致购买量的增加，但生产者会因价低利薄而减少供给量，使市场出现供小于求的状况，购买者之间竞争加剧，又会使价格上涨。

供给与需求变化的结果，迫使价格趋向供求曲线的交点。这个由供给曲线和需求曲线形成的交点 O，表示市场供需处于平衡状态，称之为市场平衡点。平衡点所表示的价格，即价格轴上的 P' 点，是市场供求平衡时的价格，称之为供求双方都能接受的"均衡价格"。平衡点所表示的数量，即数量轴上的 Q' 点，是市场供需平衡时的数量，称之为供求双方都能够实现成交的"供求平衡量"（图 3-3）。

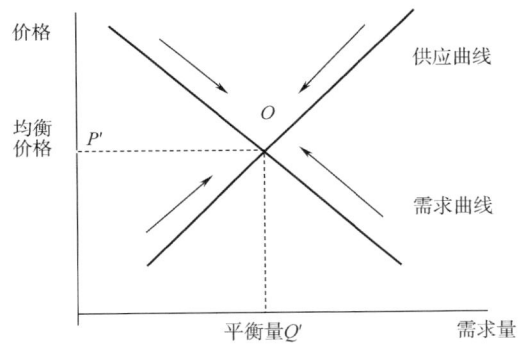

图 3-3　供求曲线变动趋势

均衡价格是相对稳定的价格。由于市场情况的复杂性和多样性，供求之间的平衡只是相对的、有条件的，不平衡则是绝对的、经常性的。在商品经济条件下，供求影响价格，价格调节供求运行的方式，是商品价值规律和供求规律的必然要求。

（二）需求弹性

需求弹性是指因价格和收入等因素而引起的需求的相应变动率，一般分为需求的收入弹性、价格弹性和交叉弹性，对于理解市场价格的形成和制定价格具有重要意义。

1. 需求收入弹性

需求收入弹性是指因收入变动而引起需求相应的变动率。

需求收入弹性大的产品，一般包括耐用消费品、高档食品、娱乐支出等，这类产品在消费者货币收入增加时会导致对它们需求量的大幅度增加。

需求收入弹性小的产品，一般包括生活的必需品，这类产品在消费者货币收入增加时导致对它们需求量的增加幅度比较小。

需求收入弹性为负值的产品，意味着消费者货币收入的增加将导致该产品需求量的下降。比如，一些低档食品，低档服装等。

2. 需求价格弹性

需求价格弹性是指因价格变动而引起需求相应的变动率。

需求价格弹性反映需求变动对价格变动的敏感程度，用弹性系数 E 表示，该系数是需求量变化的百分比与价格变化的百分比的比值。不同产品具有不同的需求弹性，定价时应该考虑需求弹性的作用，从其弹性强弱的角度决定企业的价格决策。

在正常情况下，市场需求会按照与价格相反的方向变动。价格上升，需求减少；价格降低，需求增加，所以需求曲线是向下倾斜的。就威望高的商品来说，需求曲线有时呈正斜率。例如，香水提价后，其销售量却有可能增加。当然，如果提得太高，需求将会减少。

企业定价时必须依据需求的价格弹性，即了解市场需求对价格变动的反应。价格变动对需求影响小，这种情况称为需求无弹性；价格变动对需求影响大，则称为需求有弹性。

需求弹性的效应表见表 3-1。

表 3-1　　　　　　　　　　　需求弹性的效应表

影响需求弹性的效应	特点
独特价值效应	越独特，敏感性越低
替代品知晓效应	替代品知名度不高，价格敏感性低
难以比较效应	替代品难以比较，价格敏感性低
总收入效应	顾客支出在总收入中比重低，价格敏感性低
总支出效应	顾客某次支出在总支出中比重低，价格敏感性低
分摊成本效应	购物成本由他人分摊，价格敏感性低
积累投资效应	现购产品与以前购买产品配合使用，价格敏感性低

3. 需求交叉弹性

需求交叉弹性指具有互补或替代关系的某种产品价格的变动，引起与其相关的产品需求相应发生变动的程度。

商品之间存在着相关性，一种产品价格的变动往往会影响其他产品销售量的变化。这种相关性主要有两种：一是商品之间互为补充，组合在一起共同满足消费者某种需要的互补关系；二是产品之间由于使用价值相同或相似而可以相互替代或部分替代的替代关系。

一般而言，在消费者实际收入不变的情况下，具有替代关系的产品之间，某个商品价格的变化将使其关联产品的需求量出现相应的变动（一般是同方向的变动）；具有互补关系的产品之间，当某产品价格发生变动，其关联产品的需求量会同该产品的需求量发生相一致的变化。

（三）确定合适的价格水平

（1）统计方法　通过过去该类商品价格与销量的关系，结合现实因素确定。

（2）实验方法　通过在商店里变动价格，观察价格与销量的变化。

（3）调查方法　通过询问顾客，确定价格水平。

步骤三　确定价格底限

薛平需要对该产品的成本进行初步的估计，以确定整个产品的最低价格底限，对整个产品的盈利情况有个清晰的认识和把握。

知识链接

估计成本是指尚未实际发生的，而是根据一定资料预先估算的成本。估计成本一般有这样几种情况：根据经验和历史资料估算成本，如购进存货成本包括货物购买额、运杂费和仓储费等；没有历史资料，而根据技术资料测算的估计成本，如产品第一次投产的估计成本；由于历史资料和技术资料细目过多，所以采用估算的办法来预计成本；预测、决策成本，在决策时，尽管成本并未实际发生，但根据相关的经济业务和事项，可以合理估算出可能发生的成本额。

固定成本，在短期内不随企业产量和销售收入的变化而变化的生产费用。如，厂房设备的折旧费、租金、利息、行政人员薪金等，与企业的生产水平无关。可变成本，随生产水平的变化而直接变化的成本，如，原材料费、工资等，企业不开工生产，可变成本等于零。

步骤四　分析竞争态势

薛平还需要对竞争者在产品市场的竞争情况进行分析，对竞争产品的市场销售情况、价格情况、渠道、生产研发、竞争者成本等都要进行调查和掌握，以便根据自身产品的优势选择合理的市场价格策略。

知识链接

分析竞争者的内容如下。

1. 产品

竞争企业产品在市场上的地位；产品的适销性；以及产品系列的宽度与深度。

2. 销售渠道

竞争企业销售渠道的广度与深度；销售渠道的效率与实力；销售渠道的服务

能力。

3. 市场营销

竞争企业市场营销组合的水平；市场调研与新产品开发的能力；销售队伍的培训与技能。

4. 生产与经营

竞争企业的生产规模与生产成本水平；设施与设备的技术先进性与灵活性；专利与专有技术；生产能力的扩展；质量控制与成本控制；区位优势；员工状况；原材料的来源与成本；纵向整合程度。

5. 研发能力

竞争企业内部在产品、工艺、基础研究、仿制等方面所具有的研究与开发能力；研究与开发人员的创造性、可靠性、简化能力等方面的素质与技能。

步骤五　选择定价方法

薛平需要对前面调查所确定的定价目标、市场需求对价格的敏感程度、产品本身的成本和竞争对手的市场情况进行综合考虑，选择合理的定价方法。

知识链接

（一）成本导向定价法

1. 成本加成法

成本加成法是一种最简单的定价方法，就是在单位产品成本的基础上，加上预期的利润额作为产品的销售价格。售价与成本之间的差额即利润。由于利润的多少是有一定比例的，这种比例人们习惯上叫"几成"，所以这种方法就叫成本加成定价法。

采用这种定价方式，必须做好两项工作：一是准确核算成本，一般以平均成本为准；二是根据产品的市场需求弹性及不同产品确定恰当的利润百分比（成数）。因此，如果企业的营销产品组合比较复杂，具体产品平均成本不易准确核算，或者企业缺乏一定的市场控制能力，该方法就不宜采用。

成本加成定价法在实际运用中又分为两种情况。

（1）总成本加成定价法　总成本是企业在生产产品时花费的全部成本，包括固定成本和变动成本两部分，在单位产品总成本上加一定比例的利润，就是单位产品的价格。有如下两种计算方法。

①顺加成：销售单价 = 单位总成本 × (1 + 毛利率)。

②逆加成：销售单价 = 单位总成本 ÷ (1 − 毛利率)。

我们会发现，当毛利率一样的情况下，两种不同的加成方法得出的单价是不一样的。若我们设定单位总成本为 100 元，毛利率为 20%，那么按"顺加成"得出的销售单价为：

$$100 \times (1 + 20\%) = 120 \text{（元）}$$

而按"逆加成"得出的销售单价则为：

$$100 \div (1 - 20\%) = 125 \text{（元）}$$

这主要是因为"顺加成"是以单位总成本为基数计算毛利额的，而"逆加成"则是以销售单价为基数计算毛利额的，基数不一样，毛利水平就不一样，价格自然也就不一样了。

$$单位产品销售价格 = 单位产品成本 \times (1 + 加成利润率)$$

例如，某儿童玩具制造商生产 50000 套玩具，固定成本 300000 元，单位可变成本为 10 元，成本利润率为 20%，则产品价格计算如下：

该制造商的单位成本为：

$$\begin{aligned}单位产品成本 &= 单位可变成本 + 固定成本 \div 销售量 \\ &= 10 + 300000 \div 50000 \\ &= 16 \text{（元）}\end{aligned}$$

成本利润率为 20%，则加成后的价格为：

$$\begin{aligned}单位产品销售价格 &= 单位产品成本 \times (1 + 加成利润率) \\ &= 16 \times (1 + 20\%) \\ &= 19.2 \text{（元）}\end{aligned}$$

（2）变动成本加成定价法　也叫边际贡献定价法。即在定价时只计算变动成本，而不计算固定成本，在变动成本的基础上加上预期的边际贡献。由于边际贡献会小于、等于或大于变动成本，所以企业就会出现盈利、保本或亏损三种情况。这种定价方法一般在卖主竞争激烈时采用。因为这时如果采取总成本加成定价法，必然会因为价格太高影响销售，出现产品积压。采用变动成本加成定价法，一般价格要低于总成本加成法，所以容易迅速扩大市场。这种定价方法，在产品必须降价出售时特别重要，因为只要售价不低于变动成本，说明生产可以维持；如果售价低于变动成本，就是生产越多亏本越多。

2. 目标收益定价法

首先确定毛利，价格变动随成本变动而变动，该方法优点是利润一定，缺点是忽略了成本管理，对售价不利。企业根据目标利润的原则，首先确定一个目标利润，然后加上总成本，再除以总产量，就能得出销售单价。

$$单位产品销售价格 = (产品总成本 + 目标利润总额) \div 销售量$$
$$目标利润总额 = 投资总额 \times 目标报酬率$$

当然，目标利润定价的前提是：产品的市场潜力很大，需求的价格弹性不大，按目标利润确定的价格肯定能被市场接受。

例如，某儿童玩具制造商投资额为 100 万元，生产 50000 套玩具，固定成本 300000 元，单位可变成本为 10 元，投资收益率为 20%，则产品目标价格计算如下。

该制造商的单位成本为：

$$目标利润总额 = 投资总额 \times 目标报酬率$$
$$= 1000000 \times 20\%$$
$$= 200000$$
$$产品总成本 = 单位可变成本 \times 销售量 + 固定成本$$
$$= 10 \times 50000 + 300000$$
$$= 800000$$
$$单位产品销售价格 = (产品总成本 + 目标利润总额) \div 销售量$$
$$= (800000 + 200000) \div 50000$$
$$= 20（元）$$

3. 边际成本定价法

由于当边际收入等于边际成本时，企业获利最大，此时的销售量最佳，相应此时的产品价格亦最优。此方法要求对企业的销售模型和产品成本模型预先加以确定，然后根据两者间的关系推算价格水平，因其分析的起点是使企业的利润最大，所以是一种适合于企业长期采用的中长期价格制定方法。

边际成本定价法又称变动成本加成法，边际贡献是指销售收入减去变动成本后的差额。此种定价方法，不考虑固定资产，价格大于单位产品变动成本。

$$单位产品销售价格 = 单位产品可变成本 + 单位产品边际贡献$$

例如，某企业生产甲产品的年生产能力为5000台，固定成本为100万元，在国内市场只接到订货3000台，售价每台700元，经核算只够保本。现有一外商洽谈订购2000台，要求把价格降到700元，试确定该项订货是否可以接受？如果接受，利润有多少？

$$单位产品变动成本 = 单位产品保本价格 - 固定成本总额 \div 销售量$$
$$= 700 - 1000000 \div 3000$$
$$= 367（元/台）$$

外商订货单价大于单位产品变动成本（700 > 367），所以外商的订货可以接受。

如果接受，可得利润为：

$$利润 = 总销售收入 - 固定成本 - 变动成本$$
$$= (3000 \times 700 + 2000 \times 700) - 1000000 - 367 \times (3000 + 2000)$$
$$= 665000（元）$$

4. 盈亏平衡定价法

盈亏平衡定价法是指在销量既定的条件下，企业产品的价格必须达到一定的水平才能做到盈亏平衡、收支相抵。

保本定价法，是按照生产某种产品的总成本和销售收入维持平衡的原则，制定产品的保本价格。

$$单位产品保本价格 = (固定成本总额 + 变动成本总额) \div 销售量$$
$$= 固定成本总额 \div 销售量 + 单位产品变动成本$$

例如，某企业某项产品年固定成本为180000元，每件产品的单位变动成本为

50元，如果销量可望达到6000件，其收支平衡价格为：

$$\text{单位产品保本价格} = (\text{固定成本总额} + \text{变动成本总额}) \div \text{销售量}$$
$$= \text{固定成本总额} \div \text{销售量} + \text{单位产品变动成本}$$
$$= 180000 \div 6000 + 50$$
$$= 80 （元）$$

从本质上说，成本导向定价法是一种卖方定价导向。它忽视了市场需求、竞争和价格水平的变化，有时候与定价目标相脱节。此外，运用这一方法制定的价格均是建立在对销量主观预测的基础上，从而降低了价格制定的科学性。

成本导向定价法优点有：计算方法简便易行，资料容易取得，保证企业所耗费的全部成本得到补偿，有利于保持价格的稳定，减少或避免价格竞争。

缺点有：忽视了市场需求、竞争和价格水平的变化，有时候与定价目标相脱节；建立在对销量主观预测的基础上，从而降低了价格制定的科学性。

因此，在采用成本导向定价法时，还需要充分考虑需求和竞争状况，来确定最终的市场价格水平。

（二）竞争导向定价法

即以同类产品或服务的市场供应竞争状态为依据，根据竞争状况确定是否参与竞争的定价方法。在现代市场营销活动中，竞争导向定价已被企业广泛采用。

对于一些市场竞争十分激烈的产品，许多企业制定价格时，往往不是根据成本和需求，而是以竞争者的价格水平为基础进行定价。商品的价格与商品的成本和需求不发生直接关系。商品的成本和需求变化了，但竞争中的价格未变，就应维持原价。反之，虽然成本或需求都没有变，但竞争中的价格变动了，就应对企业同类产品的价格做相应调整。

1. 随行就市定价法

这是根据行业的平均价格水平，或竞争对手的价格为基础制定价格的方法。

在有许多同行相互竞争的情况下，每个企业都经营着类似的产品，价格高于别人，就可能失去大量销售额，从而造成利润的降低，而这样做又可能迫使竞争者随之降低价格，从而失去价格优势。因此在现实的营销活动中，由于"平均价格水平"在人们观念中常被认为是合理价格，易为消费者接受，而且也能保证企业获得与竞争对手相对一致的利润，因此使许多企业倾向与竞争者价格保持一致。尤其是在少数实力雄厚的企业控制市场的情况下，对于大多数中小企业而言，由于其市场竞争能力有限，更不愿与生产经营同类产品的大企业发生"面对面"的价格竞争，而靠价格尾随，根据大企业的产销价来确定自己的实际价格。

在以下情况下往往采取随行就市定价法。

（1）难以估算成本。

（2）主要适合同质产品市场，其目的是为了与同行业企业和平共处，避免发生激烈的竞争。

（3）如果另行定价，很难了解购买者和竞争者对本企业的价格的反应。
（4）在完全竞争与寡头竞争的条件下，这种定价方法经常使用。

但值得注意：这种定价法以竞争对手的价格为依据，并不否认本企业商品的成本、质量等因素对价格形成的直接作用。

2. 产品差别定价法

同种产品由于不同销售区域、在顾客心中树立的品牌形象不同，实行不同的价格，比如同种洗发水在乐购和物美两个超市的价格就可能不同。

随行就市定价法是一种防御性的定价方法（避免价格竞争）。产品差别定价法则反其道而行之。不追随竞争者的价格，经不同的营销努力，使同种的产品在消费者心目中树立起不同的产品形象，是一种进攻性的定价方法。

3. 密封投标定价法

该定价法一般适用于产品投标的活动。

一般采用公开招标的办法，即采购一方（买方）在媒体上刊登广告或发出函件，说明拟购商品的具体要求，邀请供应商（卖方）在规定的期限内投标。投标价格是供货企业根据对竞争者的报价估计确定的，而不是按供货企业自己的成本费用或市场需求来确定的。

在国内外，许多大宗商品、原材料、成套设备和建筑工程项目的买卖和承包、以及征招经营协作单位、出租出售小型企业等，往往采用发包人招标、承包人投标的方式来选择承包者，确定最终承包价格。

一般说，报价高，利润大，但中标机会小，如果因价高而招致败标，则利润为零；反之，报价低，虽中标机会大，但利润低，其机会成本可能大于其他投资方向。因此，报价时既要考虑实现企业的目标利润，也要结合竞争状况考虑中标概率（中标概率的测算取决于企业对竞争对手的了解程度，以及对本企业能力的掌握程度）。最佳报价应该是预期收益达到尽可能高的价格。

$$预期收益 = (报价 - 直接成本) \times 中标概率 - 失标损失 \times (1 - 中标概率)$$

4. 拍卖定价法

由卖方预先发表公告，展示拍卖物品，买方预先看货，在规定时间公开拍卖，由买方公开叫价，不再有人竞争的最高价格即为成交价格，卖方按此价格拍板成交。

英国式拍卖：买方不断加价竞标。荷兰式拍卖：降价拍卖方式。封闭式投标拍卖：似竞争投标定价。政府部门经常利用这种方法采购。拍卖用于出售货物、招标用于采购货物的说法是正确的。

市场导向定价法优点有：考虑到了产品价格在市场上的竞争力。缺点有：过分关注在价格上的竞争，容易忽略其他营销组合可能造成产品差异化的竞争优势；容易引起竞争者报复，导致恶性地降价竞争，使公司毫无利润可言；实际上竞争者的价格变化并不能被精确地估算。

（三）需求导向定价法

即以产品或服务的社会需求状态为主要依据，综合考虑企业的营销成本和市场竞争状态，制定或调整营销价格的方法。由于与社会需求有联系的因素很多，如消费习惯、收入水平、产品或服务项目的需求价格弹性等，企业对这些因素的重视程度不一，这便形成以下几种具体的需求导向定价法。

1. 习惯定价法

某些产品或服务在长期的购买使用中，消费者习惯上已经接受了这种产品的属性和价格水平，企业在从事新产品、新品种开发之际，只要产品的基本功能和用途没有改变，消费者往往只愿意按以往的价格购买产品。经营这类产品或服务的企业不能轻易改变价格，减价会引起消费者怀疑产品的质量，涨价会影响产品的市场销路。

2. 可销价格倒推法

产品的可销价格即为消费者或进货企业习惯接受和理解的价格。可销价格倒推法就是企业根据消费者可接受的价格或后一环节买主愿意接受的利润水平确定其销售价格的定价法。一般在两种情况下企业可采用这种定价法。

（1）为了满足在价格方面与现有类似产品竞争的需要，而设计出在价格方面能参与竞争的产品。

（2）对新产品的推出，先通过市场调查确定出购买者可接受的价格，然后反向推算出产品的出厂价格。

$$出厂价格 = 市场可销零售价格 \times (1 - 批零差率) \times (1 - 销进差率)$$

例：消费者对某牌号电视机可接受价格为2500元，电视机零售商的经营毛利为20%，电视机批发商的批发毛利为5%。计算电视机的出厂价格。

解：
$$零售商可接受价格 = 消费者可接受价格 \times (1 - 20\%)$$
$$= 2500 \times (1 - 20\%) = 2000(元)$$
$$批发商可接受价格 = 零售商可接受价格 \times (1 - 5\%)$$
$$= 2000 \times (1 - 5\%) = 1900(元)$$

答：该牌号电视机的出厂价格为1900元。

3. 认知价值定价法

这是企业根据买主对产品或服务项目价值的感觉而不是根据卖方的成本来制定价格的方法。

在现实生活中，某些创新型产品，由于消费者对此缺乏比较的对象，一时对产品捉摸不透：企业的利润很低，消费者可能会认为定价太高；目标利润高，消费者也可能认为价格便宜。这里就有一个消费者对产品的"认知价值"的问题。认知价值定价法实际上是企业利用市场营销组合中的非价格变数，如产品质量、服务、广告宣传等来影响消费者，使他们对产品的功能、贡量、档次有一个大致的"定位"，然后定价。如某企业开发的产品是高质量、豪华型、全面服务的高位产品，只要经过促销宣传使消费者理解到这是一种"高消费"的产品，企业即使定价定得很高，还是能吸引那些对此有"认知"的消费者。当然利用这种定价方法，必须正确估计消费者的"认知价值"，估计过高或过低对企业都是不利的。

（四）影响企业最后拟定价格的因素

（1）最后价格必须同企业定价政策相符合。企业的定价政策是指：明确企业需要的定价形象、对价格折扣的态度以及对竞争者的价格的指导思想。

（2）最后价格还必须考虑是否符合政府有关部门的政策和法令的规定。

（3）最后价格还要考虑消费者的心理。利用消费者心理，采取声望定价，把实际上价值不大的商品的价格定得很高（如把实际上值10元的香水定为100元），或者采用奇数定价（把一台电视机的价格定为1299元），以促进销售。

（4）选定最后价格时，还须考虑企业内部有关人员（如推销人员、广告人员等）对定价的意见，考虑经销商、供应商等对所定价格的意见，考虑竞争对手对所定价格的反应。

步骤六　确定最终价格

薛平通过对价格的敏感程度、产品本身的成本和竞争对手的市场情况进行综合考虑，选择了适合企业实际情况的定价方法，最后决定产品的价格。

知识链接

价格是企业竞争的主要手段之一，企业除了根据不同的定价目标，选择不同的定价方法，还要根据复杂的市场情况，采用灵活多变的方式确定产品的价格。

（一）新产品价格策略

有专利保护的新产品的定价可采用撇脂定价法和渗透定价法。

（1）撇脂定价法　新产品上市之初，将价格定得较高，在短期内获取厚利，尽快收回投资。就像从牛奶中撇取所含的奶油一样，取其精华，称之为"撇脂定价"法。

这是一种高价格策略，即在新产品上市初始，价格定得高，以便在较短时间内获得最大利润。这种价格策略因与从牛奶中撇取油脂相似而得名，由此制定的价格称为撇脂价格。

撇脂价格策略不仅能在短期内取得较大利润，而且可以在竞争加剧时采取降价手段，这样一方面可以限制竞争者的加入，另一方面也符合消费者对待价格由高到低的心理。但是使用此法由于价格大大高于产品价值，当新产品尚未在消费者心目中建立声誉时，不利于打开市场，有时甚至无人问津。同时，如果高价投放形成旺销，很易引起众多竞争者涌入，从而造成价格急降，使经营者好景不长而被迫停产。

这种方法适合需求弹性较小的细分市场，适用的条件有：①产品是新产品，无类似替代品；②新技术尚未开发，竞争对手难以进入市场；③购买者属于非价格敏感型,需求相对无弹性;④高价能给人以高质量的印象,能刺激顾客购买不至于引起顾客反感;⑤企业生产能力一时难以扩大,如定价过低市场需求量过大,企业难以保证供应;⑥制定高价将减少市场需求和企业产量,从而提高单位产品成本,但不会抵消高价所带来的高额利润。

其优点:①新产品上市,顾客对其无理性认识,利用较高价格可以提高身价,适应顾客求新心理,有助于开拓市场;②主动性大,产品进入成熟期后,价格可分阶段逐步下降,有利于吸引新的购买者;③价格高,限制需求量过于迅速增加,使其与生产能力相适应。缺点是:获利大,不利于扩大市场,并很快招来竞争者,会迫使价格下降,好景不长。

因此作为一种短期的价格策略,撇脂价格策略适用于具有独特的技术、不易仿制、有专利保护、生产能力不太可能迅速扩大等特点的新产。

【案例3-1】"柯达"如何走进日本

> 柯达公司生产的彩色胶片在20世纪70年代初突然宣布降价,立刻吸引了众多的消费者,挤垮了其他国家的同行企业,柯达公司甚至垄断了彩色胶片市场的90%。到了20世纪80年代中期,日本胶片市场被"富士"所垄断,"富士"胶片压倒了"柯达"胶片。对此,柯达公司进行了细心的研究,发现日本人对商品普遍存在重质而不重价的倾向,于是制定高价政策打响牌子,保护名誉,进而实施与"富士"竞争的策略。他们在日本发展了贸易合资企业,专门以高出"富士"1/2的价格推销"柯达"胶片。经过5年的努力和竞争,"柯达"终于被日本人接受,走进了日本市场,并成为与"富士"平起平坐的企业,销售额也直线上升。

(2)渗透定价法 在新产品投放市场时,价格定得尽可能低一些,其目的是获得最高销售量和最大市场占有率。

这是一种低价格策略,即在新产品投入市场时,以较低的价格吸引消费者,从而很快打开市场。这种价格策略就像倒入泥土的水一样,从缝隙里很快渗透到底,由此而制定的价格称为渗透价格。

当新产品没有显著特色、竞争激烈、需求弹性较大时宜采用渗透定价法。采用条件:新产品的需求价格弹性较大;新产品存在规模经济效益;产品市场规模较大,存在普遍竞争。

渗透价格策略由于价格较低,一方面能迅速打开产品销路,扩大销售量,从多销中增加利润;另一方面能阻止竞争对手介入,有利于控制市场。不足之处是投资回收期较长,如果产品不能迅速打开市场,或遇到强有力的竞争对手时,会给企业造成重大损失。

其优点：①产品能迅速为市场所接受，打开销路，增加产量，使成本随生产发展而下降；②低价薄利，使竞争者望而却步、减缓竞争，获得一定市场优势。缺点：定价太低，不利于企业尽快收回投资成本，甚至产生亏损，有时也会引起消费者对产品质量产生怀疑。

因此作为一种长期价格策略，一般说渗透价格策略适用于能尽快大批量生产、特点不突出、易仿制、技术简单的新产品。

对于企业来说，采取撇脂定价还是渗透定价，需要综合考虑市场需求、竞争、供给、市场潜力、价格弹性、产品特性、企业发展战略等因素。

（3）满意价格策略 这是一种折衷价格策略，它吸取上述两种定价策略的长处，采取比撇脂价格低，比渗透价格高的适中价格。既能保证企业获得一定的初期利润，又能为消费者所接受。由此而制定的价格称为满意价格，也称为"温和价格"或"君子价格"。

满意定价策略，又称为适中定价策略：一种介于撇脂定价与渗透定价之间的定价策略，以获取社会平均利润为目标。它既不是利用价格来获取高额利润，也不是让价格制约占领市场，而是尽量降低价格在营销手段中的地位，重视其他在产品市场中更有效的营销手段，是一种较为公平、正常的定价策略。当不存在适合于采用撇脂定价或渗透定价的环境时，企业一般采取满意定价。

优点：①产品能较快为市场接受且不会引起竞争对手的对抗；②可以适当延长产品的生命周期；③有利于企业树立信誉，稳步调价并使顾客满意。

缺点：虽然与撇脂定价或渗透定价相比，满意定价策略缺乏主动进攻性，但并不是说正确执行它就非常容易。满意定价没有必要将价格定得与竞争者一样或者接近平均水平。与撇脂定价和渗透定价类似，满意定价也是参考产品的经济价值决定的。当大多数潜在的购买者认为产品的价值与价格相当时，纵使价格很高也属适中价格。

（二）相关产品价格策略

相关产品具有销售上的相互联系性，生产经营多种产品的企业就可能利用这种联系性制定价格。

1. 替代产品价格策略

替代产品是指基本用途相同的产品。替代产品价格策略即指营销企业有意识地安排本企业消费替代性产品间的价格比例，用以实现某种营销目标。

具有替代关系的产品，降低一种产品的价格，不仅会使该产品的销售量增加，而且会同时降低替代产品的销售量。例如，一个企业生产不同型号的汽车，不同型号的电冰箱、不同型号的照相机就属这种情况。企业可以利用这种效应调整产品结构。如企业为了把需求转移到某些产品上去，它可以提高那些准备淘汰的产品价格，或者用相对价格诱导需求，以牺牲某一品种，稳定和发展另一些品种；企业也可以利用这种效应，提高某一知名产品的价格，突出它的豪华、高档、创造一种声望，从而利用其在消费者心目中的良好形象而增加其他型号产品的销售量。

2. 互补产品价格策略

互补产品是指需要配套使用的产品。互补产品价格策略即指利用价格对消费连带品市场需求的调节、诱导功能，运用一定的定价技巧，使营销目标的实现由一个"点"扩展到一个"面"。

具有互补关系的产品很多，如剃须刀与刀架，照相机与胶卷，圆珠笔与笔芯，旅游活动中的食、宿、购物等。在互补关系中，一般存在起主导作用的内容，像照相机是"主件"，胶卷是"附件"。在旅游活动中，观光是主要目的，食、宿、购物是辅助消费项目。互补产品价格策略就是降低连带消费关系中起主导作用的产品或服务项目的价格，来促进系列产品的销售。在一般情况下，照相机价格低一些，使用的人多了，对胶卷的需求量自然会增加，这样企业就能从中获得更多的利润。

3. 一揽子价格策略

即把相关产品进行搭配销售定价的策略。一般有以下两种方法。

（1）分级定价策略　即把企业的产品分成几个价格档次，而不是提供过多价格种类的策略。例如，服装厂可以把自己的产品按大、中、小号分级定价，也可以按大众型、折衷型、时髦型划分定价。这种明显的等级便于满足不同的消费需要，还能减化企业的计划、订货、会计、库存、推销工作。关键是分级要符合目标市场的需要，级差不能过大或过小，否则都起不到应有的效果。

（2）配套定价策略　即把有关的多种产品，搭配好后，一起卖出。如多件家具的组合、礼品组合、化妆品组合等。成套的定价，多种产品有赔有赚，但总体上保证企业盈利，而且使消费者感到比单价购买便宜、方便，从而促进销售。

（三）心理定价

心理定价是根据消费者的消费心理定价，这是运用心理学原理，根据不同类型的顾客购买商品的心理动机来制定价格，引导消费者购买的价格策略。有以下几种：

1. 尾数定价

尾数定价策略，是指企业利用顾客数字认知的某种心理，以零头数结尾的一种定价策略。通常是以一些吉利的数字结尾。

这种定价策略使价格水平处于较低的档次，给人以便宜、定价精确的感觉，从而满足消费者的求廉和求实的心理，激起消费者的购买欲望。

许多商品的价格，宁可定为 0.98 元或 0.99 元，而不定为 1 元，是适应消费者购买心理的一种取舍，尾数定价使消费者产生一种"价廉"的错觉，比定为 1 元反应积极，促进销售。相反，有的商品不定价为 9.8 元，而定为 10 元，同样使消费者产生一种错觉，迎合消费者"便宜无好货，好货不便宜"的心理。

一般说，产品在 5 元以下的，末位数是 9 定价最受欢迎；在 5 元以上的，末位数 95 定价最受欢迎；在 100 元以上的，末位数是 98、99 定价最畅销。当然，尾数定价策略对那些名牌商店，名牌优质产品就不一定适宜。

产品追求高价位而非低价位的形象时，一定不要使用这种定价策略。

2. 整数定价策略

即企业在定价时，采用合零凑数的方法制定整数价格，这也是针对消费者心理状态而采取的定价策略。如把一套西装的价格定在 500 元而非 499 元。因为现代商品太复杂，许多交易中，消费者只能利用价格辨别商品的质量，特别是对一些名店、名牌商品或消费者不太了解的产品，整数价格反而会提高商品的"身价"，使消费者有一种"一分钱、一分货"的想法，从而利于商品的销售。

3. 声望性定价

声望定价策略，是一种根据产品在消费者心目中的声望和产品的社会地位来确定价格的定价策略。它是指对那些有较高声誉的名牌高档产品或在名店销售的商品制定较高的价格，一般故意把价格定成整数或高价，以满足消费者求名和炫耀的心理。高价显示了商品的优质，也显示了购买者的身份和地位，给予消费者精神上的极大满足。

针对消费者"价高质必优"的心理，对在消费者心目中有信誉的产品制定较高价格。价格档次常被当作商品质量最直观的反映，特别是消费者识别名优产品时，这种心理意识尤为强烈。因此，高价与性能优良，独具特色的名牌产品比较协调，更易显示产品特色，增强产品吸引力，产生扩大销售的积极效果。当然，运用这种策略必须慎重，绝不是一般商品可采用的。

声望定价策略的适用产品：质量不易鉴别的商品，如，珠宝；非生活必需品，如，高档汽车；具有民族特色的手工产品，如，蜀锦、蜀绣。

此种定价法有两个目的：一是提高产品的形象，以价格说明其名贵名优；二是满足购买者的地位欲望，适应购买者的消费心理。

【案例 3-2】 金利来领带

> 如金利来领带，一上市就以优质、高价定位，对有质量问题的金利来领带他们决不上市销售，更不会降价处理。给消费者这样的信息，即金利来领带绝不会有质量问题，低价销售的金利来绝非真正的金利来产品，从而极好地维护了金利来的形象和地位。
>
> 如德国的奔驰轿车，售价二十万马克；瑞士莱克司手表，价格为五位数；巴黎里约时装中心的服装，一般售价两千法郎；我国的一些国产精品也多采用这种定价方式。

4. 习惯性定价

某种商品，由于同类产品多，在市场上形成了一种习惯价格，个别生产者难以改变。降价易引起消费者对品质的怀疑，涨价则可能受到消费者的抵制。

习惯定价策略，是指根据目标顾客群体长期对该类产品价格的认同和接受水平进行定价。发生通货膨胀或产品成本变化也不宜提价。

习惯定价策略的适用产品：消费者所熟悉的产品；消费者广泛接受的产品；销量大的产品；竞争比较激烈的产品。

（四）折扣定价

大多数企业通常都酌情调整其基本价格，以鼓励顾客及早付清货款、大量购买或增加淡季购买。这种价格调整称为价格折扣和折让。

1. 现金折扣

现金折扣是对及时付清账款的购买者的一种价格折扣。例如"2/10 净 30"，表示付款期是 30 天，如果在成交后 10 天内付款，给予 2% 的现金折扣。许多行业习惯采用此法以加速资金周转，减少收账费用和坏账。

2. 数量折扣

数量折扣是企业给那些大量购买某种产品的顾客的一种折扣，以鼓励顾客购买更多的货物。大量购买能使企业降低生产、销售等环节的成本费用。例如，顾客购买某种商品 100 单位以下，每单位 10 元；购买 100 单位以上，每单位 9 元。

（1）累计数量折扣　即规定在一定时期内，购买总数超过一定数额时，按总量给予一定的折扣。如一客户在一年中累计进货超过 1000 件，每次购货时按基本价格结算收款，到年终，营销企业按全部价款的 5% 返还给该客户。采用这种策略利于鼓励顾客集中向一个企业多次进货，从而使其成为企业的长期客户。

（2）非累计数量折扣　即规定顾客每次购买达到一定数量或购买多种产品达到一定的金额所给予的价格折扣。如根据每次交易的成交量，按不同的价格折扣销售，购买 100 件以上按基本价格的 95% 收款，购买 500 件以上按 90% 收款，购买 1000 件以上按 80% 收款。采用这种策略能刺激顾客大量购买，增加盈利，同时减少交易次数与时间，节约人力物力等开支。

3. 功能折扣

功能折扣也叫贸易折扣，是指中间商在产品分销过程中所处的环节不同，其所承担的功能、责任和风险也不同，企业据此给予不同的折扣，即制造商给某些批发商或零售商的一种额外折扣，促使他们执行某种市场营销功能如推销、储存、服务等。其目的为鼓励中间商大批量订货，扩大销售，争取顾客，并与生产企业建立长期、稳定、良好的合作关系；对中间商经营的有关产品的成本和费用进行补偿，并让中间商有一定的盈利。功能折扣的比例，主要考虑中间商在分销渠道中的地位、对生产企业产品销售的重要性、购买批量、完成的促销功能、承担的风险、服务水平、履行的商业责任以及产品在分销中所经历的层次和在市场上的最终售价等。

厂商根据各类中间商在市场营销中所担负的不同职能，给予不同的价格折扣。如给批发商的折扣较大，给予零售商折扣较小，使批发商乐于大批进货，并有可能进行批转业务。使用功能折扣目的在于刺激各类中间商充分发挥各自组织市场营销活动的能力。

4. 季节折扣

季节折扣是企业鼓励顾客淡季购买的一种减让，以使企业的生产和销售一年四季能保持相对稳定。有些商品的生产是连续的，而其消费却具有明显的季节性。为了调节供需矛盾，生产企业对在淡季购买商品的顾客给予一定的优惠，使企业的生产和销售在一年四季能保持相对稳定。例如啤酒生产厂家对在冬季进货的商业单位给予大幅度让利，羽绒服生产企业则为夏季购买其产品的客户提供折扣，旅馆和航空公司在它们经营淡季期间也提供优惠。季节折扣比例的确定，应考虑成本、储存费用、基价和资金利息等因素。季节折扣有利于减轻库存，加速商品流通，迅速收回资金，促进企业均衡生产，充分发挥生产和销售潜力，避免因季节需求变化所带来的市场风险。

5. 推广津贴

津贴又称为折让，是根据价目表给顾客以价格折扣的另一种类型。津贴是企业为特殊目的，对特殊顾客以特定形式所给予的价格补贴或其他补贴。如零售商为企业产品刊登广告或设立橱窗，生产企业除负担部分广告费外，还在产品价格上给予一定优惠。旧货折价折让就是当顾客买了一件新品目的商品时，允许交还同类商品的旧货，在新货价格上给予折让；促销折让是卖方为了报答经销商参加广告和支持销售活动而支付的款项或给予的价格折让。

【案例 3-3】沃尔玛的"折价销售"

> 沃尔玛能够迅速发展，除了正确的战略定位以外，也得益于其首创的"折价销售"策略。每家沃尔玛商店都贴有"天天廉价"的大标语。同一种商品在沃尔玛比其他商店要便宜。沃尔玛提倡的是低成本、低费用结构、低价格的经营思想，主张把更多的利益让给消费者，"为顾客节省每一美元"是他们的目标。沃尔玛的利润通常在 30% 左右，而其他零售商如凯马特的利润率都在 45% 左右。公司每星期六早上举行经理人员会议，如果有分店报告某商品在其他商店比沃尔玛低，可立即决定降价。低廉的价格、可靠的质量是沃尔玛的一大竞争优势，吸引了一批又一批的顾客。

（五）差价策略

这是相同的产品以不同价格出售的策略，目的是通过形成数个局部市场以扩大销售，增加利润。

1. 地理差价策略

即企业以不同的价格策略在不同地区营销同一种产品，以形成同一产品在不同空间的横向价格策略组合。差价的原因不仅是因为运输和中转费用的差别，而且由于不同地区性市场具有不同的爱好和习惯，具有不相同的需求曲线和需求弹性。明显的例子就是沿海与内地的价格，国内市场与国外市场价格。像大城市著名酒店中对饮料的需求呈现的强度高于小城镇的街边饮食店，那么即使是同种饮料，前者的价格要明显高于后者。

2. 时间差价策略

即对相同的产品，按需求的时间不同而制定不同的价格。这只能在时间需求的紧迫性差别很大时才能采用。例如，夜间实行廉价的长途电话费，旺季的产品在淡季廉价出售等。采用此种策略能鼓励中间商和消费者增加购货量，减少企业仓储费用和加速资金周转，从而保证企业处于竞争的最佳地位。

3. 用途差价策略

即根据产品的不同用途制定有差别的价格。实行这种策略的目的是通过增加产品的新用途来开拓市场。如粮食用作发展食品和用作发展饲料，其价格不同；食用盐加入适当混合物后成为海味盐、调味盐、牲畜用盐、工业用盐等以不同的价格出售；另外如标有某种纪念符号的产品，往往会产生比其他具有同样使用价值的产品更为强烈的需求，价格也要相应调高。如奥运会期间，标有会徽或吉祥物的产品的价格，比其他未做标记的同类产品价格要高出许多。

4. 质量差价策略

高质量的产品，包含着较多的社会必要劳动量，应该实行优质优价。当然这个价格差要使消费者接受，并非一件简单的事情。在现实的市场营销中，必须要使产品的质量为广大消费者所认识和承认，成为一种被消费者偏爱的名牌产品，才能产生质量差价。因此，质量差价策略必须依靠其他营销因素的配合才能实现。对于尚未建立起声誉的高质量产品，不要急于和竞争者拉开过大的差价，而应以促销等多方面努力，争取创立优秀品牌的产品形象；对于已经创名牌的优质产品，则可以较大的差价提高产品身价，吸引那部分喜爱名牌产品的消费者。

实行差别定价的前提条件是：市场必须是可细分的且各个细分市场的需求强度是不同的；商品不可能转手倒卖；高价市场上不可能有竞争者削价竞销；不违法；不引起顾客反感。

（六）招徕定价策略

招徕定价又称特价商品定价，是一种有意将少数商品降价以招徕吸引顾客的定价方式。商品的价格定得低于市价，一般都能引起消费者的注意，这是适合消费者"求廉"心理的。

采用招徕定价策略时，必须注意以下几点。

（1）降价的商品应是消费者常用的，最好是适合于每一个家庭应用的物品，否则没有吸引力。

（2）实行招徕定价的商品，经营的品种要多，以便使顾客有较多的选购机会。

（3）降价商品的降低幅度要大，一般应接近成本或者低于成本。只有这样，才能引起消费者的注意和兴趣，才能激起消费者的购买动机。

（4）降价商品的数量要适当，太多商店亏损太大，太少容易引起消费者的反感。

（5）降价商品应与因伤残而削价的商品明显区别开来。

【案例3-4】"一元拍卖活动"

> 北京地铁有家每日商场，每逢节假日都要举办"一元拍卖活动"，所有拍卖商品均以1元起价，报价每次增加5元，直至最后定夺。但这种由每日商场举办的拍卖活动由于基价定得过低，最后的成交价就比市场价低得多，因此会给人们产生一种"卖得越多，赔得越多"的感觉。岂不知，该商场用的是招徕定价术，它以低廉的拍卖品活跃商场气氛，增大客流量，带动了整个商场的销售额上升，这里需要说明的是，应用此术所选的降价商品，必须是顾客需要而且市场价为人们所熟知的才行。

二、价格变动策略

任务目标

正确判断产品涨价和降价的时机，选择合理的涨价和降价策略，以及正确应对竞争者的价格变动。

工作任务

小张在一家方便面公司，因为产品成本上涨，竞争对手纷纷涨价，作为公司的销售主管，上级部门要求小张对整个产品的市场进行调查，判断本公司产品是否涨价。

李林所在的房地产公司，因为市场需求不景气，竞争对手纷纷采取优惠措施降价，企业要求李林对市场情况进行调查，并做出降价策略报告。

李丽所在的红酒公司因为众多进口红酒的影响，市场竞争激烈，众多进口红酒价格便宜，竞争对手纷纷降价应对，这对整个公司的市场产生了较大的影响，企业派李丽负责调查整个市场的情况，然后汇报给公司，判断公司如何应对竞争对手产品降价。

任务实施

步骤一　价格上调策略

在此项业务中，小张所在的方便面公司市场环境发生变化，其他公司纷纷涨价，小张需要判断消费者的反应，根据公司实际情况做出是否涨价的判断，并选择合理的涨价策略。

知识链接

（一）提价原因

提价一般会遭到消费者和经销商反对，但在许多情况下不得不提高价格。

（1）生产经营成本上升　在价格一定的情况下，成本上升将直接导致利润的下降。因此，在整个社会发生通货膨胀或生产产品的原材料成本大幅度上升的情况下，提高价格就是保持利润水平的重要手段。

（2）需求压力　在供给一定的情况下，需求的增加会给企业带来压力。对于某些产品而言在出现供不应求的情况下，可以通过提价来相对遏制需求。这种措施同时也可为企业获取比较高的利润，为以后的发展创造一定的条件。

（3）创造优质优价的名牌效应　为了让企业的产品或服务与市场上同类产品或服务拉开差距，作为一种价格策略，可以利用提价营造名牌形象。充分利用顾客"一分价钱、一分货"的心理，使其产生高价优质的心理定势。创造优质效应，从而提高企业及产品的知名度和美誉度。

（二）提价时机

为了保证提价策略的顺利实现，提价时机可选择在这样几种情况下。

（1）产品在市场上处于优势地位。

（2）产品进入成长期。

（3）季节性商品达到销售旺季。

（4）竞争对手产品提价。

（三）价格调整中的顾客反应

适当的价格调整能够产生良好的效果。但是，若调整不当，则适得其反。无论是调高价格还是降低价格，企业都必须要注意到各个方面的反应。衡量定价成功与否最重要的标志是消费者将如何理解价格调整行为；企业所确定的价格能否为消费者所接受。企业打算向顾客让渡利润的降价行为可能被理解为产品销售状况欠佳、企业面临经济上的困难等，一个动机良好的价格调整行为就可能产生十分不利的调整结果。因此，企业在进行调整前，必须慎重研究顾客对调整行为可能的反应，并在进行调整的同时，加强与顾客的沟通。

顾客对企业的提价行为可能会有以下的反应。

（1）普遍都在提价，这种产品价格的上扬很正常。

（2）这种产品很有价值。

（3）这种产品很畅销，将来一定更贵。

（4）企业在尽可能牟取更多的利润。

（四）价格调整的竞争者反应

在竞争市场上，企业制定某种价格水平、采用某种价格策略的效果还取决于竞争者的反应。在竞争者的策略不会做任何调整的情况下，企业降低价格就可能起到扩大市场份额的效果；而若在企业降低价格的同时，竞争者也降低价格，甚至以更大的幅度降低价格，企业降价的效果就会被抵消，销售和利润状况甚至不如调整前。同样，在企业调高价格后，如果竞争者并不提高价格，则对企业来说，原来供不应求的市场可能变成供过于求的市场。鉴此，企业在实施价格调整行为前，必须分析竞争者的数量、可能采取的措施及其反应的剧烈程度。

企业面对的竞争者往往不只一家，彼此不同的竞争位势，会导致不同的反应。比如，如果竞争对手认为其实力强于本企业，并认定本企业的价格调整目的是争夺市场份额的情况下，必然会立即做出针锋相对的反应；反之则不反应，或采取间接的反应方式。一般而言，面临企业的降价行为，竞争对手的反应可能会有以下情况。

（1）如果降价会损失大量利润，竞争者可能不会跟随降价。

（2）如果竞争者必须降低其生产成本才能参与竞争的话，则可能要经过一段时间才会降价。

（3）如果竞争者降价导致其同类产品中不同档次产品间发生利益冲突的话，就不一定会跟随降价。

（4）如果竞争者的反应强烈，其一定会跟随降价，甚至有更大的降价幅度。

由于环境是复杂的，竞争者的反应又会对企业的价格调整产生重大的影响，因此企业在变价时必须充分估计每一个竞争者的可能反应。

（五）提价策略

（1）调整产品结构，实现品牌升级，全线涨价。

（2）涨价加促销。

（3）改变包装，变相涨价。

（4）被动直接涨价　既没有新产品研发准备，也没有设计涨价方案，只是因为原材料涨价或其他费用增高，为了保证利润而不得不涨价。

在方式选择上，企业应尽可能多采用间接提价，把提价的不利因素降到最低程度，使提价不影响销量和利润，而且能被潜在消费者普遍接受。同时，企业提价时应采取各种渠道向顾客说明提价的原因，配之以产品策略和促销策略，并帮助顾客寻找节约途径，以减少顾客不满，维护企业形象，提高消费者信心，刺激消费者的需求和购买行为。

至于价格调整的幅度，最重要的考虑因素是消费者的反应。因为调整产品价格是为了促进销售，实质上是要促使消费者购买产品。忽视了消费者反应，销售就会受挫，只有根据消费者的反应调价，才能收到好的效果。

步骤二　价格下调策略

李林所在的房地产公司面临市场需求下降，竞争对手纷纷降价的背景，需要根据市场情况选择合理的降价策略。

知识链接

（一）降价原因

主动降价的原因，归纳起来有以下几种。

（1）应付来自竞争者的价格竞争压力　在绝大多数情况下，反击直接竞争者价格竞争见效最快的手段就是"反价格战"，即制定比竞争者的价格更有竞争力的价格。

（2）调低价格以扩大市场占有率　在企业营销组合的其他各个方面保持较高质量的前提下，定价比竞争者低的话，能给企业带来更大的市场份额。对于那些仍存在较大的生产经营潜力，调低价格可以刺激需求，进而扩大产销量，降低成本水平的企业，价格下调更是一种较为理想的选择。

（3）市场需求不振　在宏观经济不景气或行业性需求不旺时，价格下调是许多企业借以渡过难关的重要手段。比如，当企业的产品销售不畅，而又需要筹集资金进行某项新产品开发时，可以通过对一些需求价格弹性大的产品予以大幅度降价，从而增加销售额以满足企业回笼资金的目的。

（4）根据产品寿命周期阶段的变化进行调整　这种做法也被称为阶段价格策略。在从产品进入市场到被市场所淘汰的整个寿命周期过程中的不同阶段，产品生产和销售的成本不同，消费者对产品的接受程度不同，市场竞争状况也有很大不同。阶段价格策略强调根据寿命周期阶段特征的不同，及时调整价格。例如，相对于产品导入期时较高的价格，在其进入成长期后期和成熟期后，市场竞争不断加剧，生产成本也有所下降，下调价格可以吸引更多的消费者，大幅度增进销售，从而在价格和生产规模之间形成良性循环，为企业获取更多的市场份额奠定基础。

（5）生产经营成本下降　在企业全面提高了经营管理水平的情况下，产品的单位成本和费用有所下降，企业就具备了降价的条件。对于某些产品而言，由于彼此生产条件、生产成本不同，最低价格也会有差异。显然，成本最低者在价格竞争中拥有优势。

（二）降价策略

因企业产品所处的地位、环境以及引起降价原因的不同，企业选择降价的方式也会各不相同，具体来说有以下两种。

（1）直接降价　即直接降低产品价格。如，汽车销售中常采取直接降价。

（2）间接降价　即企业保持价格目录表上的价格不变。通过送货上门、免费安装、调试、维修、赠送礼品或者增大各种折扣、回扣，以及为消费者保险等手段，在保持名义价格不变的前提下，降低产品的实际价格。

步骤三　应对变动策略

竞争对手在实施价格调整策略之前，一般都要经过长时间的深思熟虑，仔细权衡调价的利害，但是，一旦调价成为现实，则这个过程相当迅速，并且在调价之前大多要采取保密措施，以保证发动价格竞争的突然性。企业在这种情况下，贸然跟进或无动于衷都是不对的，正确的做法是尽快迅速地对以下问题进行调查研究：①竞争者调价的目的是什么？②竞争者调价是长期的还是短期的？③竞争者调价将对本企业的市场占有率、销售量、利润、声誉等方面有何影响？④同行业的其他企业对竞争者调价行动有何反应？⑤企业有几种反应方案？竞争者对企业每一个可能的反应又会有何反应？企业应当考虑到产品在生命周期中所处的阶段、它在企业产品组合中的重要性、竞争者的意图和能力、市场的价格和质量敏感度、成本随着产量变化，以及企业的其他投资机会。

在同质产品市场上，如果竞争者降价，企业必须随之降价，否则顾客就都会购买竞争者的产品；如果某一个企业提价，其他企业也可能随之提价，但只要有一个不提价的竞争者，那么这种提价行为只能取消。

在异质产品市场上，企业对竞争者的价格调整的反应有更多的自由。在异质产品市场，由于每个企业的产品质量、品牌、服务和消费者偏好等方面有着明显的不同，因而面对竞争者的调价策略，企业有较大的选择余地。

知识链接

在产品高度同质的市场上，企业应该寻求途径强化它的附加产品。如果不能的话，企业可能就需要降价了。

（1）降价，以便和竞争者的价格相匹敌。企业在降价的同时应努力维持它的质量。

（2）企业可以维持原价，但要提高顾客感知到的质量。它可以改善与顾客的交流活动，强调优于低价竞争者的产品质量，这要比降价和低利润经营更好一些。

（3）改善质量，提高价格。对企业品牌进行高价格定位，用较高的质量来证明较高的价格是值得的。

（4）设立低价格的"战斗品牌"。最好的做法是在产品线中增加较低价格的产品，或者单独创建一种较低价格的品牌。当正在丢失的细分市场对价格敏感并且不会对较高质量的产品感兴趣时，这样做就十分必要了。

在异质产品市场上，由于每个企业的产品在质量、品牌、服务、包装、消费者偏好等方面有着明显的不同，所以面对竞争者的调价策略，企业有着较大的选择余地：第一，价格不变，任其自然，任顾客随价格变化而变化，靠顾客对产品的偏爱和忠诚度来抵御竞争者的价格进攻，待市场环境发生变化或出现某种有利时机，企业再做行动。第二，价格不变，加强非价格竞争。比如，企业加强广告攻势，增加销售网点，强化售后服务，提高产品质量，或者在包装、功能、用途等方面对产品进行改进。第三，部分或完全跟随竞争者的价格变动，采取较稳妥的策略，维持原来的市场格局，巩固取得的市场地位，在价格上与竞争对手一较高低。第四，以优越于竞争者的价格跟进，并结合非价格手段进行反击。比竞争者更大的幅度削价，比竞争者小的幅度提价，强化非价格竞争，形成产品差异，利用较强的经济实力或优越的市场地位，居高临下，给竞争者以毁灭性的打击。

【案例3-5】休布雷公司

> 休布雷公司在美国伏特加酒的市场上，属于营销出色的公司，其生产的史密诺夫酒，在伏特加酒的市场上占有率达23%。20世纪60年代，另一家公司推出一种新型的伏特加酒，其质量不比史密诺夫酒低，每瓶价格却比它低一美元。按照惯例，休布雷公司有3条对策可选择：①降低一美元，以保住市场占有率；②维持原价，通过增加广告费用和销售支出来与对手竞争；③维持原价，听任其市场占有率降低。
>
> 由此看出，不论该公司采取上述哪种策略，休布雷公司都处于市场的被动地位。但是，该公司的市场营销人员经过深思熟虑后，却采取了对方意想不到的第4种策略。那就是，将史密诺夫酒的价格再提高1美元，同时推出一种与竞争对手新伏特加酒价格一样的瑞色加酒和另一种价格更低的波波酒。这一策略，一方面提高了史密诺夫酒的地位，同时使竞争对手新产品沦为一种普通的品牌。结果，休布雷公司不仅渡过了难关，而且利润大增。实际上，休布雷公司的上述3种产品的味道和成分几乎相同，只是该公司懂得以不同的价格来销售相同的产品策略而已。

【案例 3-6】为什么麦当劳肯德基喜欢发优惠券，而不是直接降价？

我们总是纳闷：麦当劳和肯德基成天都在发放各种优惠券，为什么就不直接降价优惠呢？

原因是发放优惠券可以实现其利润最大化。而降价不仅是降低品牌在消费者心中的地位更是减少直接利润。

利润最大化的定价秘密在哪？

首先来举个例：假定一个汉堡的全部成本为 4 元，现在面临张三、李四、王二麻子三位用户，他们都希望买到这个汉堡。

但是，他们希望买到这个汉堡的最高价的承受能力分别是 10 元、9 元、8 元。

那么我们的定价有两种方式：

一是定价 4 元，三人都会购买，这样就实现了销售数量的最大化，但是利润为 0。

二是定价 10 元，10 - 4 = 6 元，这就实现了最高价销售，但是只销售了一个汉堡。

从这个案例来看，单纯追求销量最大（定价 4 元时卖出 3 个汉堡利润 0 元）和单纯追求价格最高（定价 10 元时卖出一个汉堡利润 6 元）都不会为公司带来利润最大化。

要实现真正的利润最大化，定价应该是 8 元，三个人都买了。此时商家利润为（8×3 - 4×3 =）12 元，达到了最大化。

所以，产品利润最大化的核心秘密应该是：你的定价是否能无限接近能接受你定价的综合用户的心理预期的最低值。

优惠券实现对用户的区隔。知道了产品利润最大化的秘密不是关键。关键的是，你如何知道你用户渴望购买你产品的最低值。就如案例所言，你如何知道三个用户，他们共同的最低期望是 8 元。没有哪个用户会站在你面前说出他们的想法的。

但优惠券（图 3-4）就可以解决这个问题。优惠券发放可以直接把用户区分为了两类：一是富人，即不用优惠券的人；二是穷人，即要用优惠券的人。

注意了，富人与穷人的区分标准只有一个：他们的单位时间的价值不同。

富人是没有时间去选择优惠券，甚至抗拒被强制选择某个产品的。而穷人会因为这个优惠，而去下载、打印，甚至是被剥夺产品的选择权（因为优惠券往往是指定了商品的）。

图3-4 肯德基优惠券

同样的商品不同的价格背后,是麦当劳和肯德基把用户购买同一个商品的底限价格找到了。

再次举例说明,同样的一个汉堡,富人的心理预期是10元,他直接就购买了。穷人的心理预期是8元,因此他使用了优惠券,真的花8元买到了。

对于麦当劳和肯德基而言,优惠券直接把用户的心理期望值进行了区隔。

它实现的,既不是卖得越多越好,也不是价格越高越好。而是价格越接近具体的某一个用户的最高承受能力越好。

优惠券枪毙直接降价的模式。人都是喜欢占便宜的,商家的解决方案是两个:一是优惠券;二是降价。降价的威力是巨大的,可以快速聚拢用户。

但降价一过，用户立即做鸟兽散。这也是为什么很多餐厅做团购后，品牌号召力持续下降的原因。降价会让用户对这个品牌产生不良的心理影响。即使你降价的理由再冠冕堂皇，人们总认为，你的低价一定无好货。同时会对你形成长期降价的印象。哪天你不降价了，就觉得你不对了。立马换地方。更重要的是降价的实质是直接降低利润。而优惠券的优势除了上面讲到可以帮助商家实现利润最大化外，优惠券不会让人产生依赖，商家发不发放是商家的随机行为，而不是必须和常规动作。更重要的是，它会直接刺激用户产生购买，因为不占便宜白不占。同时，由于优惠券都是强制搭配的，所以用户是很难感知到其强制搭配的价格秘密的，让用户失去对产品组合的价格敏感。

项目思考

一、基础知识

（一）单项选择

1. 随行就市定价法是（　　）市场的惯用定价法。
   A. 完全垄断　　　　　　　　B. 异质产品
   C. 同质产品　　　　　　　　D. 垄断竞争

2. （　　）是企业把全国分为若干价格区，对于卖给不同价格区顾客的某种产品，分别制定不同的地区价格。
   A. FOB 原产地定价　　　　　B. 分区定价
   C. 统一交货定价　　　　　　D. 基点定价

3. 某服装店售货员把相同的服装以 800 元卖给顾客甲，以 600 元卖给顾客乙，该服装店的定价属于（　　）。
   A. 顾客差别定价　　　　　　B. 产品形式差别定价
   C. 产品部位差别定价　　　　D. 销售时间差别定价

4. 为鼓励顾客购买更多物品，企业给那些大量购买产品的顾客的一种降价称为（　　）。
   A. 功能折扣　　　　　　　　B. 数量折扣
   C. 季节折扣　　　　　　　　D. 现金折扣

5. 按照单位成本加上一定百分比的加成来制定产品销售价格的方法称为（　　）定价法。
   A. 成本导向　　　　　　　　B. 需求导向
   C. 认知导向　　　　　　　　D. 随行就市

6. 企业因竞争对手率先降价而做出相应降价的策略主要适用于（　　）市场。
   A. 垄断竞争　　　　　　　　B. 差别产品

C. 完全竞争 D. 同质产品

7. 准确地计算产品所提供的全部市场认知价值是（　　）的关键。

A. 反向定价法 B. 认知价值定价法
C. 需求差异定价法 D. 成本导向定价法

8. 企业的产品供不应求，不能满足所有顾客需要的情况下，企业就应考虑（　　）。

A. 降价 B. 提价
C. 维持价格不变 D. 降低产品质量

9. 企业因竞争对手率先降价而做出跟随竞争对手相应降价的策略主要适用于（　　）市场。

A. 寡头 B. 差别产品
C. 完全竞争 D. 同质产品

10. 体育馆对于不同座位制定不同的票价，采用的是（　　）策略。

A. 产品形式差别定价 B. 产品部位差别定价
C. 顾客差别定价 D. 销售时间差别定价

11. 以高于价值的价格将新产品推入市场，然后再降价，这种新产品定价策略属于（　　）。

A. 撇脂定价 B. 渗透定价
C. 温和定价 D. 满意定价

（二）简述

1. 折扣与折让定价策略主要有哪几种类型？
2. 简述撇脂定价及其适用条件。
3. 需求导向定价法的核心内容是什么？
4. 简述企业降价与提价的原因及影响。
5. 详述市场领导者面对竞争者变价的反应。
6. 市场领导者面对竞争者变价的反应有哪些？
7. 企业降价与提价的原因及影响有哪些？

二、能力训练

1. 一家彩电生产企业的经理，发现彩电在农村市场和城市市场的需求是不同的，他会采取差别定价策略吗？谈谈实行差别定价策略的条件。

2. 某企业生产某种产品需要花去折旧费50000元，管理费用30000元，劳动保护及保险费用13000元，制造每吨产品消耗的原材料535元，工人工资200元，该企业生产200吨产品刚好盈亏平衡，问每吨产品售价应为多少？其价格定在什么样的水平能保证企业盈利20万元？

3. 指出下列产品的定价策略。

（1）单位产品总成本50元，销售价格90元。

（2）单位产品销售价格60元，七折出售。

（3）一套产品八件，分别价格累计150元，成套购买130元。

（4）某产品定价3.98元。

（5）某产品定价1188元。

4. 提供资料

根据财务部门提供的成本信息，"力力"利乐包豆奶的成本构成如下：

（1）厂部生产线提供上海地区30%的生产能力，每年可提供1667万盒（每盒250毫升）。

（2）分摊的固定费用为：①月折旧费20万元，年折旧费240万元；②月管理费用13.33万元，年管理费用159.96万元。

（3）单位产品的变动费用为（按目前市场价格计算）：①豆浆、牛奶配方原料，1000毫升0.40元；②辅料费用，1000毫升0.24元；③包装费用，每盒0.10元；④人工费用，每盒0.10元；⑤储运费用，每盒0.07元；⑥销售费用，每盒0.08元；⑦考虑税金，每盒0.06元。

关于税金统计的说明。在实际单位价格计算中，税金指的是增值税。增值税是在（产品成本＋目标利润）的基础上乘上国家规定的税率所计算出的，单位价格＝（产品成本＋目标利润）＋增值税。我国增值税率一般确定为17%，但有些行业还是有区别的。为了便于教学，在此我们把增值税作为固定统计的税金，统计在单位变动费用中。特作说明。

（4）经预测2018年市场需求为1400万盒，总公司要求上海地区的"力力"利乐包豆奶净利润目标为150万。商业加成率为33%。

（5）市场部提供竞争对手产品的市场价格情况见表3-2。

表3-2　　　　　"力力"豆奶的竞争对手产品的市场价格

品牌	品种	容量	市场零售价
维他奶	维他奶	100毫升	0.80元
维他奶	维他奶	250毫升	1.30元
维他奶	麦精朱古力	250毫升	1.30元
正广和	都市奶	250毫升	1.50元
杨协成	豆奶	250毫升	2.00元
上海光明	巧克力牛奶	200毫升	2.00元
上海光明	纯鲜牛奶	200毫升	2.00元
上海光明	纯鲜牛奶	250毫升	2.30元

根据上述财务、市场有关资料，对"力力"利乐包豆奶设计目标利润、有利竞争定价方案。

5. 案例

某日，一外商前来洽谈，拟订购健身器400台，按摩器200台，但在谈判中，外商坚持健身器每台按1000元付款，按摩器每台按450元付款，否则，这笔生意就不做。而企业出厂价健身器每台为1600元，按摩器每台为600元，由于对方出价太低，谈判陷于僵局。现营销部经理前来厂长办公室，汇报谈判情况，请示对策。如果你是厂长，你是接受还是拒绝外商的报价？

资料：健身器年生产能力为1500台，全年已落实要货计划1000台，全年应摊固定成本40万元，则每台应分摊固定成本400元（400000÷1000），单位变动成本800元。按摩器年生产能力为1000台，全年已落实要货计划1000台，全年应摊固定成本10万元，则每台应分摊固定成本100元（100000÷1000），单位变动成本400元。

6. 案例

美国一家生产猪皮便鞋的公司，在生产一种名叫"安静的小狗"牌便鞋时，他们首先将100双这种便鞋送给100位顾客试穿，经过8周的试穿后，便通知顾客说"公司准备收回鞋子，不过你想留下也行，但每双须付5美元。"该公司是不是真的要收回那5美元的鞋子？为什么？

7. 在原材料价格上涨得很厉害，产品确实需要提价的情况下，你的老板因种种顾虑，又不想直接把销价提高，你会给他什么建议？为消除和降低顾客的不满情绪，你还有哪些比较好的建议？

8. 某企业生产某种产品需要花去折旧费50000元，管理费用30000元，劳动保护及保险费用13000元，制造每吨产品消耗的原材料535元，工人工资200元，该企业生产200吨产品刚好盈亏平衡，问每吨产品售价应为多少？其价格定在什么样的水平能保证企业盈利20万元？

9. 20世纪30年代被誉为世界胶鞋大王的著名华侨陈嘉庚先生，他的胶鞋刚刚问世的头几年，用大大低于成本的价格对市场进行渗透，以赢得大量消费者，迅速打开销路，直到他的胶鞋成为名牌产品时，才逐步把价格提高，最后仍然赚了大钱。陈嘉庚先生是运用什么定价方法打开市场的？有何特点？他给我们何种启示？

10. 第二次世界大战结束时，美国雷诺公司生产了一种笔，趁当时世界上第一颗原子弹爆炸的新闻热潮，取了个时兴的名字——原子笔（即现在的圆珠笔）作为圣诞礼物投入市场。加上通过各种宣传为之披上了种种神秘外衣，致使该笔身价倍增，成本仅50美分，售价却高达20美元，一下子就发了大财。等到这种商品的神秘外衣被不断揭开，身价一落千丈时，资本家已带着快要撑破的钱包去经营更新的商品去了。美国雷诺公司运用的是什么定价方法？有何优点？他给我们何种启示？

11. 案例分析：金利来带给你的启示是什么？

消费者的心理往往是这样，面对标价低的商品没心思购买，盼着还有更低价，而当标价高时却买者踊跃，生怕价格还会涨上去。这种心理为精明的商家所用，常会收到出奇制胜的效果。"金利来领带，男人的世界"，相信20岁以上的人都不会对这条广告感到陌生。"金利来"是著名的领带品牌，它的诞生与发展也不是一帆风顺的。特别是在1974年，世界经济处于低潮，香港这个国际城市自然不能幸免。股票下跌、企业倒闭、工人大批失业，购买力下降而导致商品积压，不少商家打出"清货大减价""跳楼价"的招牌来吸引顾客。领带大王曾宪梓刚建立起来的领带王国也躲不过这场风暴，销售额下降，存货增加，经营陷入困境，"金利来"领带的降价似乎已不可避免。

那么，面对危机，曾宪梓怎么办？他竟出人意料地选择了"提价"！在他看来，薄利多销是无意义的，如果卖1条领带跟卖10条领带赚的钱一样，那何必卖10条呢？降价更不可取。要是"金利来"降价，这将使"金利来"领带以"削价产品"的形象出现在市场上，"名牌"将会沦为处理品，多年来好不容易树立起来的尊贵、高雅的形象就会毁于一旦。名牌就像一棵大树一样，毁坏容易栽培难。曾宪梓无论如何也不愿意自毁名牌，宁肯让销量减少也要保住名牌。

这无疑是一场赌注，但后来的事实证明了曾宪梓的正确。当其他领带厂家忙于进行降价大战的时候，"金利来"的提价反而抬高了它在人们心目中的地位。身份高了，自然吸引更多顾客来购买。这样一来，销售量并未比以前下降。在处于一片低迷的领带市场上，"金利来"的光彩显得格外夺目。当世界经济复苏到来时，"金利来"的光彩就更非昔日可比，也非他人可比了。"金利来"提价促销的成功在于，价格的提升突显了产品的差异化，维护了品牌形象。

12. 金山公司的28元红色风暴

某年10月21日，金山软件公司做出降价新动作：把两款新产品金山词霸2000和汉化翻译新品金山快译2000的实际零售价从168元降到28元。该公司计划在这个名为"红色正版风暴"为期100天的促销活动中，卖出100万套。28元也许是让普通用户购买正版软件的一个比较有利的价格。在美国软件市场上设计软件一般在1000美元以上一套，办公软件100～500美元，游戏、工具软件则是30～50美元。美国人平均月工资2000美元，一个像金山词霸这样的工具软件花掉月工资的1.5%～2.5%。而使用同类软件的中国用户的平均月工资1200元，28元占其中的2.33%。能够支撑美国软件市场生存的原则也许可以让中国一直残喘的正版软件市场有点起色。

为了多卖，金山公司还设计了一个"行情看涨"的市场：100天促销活动完成之后，价钱还将回升到"正常"的168元。但是很显然，这个168元更多像一个气球，因为很少人会买168元的词霸，中国也没有哪一个工具软件卖到过100万套的。为了杜绝某些同行说金山胡乱降价，所以这个活动被定义为一个市场推广活动，只为图名，不在求利。为此金山的解释是"我们想试一试正版软件市场到底有多大，赢了好说，输了就当反面教材。"这个活动在中国脆弱的软件行业的土壤中戴了一个奇怪的帽子：2800万元的销售活动被说成广告行为，正常的价格可能被认为是抢占市场份额的恶性竞争。中国软件业不是太富裕就是有点胡言乱语了。

如果预想结果实现，这次金山将获得20%~30%纯利润，虽然比微软税后47%的纯利率还低，但这个利润率在中国足以维持一个软件公司的正常发展。"一个产品卖到30万套还没有利润，市场就不正常。金山推出28元价格是一个自救策略，是为了从盗版手中抢回市场。"该公司总经理雷军说。可是没过几天，雷军就后悔了。11月1日下午，雷军向媒体和经销商宣布"红色正版风暴"首批供应零售市场的21万套金山快译2000和金山词霸2000已在上市三天后全面脱销，仅在10月30日当天的北京市场就销售了2万7千套。他担心全国市场零库存现象至少会延续三天，"这场风暴来得实在是太猛烈了，我们之前对市场形势的估计似乎还显得过于保守，现在我也不知道正版市场的底线是多少。"一向精明的雷军认输了，火爆的市场冷静三天之后会怎么样？雷军心里免不了打鼓，他受得了这种折腾吗？锅里的鸭子别飞了，一向心虚的软件市场太需要这只"鸭子"补补气。为什么原来没有28元的软件出售呢？显然以1995年的市场它是个亏本的数字，市场最大销售额是个致命的要素。据调查，金山词霸Ⅲ实际用户接近500万，正版零售产品不到8万套，随着电脑的日益普及，正版销售空间巨大，使得规模销售计划有了可能。

金山公司在9月中旬向用户发布了28元的消息。10月初，天津英业达、北京实达铭泰相继也发布了28元软件产品，世纪词王、东方网译也有新的动作。眨眼间，28元成了工具软件新的价格标准，连一个"自由"的数字都没有，28元成了软件市场的自由竞价的底线。

目前硬件厂商纯利率低于5%，软件厂商接近30%的利润率还很可观，但是离"知识经济"神奇的聚财速度还有距离。主流软件商做了一个通俗的比喻：让软件像大白菜一样便宜又实用。这句话意味着当软件像大白菜一样以后，盗版市场将不复存在。在此之前，软件商埋怨用户不讲道德购买盗版，用户责难商家没有本事只会宣传，买卖双方关系别扭。在市场看到复活的前景的时候，突然间软件业失去了"知识经济"的光环，有流俗的可能。可是卖大白菜也没什么不好，只要能持续盈利。所以有人说软件业不能金钱名誉双得，应该排除在高科技产业之外，它的新名字是"脑力密集型"产业。

问题：
(1) 金山公司为什么要降低价格？
(2) 降低价格能带来什么好处？
(3) 降价后市场上有什么样不同的反应？
(4) 通过案例分析，我们该如何有效地利用价格策略？

项目四 渠道营销策划

项目引入

张强是一个在街道开中型超市的老板,几年前,销售都在稳中提升,超市已经营得不错。但自从自己的中型超市旁边开了一个大型连锁超市后,自己的销售额下降明显。而电子商务兴起后,自己超市的经营更是举步维艰。一些老顾客都很少来买东西了,过路的顾客来买东西的就更少了。张强面临着十分严峻的挑战。需要改变的地方很多,但最需要的是渠道营销的重新策划。

知识目标

了解什么是渠道营销策划。
理解传统渠道营销策划。
掌握互联网+渠道营销策划。

技能目标

能够初步掌握对企业进行渠道营销策划。
能够熟练掌握对企业进行互联网+渠道营销策划。

项目任务

(1) 了解渠道营销策划及传统渠道营销策划。
(2) 掌握互联网+渠道营销策划知识与技能。

项目实施

一、认识渠道营销策划

任务目标

掌握互联网+渠道营销策划。

工作任务

运用掌握互联网+渠道营销策划。

任务实施

步骤一 了解渠道营销策划含义

渠道营销策划是指对产品的所有权和实体从生产领域流转到消费领域所经过的通道的设计和管理。策划是整个营销系统的重要组成部分，它对降低企业成本和提高企业竞争力具有重要意义，是规划中的重中之重。主要内容是直接渠道、间接渠道营销策划等。企业渠道营销的选择将直接影响到其他的营销决策，如产品的定价。它同产品策略、价格策略、促销策略一样，也是企业是否能够成功开拓市场、实现销售及经营目标的重要手段。传统渠道营销策划选择直接渠道或间接渠道的营销策略、长渠道或短渠道的营销策略、宽渠道或窄渠道的营销策略、单一渠道营销和多渠道营销策略、传统渠道营销和垂直渠道营销策略。

步骤二 了解渠道营销理论演进

20世纪60年代中第一次提出"渠道策略"概念。20世纪60年代，麦卡锡提出了影响深远的4P策略，即"产品策略、价格策略、渠道策略和促销策略"，这一组合策略使人们从较为繁杂的营销变数中找到了最为重要的因素，其中第一次提出"渠道策略"的概念。麦卡锡在尼尔·鲍顿研究的基础上，进行了归纳，将营销实践的12因素概括为4种策略。渠道策略的内容包括：为使目标顾客能接近和得到其产品而进行各种活动的策略。提出必须有效地利用各种中间商和营销服务设施，以便更有效地将产品和服务提供给目标市场。指出厂家必须了解各种类型的零售商、批发商和从事实体分销的公司以及他们是如何进行决策的。

20世纪90年代强调渠道的便利。由于市场营销的发展，原来的4P组合逐渐由4C组合取代，即"顾客、成本、便利和沟通"这四个要素的新的营销组合策略；在渠道策略方面更多地强调便利（Convenience），即指为消费对象提供尽可能方便的消费通道，使其消费的非货币成本降低，如连锁超市就为居民提供了方便快捷的服务，体现了便利性。

这里强调渠道的便利性，要求从消费者的角度来考虑渠道建设，为消费者提供方便。如今兴起的大型连锁卖场和网络营销，可以认为是对这一渠道策略的贯彻。贯彻这个渠道策略，是个复杂的系统工程，不仅仅是观念的改变，更涉及流程重组、组织重组。解决了为消费者创造便利的消费通道问题，往往会使铺货率或市场占有率有戏剧性的巨大提升。要注意的是，便利只是渠道战略的重要组成部分。

进入 21 世纪开始强调关系营销。美国学者舒尔茨（Don E. Schultz）提出了新的"4Rs 营销组合"理论，即市场营销应包含以下四个要素：关联、反应、关系和回报。在渠道策略方面强调关系营销，强调厂商应当与顾客建立长期、稳定且密切的关系，降低顾客流失率，建立顾客数据库，开展数据库营销，从而降低营销费用。如今的市场经济中，商业合作伙伴之间强调合作、双赢；而在厂商与顾客之间，也是如此。留住一个老顾客的成本只是开发一个新客户的五分之一；而且一个满意的老顾客往往会带来更多的新顾客，口碑广告是最有效的广告之一；而且，由于现代信息管理技术的进步，使得为厂商与顾客建立长期、稳定且密切的关系创造了技术条件，使厂商能够更快、更准地找到老客户。渠道的目的就是为厂商与客户建立联系，从而实现商品的流通。从这个意义上说，强调关系营销的渠道战略开始回归渠道营销的核心和本义。

步骤三　了解渠道营销发展前景

如今的渠道策略新趋势表现为三方面。

（一）渠道结构以终端市场建设为中心

以前企业多是注重销售通路的顶端和中端，通过市场炒作和大户政策来展开销售工作；当市场转为相对饱和的状态，对企业的要求由"经营渠道"变为"经营终端"。最开始从产品大池子把水通过水管放到小池子，再由小池到一个个水龙头，最后一个个水龙头就是零售点，面对着顾客。现在的渠道建设已经从重视通路到要高度重视终端，即每一个零售点。

（二）渠道成员发展伙伴型的关系

传统的渠道关系是"我"和"你"的关系，即每一个渠道成员都是一个独立的经营实体，以追求个体利益最大化为目标，甚至不惜牺牲渠道和厂商的整体利益。在伙伴式销售渠道中，厂家与经销商由"你"和"我"的关系变为"我们"的关系。厂家与经销商一体化经营，实现厂家渠道的集团控制，使分散的经销商形成一个有机体系，渠道成员为实现自己或大家的目标共同努力。很多与时俱进的企业已经提出与渠道商同心同德同赢的理念了。

（三）渠道体制由金字塔型向扁平化方向发展

销售渠道改为扁平化的结构，即销售渠道越来越短，销售网点则越来越多。销售渠道变短，可以增加企业对渠道的控制力；销售网点增多，则有效地促进了产品的销售量。如一些企业由多层次的批发环节变为一层批发，即形成厂家——经销商——零售商这样的模式，企业直接面向经销商、零售商提供服务。这其实也是现实迫使企业调整渠道的结果，是互联网时代的必然调整。

步骤四　掌握渠道营销相关因素

渠道营销策划需要考虑的因素有六个，即费用、资本、控制、市场覆盖面、特点及连续性，由于都是以英文 C 开头，国外市场营销学家称之为"渠道策划 6 个 C"。

（一）"挖渠放水"的费用

渠道费用构成产品出厂价格和市场零售价格之间的全部差额，也就是企业的销售成本。如果渠道费用过大，就会严重影响企业开拓营销渠道的能力效益。维持渠道的费用是主要的、经常的。它包括支付本企业推销人员的一切费用，付给各种中间商的佣金、商品流转过程中的储运装卸、各种单据和书面工作费用、广告宣传、洽谈买卖等各种业务行为的全部开支。通常来说，不通过中间商，缩短营销渠道，可以减少渠道费用，但实际情况并不简单，因为一个企业可以取消中间商，但却不能取消中间商所发挥的功能和他们所必须支出的费用。这里就存在着一个需要综合各种因素来考虑的问题，是取消中间商合算，还是使用中间商合算。

（二）渠道建立的资本需要

一个企业如果要建立自己的营销渠道，有自己的推销队伍和推销力量，那就要做很多的现金投资。如果使用中间商，现金投资可以大为减少，但存货投资不一定就能减少。除了财力雄厚的企业有能力做大量现金投资，自己建立营销渠道之外，一般中小企业由于企业资源的限制，宜通过中间商销售。

（三）对市场营销的控制程度

企业有自己的队伍，自己建立营销渠道，是最强的控制状态。如果使用中间商，企业对渠道的控制程度取决于各中间商愿意授受控制的程度。一般来说，渠道长，对于售价、销售量、推销方式等的控制能力弱。多数情况下，当产品需要长渠道时，企业会不控制渠道，而让中间商负责。

（四）市场覆盖区域

市场覆盖面并不是越大越好。而要看这一市场覆盖面是否能给企业带来较大的经济效益。评估市场覆盖面主要从三方面考虑：一是这一市场区域能否获得最大可能的销售额；二是这一市场区域能否确保合理的市场占有率；三是这一市场区域能否取得满意的市场渗透，实质上都是以取得最大经济效益为前提。因此，一些知名企业十分重视进入人口密集、购买力强的中心区域。比如，中国的北上广深等大都市，能以较少的渠道营销费用取得最大的销售额。

（五）企业的特点、产品的特点和市场的特点

企业的特点。如果企业本身有足够的财力、销售机构和管理经验，而销售规模又大的前提下，就可以考虑不用中间商，自己安排推销员进行销售活动，这比交给中间商由他们把所有同类产品一并进行销售见效快。没有力量的企业，则要依靠中间商，通常找进货量大的大型零售商进货，使销售渠道尽可能短。如果企业经营的品种较多，适宜找大型零售商，大型零售能面向各种消费者。

产品的特点。通常，产品的单价越低，分销环节就越多，消费者要求方便，价格高的产品通常要求短渠道流通。对于体积大且重的产品，要尽量使用少环节的短渠道，以减少搬运费用；而对于体积小、重量轻的产品则可以根据需要用长渠道流通。对于技术性强、使用复杂的产品如机器设备等，要求生产企业提供较多的服务，宜用短渠道流通。

市场的特点。①目标市场的地理分布情况。如果企业的产品卖给广大地区的消费者，这就要求企业通过长渠道流通。如果企业的目标市场比较集中，企业就可以考虑使用短渠道。②潜在顾客数量。如果企业的潜在顾客较少，企业就可采用短渠道，反之，就应采用长渠道，由批发商和零售商把产品卖给终端顾客。③消费者的购买习惯。对于便利品，消费者要求购买方便、服务迅速，这就需要有众多的中间商经销，通过大量的商业网点适应消费者的这种购买习惯。而对于选购品，特别是特殊品，消费者愿意花较多的时间购买，所以，企业可采用短渠道流通。④消费的季节性。季节性强的产品，需要批发商提供储存功能，调节产品生产和消费由于时间的背离而引起的矛盾，用长渠道；反之，则可用短渠道。

二、互联网 + 渠道营销策划

步骤一 认识全新渠道营销策划

移动终端是全新渠道营销策划的基石。几年前，如果一幢办公楼停电，电脑无法用了，人们就会离开座位，到走廊或者其他办公室串门。大家突然觉得无法工作了，一下子大脑都空了，只有等待。现在，如果手机没在身边，人们就会觉得不安。如果不看新闻，不玩微信和 QQ，不用支付宝及微信支付，不在淘宝、天猫及京东上购物。人们一下子就觉得生活便利性和品质下降很多，甚至不能忍受。这是一个技术和理念都在全方位飞速进步和变革的时代。传统营销的技术部门已经受到革命性冲击。但营销的哲学却光芒四射，当前从基于 PC 机的互联网到基于手机的移动网，是一场伟大社会进步与变革，人工智能的时代已经来临，这是谁都无法阻挡的。面对新互联网 + 的时代，一切都变化了。顾客消费需求变了，对产品及服务的要求上升到订制时代。企业的竞争者变了，打败长虹、康佳、TCL及海信四大品牌手机业务的不是他们彼此，而是华为、小米、VIVO及OPPO，打败诺基亚和摩托罗拉的也不是彼此，而是苹果。这是一个跨界整合，全方位企业发展战略突起的时代。同样，我们的合作伙伴也变了，从合伙制度到众筹，从李开复到徐小平等，一个变革的时代，风云激荡。

到了我们传统企业营销大变革的时候了，但路径依赖将会严重地阻挡企业的变革。这不仅仅是外部因素，最根本的是企业内部原因，主要还是创始人的原因。一个问题提出来了，当前的传统企业该如何应对"不变革等死，变革找死"的考验。

步骤二　渠道营销策划的新思路

实施全面互联网+渠道营销策划，是摆脱这种十分困难局面的一种新视野、新选择和新战略。

知识链接

什么是互联网+渠道营销策划？"互联网+渠道营销策划"是指立足于互联网+思维，对当前渠道营销策划进行重新的思考。传统的单渠道、多渠道、跨渠道不适合今天的营销实践了。"互联网+渠道营销"含义的范围：不仅包括全部商品所有权转移的渠道，也应该包括全部的信息渠道、全部的生产渠道、全部的资金（支付）渠道、全部的物流渠道，甚至还包括全部的顾客移动渠道等。互联网+渠道营销策划其定义为：个人或组织为了实现目标，以互联网+思维的立足点在全部渠道（商品所有权转移、信息、产品设计生产、支付、物流、客流等）范围内实施渠道选择的决策，然后根据不同目标顾客对渠道类型的不同偏好，实行针对性的营销定位，并匹配产品、价格等营销要素组合策略。互联网+渠道营销策划管理就是对互联网+渠道营销进行分析、规划和实施的过程。

（一）为何要进行互联网+渠道营销策划

根本原因是我们的顾客已经移动终端化了。我们只能以互联网+渠道营销策划来满足顾客的全新变化。我们身边，从小学生到70岁的老者，都在过着互联网+的生活。他们通过网上渠道购买，网上渠道参与设计、生产，网上渠道收货、还进行网上渠道评价、反馈、传播。互联网即生活。因此，互联网+渠道营销策划必须渗透到业务活动的每一个环节。顾客会在互联网+渠道营销里搜寻。当顾客决定购买一辆汽车时，下班途中就会留意马路上的汽车品牌和造型，走进自家电梯间会关注墙面上的平面汽车广告，进家后习惯性地打开电脑进行网络搜索和查看评论，边做饭边用手机发微信征求好友的购车体验，饭后坐在电视机前留意汽车广告，同时用iPad浏览汽车网页，第二天上班时与同事进行面对面地交流用车心得，有时间还要去汽车4S店逛一逛。传统营销信息不对称时代已经结束了。今天时代已经进入信息透明化、碎片化、自媒体的时代，顾客搜集信息使用的渠道越来越多。因此，要用互联网＋渠道营销策划来服务顾客群的互联网＋渠道营销信息搜集，要求企业考虑是否提供互联网＋渠道营销信息，否则将丧失被顾客发现和选择的机会。

（二）顾客会在互联网＋渠道营销状态下进行购买选择

以往顾客选择商品包括如下决策：购买谁的商品，选择什么品牌。在互联网＋渠道营销状态下的顾客还要加上一个决策：是否参与商品设计和生产。互联网＋渠道营销顾客群在选择商品时有两个明显的特征：一方面是利用诸多渠道进行比较，这是因为商品选择是建立在信息搜集基础上的，顾客进行互联网＋渠道营销搜集信息，自然就会进行覆盖线上线下互联网＋渠道营销的商品比较；另一方面，个性化特性会使他们参与商品的设计和制造，顾客期望新产品带来更多的好处，就会投入更多的精力参与产品的设计，如耐克的运动鞋、家具、订制的西装及酒类等。为什么顾客参与设计和制造的热情高涨起来？除了个性化社会来临之外，还有一个重要原因是互联网等信息技术的发展，提供了顾客参与的便利性，既可以通过线上完成，也可以通过线下完成，同时设计过程也变得简单化，无非是现有板块或图案的取舍和组合。同样，3D打印技术也将为订制化社会制造业奠定坚实的基础。企业与顾客共同设计出自己满意的产品，然后打印出来。产品是独特的，品质是有保障的。3D打印技术将极大地推动渠道营销的创新。因此，顾客群的互联网＋渠道营销商品比较，要求公司考虑是否进行互联网＋渠道营销商品展示和说服，否则你会由于信息不充分而被顾客淘汰掉；顾客群的互联网＋渠道营销参与产品设计，要求企业考虑是否进行互联网＋渠道营销的顾客参与产品设计（包括是否允许顾客改变设计和是否互联网＋渠道营销让顾客参与设计），否则你会由于产品的过度标准化而失去个性化的顾客群体。

（三）顾客更多会选择"互联网＋渠道营销"模式购买实体类产品

狭义的购买过程包括下订单、付款、收货等三个阶段，以往这三个阶段基本是在一个时间和空间完成的。换句话说，是通过单一渠道完成的，例如都是在一家百货商店或是超级市场完成的。在多屏幕的互联网时代，普遍存在着互联网＋渠道营销购买的现象。一个最为简单的例子是：顾客在网上挑选自己满意的商品，然后去实体店铺进行实物查看和试用、试穿等，用手机拍照发给闺蜜征求意见，如果满意，再去网店下订单，用手机支付，通过快递公司将商品送达自己小区的便利店，自己下班后去便利店拿取。这位顾客购买过程的完成，无论是下订单，还是付款、取货，都面临着多种渠道选择，每次选择也带有一定的随机性。因此，顾客群的互联网＋渠道营销购买，要求企业考虑是否进行互联网＋渠道营销销售，否则你会由于顾客购买过程选择余地有限而失去他们。

（四）顾客更多会选择"互联网＋渠道营销"模式消费服务类产品

对于一些文化、教育和娱乐类型的商品，呈现的商品形态为信息形态，可以不依赖于物质实体而存在，这就催生了线上消费的模式，例如可以通过PC机、iPad和手机在网上读报刊、玩游戏、听课程，也可以看电影、听歌曲等，同时为了有现场体验，也可以读实体报刊，到教室听课，去电影院看戏等。在地铁里我们会看到有人拿着报纸看新闻，但更多的人是用手机浏览着网页或是刷微信，而当人们回到家里时，是手机、iPad、电视、实体书刊同时享用的状态。因此，顾客群的互联网+渠道营销消费，要求教育、出版、文化、艺术、影视等机构进行互联网+渠道营销引导，否则会由于顾客的互联网+渠道营销消费而被淘汰。例如，今天纸媒已经风光不再了，下一个受到巨大冲击的会是电视、教育、文化等行业。可以想象，未来会有一大批学校、医院、影院、剧院、音乐厅、书店消失。

（五）顾客更多会选择"互联网+渠道营销"模式反馈和传播消费体验

人类天生就有表达和分享的本性，特别是对于感到好的和不好的，就更会与他人分享，互联网和移动网催生的微博、微信、帖子、Email等使人们的分享和传播变得简单、迅速和广泛。例如，一个演员的嫖娼事件，一夜之内就会引起网站、微信、微博、短信、报刊、电视等全媒体的关注。一个洋快餐店的食品材料出了问题，也会如同将一块巨石扔在水中，很快会引起无限延伸的传播涟漪。同样，一位顾客的赞美可能仅仅选择一条渠道，但是抱怨一定会是互联网+渠道营销抱怨，抱怨越深选择的渠道会越多。因此，顾客群的互联网+渠道营销反馈，要求企业必须考虑是否进行互联网+渠道营销提供与顾客沟通的路径，及时接受和处理他们的赞美和抱怨，否则你会由于反应不及时而给企业带来灭顶之灾。

总之，今天的顾客处于互联网+渠道营销的生活状态，他们进行互联网+渠道营销搜寻、选择、购买、消费和反馈，一家遵循以顾客为导向的公司必须考虑进行"互联网+渠道营销"策划。

步骤三　互联网+渠道营销案例

新战略：如何认知互联网+渠道营销策划。

如何进行互联网+渠道营销策划，这是一个当前十分现实而紧迫的难题，很多公司都在探索和实践，路径还不是十分清晰，但有些经验和教训为我们提供了有益的选择方向，特别是张强这样的小型传统企业主，面临的挑战更为紧迫。

■ 知识链接

（一）树立"互联网+渠道营销策划"思维

近些年流行的一句话是"树立互联网思维"，这个概念有点大而泛。我们提出更为具体的"树立互联网+渠道营销策划"思维，"互联网+渠道营销策划"思维至少包括三方面的内容。

"互联网+渠道营销策划"的决策视野：在营销决策过程中，全面了解线上、线下的所有渠道类型，否则就有可能漏掉你的顾客，严重影响企业的销售额和利润额，从而决定企业的生存与发展。不能把互联网+渠道营销仅仅视为全部的销售渠道，而是包括企业全部的生产、销售活动，并与互联网+渠道营销顾客行为一一相对：顾客互联网+渠道营销搜集信息—企业互联网+渠道营销提供信息，顾客互联网+渠道营销设计产品—企业给予相应的互联网+渠道营销途径，顾客互联网+渠道营销下订单—企业互联网+渠道营销接受订单，顾客互联网+渠道营销付款—企业互联网+渠道营销收款，顾客互联网+渠道营销收货—企业互联网+渠道营销送货，顾客互联网+渠道营销消费—企业互联网+渠道营销引导，顾客互联网+渠道营销评论—企业互联网+渠道营销倾听。

跨渠道的决策视野：在营销决策过程中，必须想到多种渠道形式的交叉和融合。一方面实现线上、线下的融合，这需要破除"线上是电商的，线下是实体零售商"的分工意识，无论是线上，还是线下，都是为了更好地为顾客服务的；另一方面实现不同渠道之间的融合，过去顾客的所有购买过程常常在一条渠道完成，今天是通过多种渠道方式完成一次购买过程，企业决策必须与这种情景相匹配。

（二）设计互联网+渠道营销策划

互联网+渠道营销策划并不是指每一家企业，或者每一家企业的每一类产品都采取全部渠道类型，而是指在备选框里列出全部渠道，然后根据企业、市场、竞争和产品情况选出适合的部分渠道类型进行组合或者整合。从实践来看，互联网+渠道营销策划模式是多种多样的，大多数涉及线上、线下渠道的交叉和融合，都涉及企业的信息提供、商品展示体验、接受订单、收款、送货、售后服务、反馈处理等7个基本环节，甚至不同类型的商品和服务采取的模式也是有差异的，这里绝不是每一个环节都是互联网+渠道营销或者多渠道。

尽管互联网+渠道营销策划模式千差万别，其实无非是各种渠道功能在企业营销过程中每一个环节的具体分配，由此就会形成互联网+渠道营销策划模式设计的基本选择模型。每一家公司都可以运用这个框架图来选择互联网+渠道营销策划模式，以成功进行互联网+渠道营销策划管理的小米手机来说。小米在营销周期的每一个环节，都考虑了互联网+渠道营销策划的战略。目标顾客选定为手机发烧友，属性定位于低价格的智能手机，利益定位于省钱地享受智能手机的体验。如何实现这一定位点？就是根据目标顾客特征，通过互联网+渠道营销战略与顾客购买过程的匹配进行营销要素的组合。

【案例4-1】小米公司的崛起

> 小米开发了小米手机、MIUI系统（应用商店）和米聊三大业务板块，利用微博、微信、论坛、贴吧、空间等新媒体与顾客互动，让顾客参与手机和应用系统的设计，在线上线下（后者指移动运营商、小米之家和授权维修点）

销售手机和应用系统,进行售后服务,接受正反两方面的使用评价,在小米论坛中也有谩骂小米的帖子,但是小米不去删除。小米社区到目前为止有4000万人注册,"小米公司"粉丝超过400万人;小米手机粉丝超过1000万人。这些人又会影响很多人,由此就有了庞大的目标顾客群。由于采取互联网+渠道营销(特别是线上渠道)开发客户的策略,节省了大量的顾客开发和广告成本;由于采取了互联网+渠道营销(特别是线上渠道)分销产品的策略,节省了大量的分销成本。而线下分销的价格为1500元手机的零售价格构成为:生产成本500元左右,代理商和零售商的加价分别为300元和500元,还有200元左右的广告费用。互联网+渠道营销节省的大量成本用于研发新的产品和给顾客提供低价的好产品,小米智能手机仅售1999元,实现了省钱地享受智能手机体验的定位点。

【案例4-2】成功进行互联网+渠道营销策划和管理的一个玫瑰花品牌

roseonly 目标顾客是都市白领,锁定其中的1000万人,满足他们用最美丽的玫瑰花传递爱的诉求,因此营销定位于"爱"。有趣的是在其粉丝达到40万人时,80%是女性,但购买群体中70%~80%是男性。目标顾客在购买玫瑰花时,会在互联网+渠道营销状态下搜集信息,选择最好的玫瑰花,互联网+渠道营销完成购买过程,消费过程也会多渠道地与朋友分享,发微信、发微博、口碑传播等。为了表达高贵、浪漫的爱情定位点,公司在全世界选择最好的玫瑰花——厄瓜多尔玫瑰,而且选择最好的皇家玫瑰种植园,在园中百里挑一,为了避免交叉感染,每剪一枝玫瑰换一把剪刀,空运进口。包装也是精心设计,花盒上有提手便于提拿。顾客可以根据自己的需求在网上和实体店铺定制。为了表达爱,公司采取了高价格策略,一枝道歉的玫瑰零售价399元,表达爱的玫瑰平均零售价为1000元。信息通过网站、网店、名人微博、微信、Email,以及实体花店等进行互联网+渠道营销的广泛传播,诉求的主题为"一生送花只给一个人"。顾客下订单、交款也可以采取线上线下的互联网+渠道营销形式,不过需要进行身份认证,一旦注册了,一生就只能给一个人送花,公司不会负责给第二个人送花,哪怕顾客已经移情别恋了,以突显"一生爱一个人"的价值定位。顾客可以到实体花店自提,也可以接受送花上门,与京东、天猫送货员不同,送花者都是时尚、帅气的小伙子,还有外国帅哥。最后,也是通过互联网+渠道营销与顾客进行沟通、搜集评论、解决抱怨等。人们对小米和玫瑰花品牌的成功有着不同的解释,但

> 无疑是互联网＋渠道营销策划与管理的成功。因此，大变革时代要求企业进行互联网＋渠道营销策划与管理。

我们知道，在一些风口上猪也能飞起来，但是，如果风小了，飞不上天，风太大了，掌控不了，被摔死的猪也都是在风口上。作为企业决策者，最好放弃投机心理，老老实实地进行互联网＋渠道营销策划并坚定执行。

张强如何进行互联网＋渠道营销策划？

一是张强要调整销售渠道。从街道超市调整到小区超市。当前，人们购买生活用品的渠道已经从街道超市调整到大型连锁超市，人们开着小车到大型超市购物，一周的生活用品一次就购买完成。但人们生活在小区中，有时，一些急需要的生活用品，不可能开车到超市去买。因此，小区超市反而有存在的需要与价值。

二是张强要高度重视线上线下结合。全面实施互联网＋渠道营销策划。充分利用微博、微信、论坛、贴吧、空间等新媒体与小区及周边顾客互动，让顾客参与超市物品的供给、物品的定价、物品的销售，让超市的物品陈列，包括物品来源等所有可以公开共享的信息与小区及周边顾客共享，小区超市，就是为小区居民生活得更美好而存在的产品大冰箱，而且有产品专家把关，线上选，线上订，线上支付。可自己取产品，也可由超市按规定时间配送等。总之，小区超市以要全心全意地充分发挥好线上线下的优势，进行十分有针对性的"互联网＋渠道营销策划"，为建设幸福和谐小区做出贡献，为每一位小区居民的幸福生活做出贡献。

三是张强要在销售服务过程中充分而合法且自愿的情况下掌握小区居民的非隐私信息，为小区居民提供订制化针对性服务。要建立小区居民大数据，结合我国的节气、居民消费特点等充分进行渠道营销策划，全心全意为每一位顾客的差异化提供可能的服务。

三、网络营销渠道策划

网络营销渠道策划是网络经济时代的一种崭新的营销理念和营销模式，是指借助于互联网络、电脑通信技术和数字交互式媒体来实现营销目标的一种营销方式。

中国作为仅次于美国的第二大互联网市场，庞大的网民群体，形成了巨大的网络消费群体和网络营销空间。网络营销渠道就是商品和服务从生产者向消费者转移过程的具体通道或路径，完善的网上销售渠道应该有订货、结算和配送三大功能。传统的营销渠道与网络营销渠道相比，在作用、结构和费用等方面有所不同，网络营销渠道策划的作用是多方面的。

步骤一 理解网络营销渠道含义

(一) 网络营销渠道的概念

网络营销是企业整体营销战略的一个组成部分,是为实现企业总体经营目标所进行的,以互联网为基本手段营造网上经营环境的各种活动。网络对消费者行为有着巨大影响,企业的网络营销越来越大程度上影响到其整个营销战略的成败。新媒体是利用数字技术、网络技术、移动技术,通过互联网、无线通信网、卫星以及电脑手机、数字电视机等终端,向用户提供信息和娱乐服务的传播形态和媒体形态,本文研究的新媒体主要是指以智能手机为代表的网络终端。

网络营销渠道是利用互联网提供可利用的产品和服务,以便使用计算机或其他能够使用技术手段的目标市场通过电子手段进行和完成交易活动。网络营销渠道与传统营销渠道一样,以互联网作为支撑的网络营销渠道也应具备传统营销渠道的功能。营销渠道是指与提供产品或服务以供使用或消费这一过程有关的一整套相互依存的机构,它涉及信息沟通、资金转移和事物转移等。一个完善的网上销售渠道应有三大功能:订货功能、结算功能和配送功能。

营销渠道:新媒体对大众的消费行为产生了深刻的影响,消费者的购买行为也不再依赖于广告和促销,企业应顺应消费者行为的改变,把握机会,积极开拓新媒体营销渠道,利用好新媒体的优势,转换营销观念和模式,弥补传统网络营销的不足,从而达到更好的营销效果。

传播渠道:网络营销简单来说就是把企业的信息广泛地传播到受众群体当中去。但是,如今,网络垃圾信息泛滥,用户对广告信息已经产生一定的"免疫功能"。网络营销效果越来越低,传统的即时通讯、邮件列表、信息群发的营销模式已经不能达到很好的网络营销效果。用户已经从被动接受信息转为主动筛选信息。所以,如何通过合理的方式把有用的信息传递给精准的用户,是所有企业和网络营销机构要考虑的问题。

(二) 网络营销渠道分类

网上直销:网上直销与传统直接分销渠道一样,都是没有营销中间商。网上直销渠道一样也要具有上面营销渠道中的订货功能、支付功能和配送功能。网上直销与传统直接分销渠道不一样的是,生产企业可以通过建设网络营销站点,让顾客可以直接从网站进行订货。

通过与一些电子商务服务机构如网上银行合作,可以通过网站直接提供支付结算功能,简化了过去资金流转的问题。对于配送方面,网上直销渠道可以利用互联网技术来构造有效的物流系统,也可以通过互联网与一些专业物流公司进行合作,建立有效的物流体系。

中间商:由于网络的信息资源丰富、信息处理速度快,基于网络的服务可以便于搜索产品,但在产品(信息、软件产品除外)实体分销方面却难以胜任。出现许多基于网络（现阶段为 Internet）的提供信息服务中介功能的新型中间商，可称之为电子中间商。

新媒体-微信-网络营销：随着智能手机、平板电脑等新媒体的普及，各种手机应用软件通过网络迅速传播开来。"微信"是腾讯公司 2011 年初推出的一款智能手机应用软件，在短短几个月内实现用户量过亿，成为手机 APP 市场下载量最大的应用软件之一。在带来大量广告收益的同时，微信也因其区别于一般网络媒介的特点为企业的网络营销提供了一种新的渠道。

已有的针对新媒体与网络营销研究中多将新媒体的发展作为研究背景，而没有实质性地探讨如何利用新媒体开展网络营销的问题，本文通过分析企业基于微信平台的网络营销模式，探讨了企业如何开拓新媒体这一网络营销渠道的问题，为企业的网络营销策略提供一些建议。

(三) 网络营销渠道特点

在传统营销渠道中，中间商是其重要的组成部分。中间商之所以在营销渠道中占有重要地位，是因为利用中间商能够在广泛提供产品和进入目标市场方面发挥最高的效率。营销中间商凭借其业务往来关系、经验、专业化和规模经营，提供给公司的利润通常高于自营商店所能获取的利润。但互联网的发展和商业应用，使得传统营销中间商凭借地缘原因获取的优势被互联网的虚拟性所取代，同时互联网的高效率的信息交换，改变着过去传统营销渠道的诸多环节，将错综复杂的关系简化为单一关系。互联网的发展改变了营销渠道的结构。利用互联网的信息交互特点，网上直销市场得到大力发展。因此，网络营销渠道可以分为两大类：一类是通过互联网实现的从生产者到消费（使用）者的网络直接营销渠道（简称网上直销），这时传统中间商的职能发生了改变，由过去环节的中间力量变为直销渠道提供服务的中介机构，如提供货物运输配送服务的专业配送公司，提供货款网上结算服务的网上银行，以及提供产品信息发布和网站建设的 ISP 和电子商务服务商。网上直销渠道的建立，使得生产者和最终消费者直接连接和沟通。

另一类，是通过融入互联网技术后的中间商机构提供网络间接营销渠道。传统中间商由于融合了互联网技术，大大提高了中间商的交易效率、专门化程度和规模经济效益。

同时，新兴的中间商也对传统中间商产生了冲击，如美国零售业巨头为抵抗互联网对其零售市场的侵蚀，在 2000 年元月开始在互联网上开设网上商店。基于互联网的新型网络间接营销渠道与传统间接分销渠道有着很大不同，传统间接分销渠道可能有多个中间环节如一级批发商、二级批发商、零售商，而网络间接营销渠道只需要一个中间环节。

(四) 网络营销渠道策划主要内容

渠道功能：一是订货系统。它为消费者提供产品信息，同时方便厂家获取消费者的需求信息，以求达到供求平衡。一个完善的订货系统，可以最大限度降低库存，减少销售费用。

二是结算系统。消费者在购买产品后，可以有多种方式方便地进行付款，因此厂家（商家）应有多种结算方式。目前国外流行的几种方式有：信用卡、电子货币、网上划款等。而国内付款结算方式主要有：邮局汇款、货到付款、信用卡等。

三是配送系统。一般来说，产品分为有形产品和无形产品，对于无形产品如服务、软件、音乐等产品可以直接通过网上进行配送，对于有形产品的配送，要涉及运输和仓储问题。国外已经形成了专业的配送公司，如著名的美国联邦快递公司，它的业务覆盖全球，实现全球快速的专递服务，以至于从事网上直销的 Dell 公司将美国货物的配送业务都交给它完成。因此，专业配送公司的存在是国外网上商店发展较为迅速的一个原因所在，在美国就有良好的专业配送服务体系作为网络营销的支撑。

步骤二 掌握网络营销渠道策划

（一）网络营销渠道策划模式

由于网上销售对象不同，因此网上销售渠道策划是有很大区别的。

一般来说网上销售主要有两种方式。

一是 B2B，即企业对企业的模式，这种模式每次交易量很大、交易次数较少，并且购买方比较集中，因此网上销售渠道的建设关键是建设好订货系统，方便购买企业进行选择；由于企业一般信用较好，通过网上结算实现付款比较简单；另一方面，由于量大次数少，因此配送时可以进行专门运送，既可以保证速度也可以保证质量，减少中间环节造成损伤。

二是 B2C，即企业对消费者的模式，这种模式每次交易量小、交易次数多，而且购买者非常分散，因此网上渠道建设的关键是结算系统和配送系统，这也是网上购物必须面对的门槛。由于国内的消费者信用机制还没有建立起来，因此开展网上购物活动时，特别是面对大众购物时必须解决好这两个环节才有可能获得成功。

在进行网络销售渠道策划时还要注意产品的特性，有些产品易于数字化，可以直接通过互联网传输；而对于大多数有形产品，还必须依靠传统配送渠道来实现货物的空间移动，对于部分产品依赖的渠道，可以通过对互联网进行改造以最大限度提高渠道的效率，减少渠道运营中的人为失误和时间耽误造成的损失。

在进行具体网络营销渠道策划时，还要考虑到下面几个方面。

首先，从消费者角度设计渠道。只有采用消费者比较放心、容易接受的方式才有可能吸引消费者使用网上购物，以克服网上购物"虚"的感觉。

其次，设计订货系统时，要简单明了，不要让消费者填写太多信息，而应该采用现在流行的"购物车"方式模拟超市，让消费者一边看物品比较选择，一边进行选购。在购物结束后，一次性进行结算。另外，订货系统还应该提供商品搜索和分类查找功能，以便于消费者在最短时间内找到需要的商品，同时还应对商品提供消费者想了解的信息，如性能、外形、品牌等重要信息。

再次，在选择结算方式时，应考虑到实际发展的状况，应尽量提供多种方式以方便消费者选择，同时还要考虑网上结算的安全性，对于不安全的直接结算方式，应换成间接的安全方式。

最后，关键是建立完善的配送系统。目前，我国已形成了以阿里为首的菜鸟配送体系，以京东为首的自营配送体系，还有实力强大的顺丰物流等，对网络渠道营销策划有很大的支撑作用。

(二) 传统网络营销渠道策划特点

传统的网络营销下，企业通常采取建立企业网站、投放网络广告以及网络促销活动的形式来进行网络营销。这些网络营销通常的渠道都是以PC机为主的上网终端，采用大众传播的形式。

一是企业网站。企业网站是企业最早采用的网络营销渠道，通过建立企业网站，能为大众了解企业提供一个窗口，也有利于企业形象的传播。企业通常在其网站上发布有关企业文化、公司简介、产品或服务简介、企业荣誉等信息。尽管企业网站能够在一定程度上促进其产品或服务的推广，但这种营销方式被动且不易到达目标客户群，网民也很少会因其产品或服务主动去关注某个企业网站，营销效果不佳。

二是网络广告。相比企业网站，企业网络广告是一种有效的网络营销方式。网络广告的形式包括网页广告、媒体视频广告、网络软文等。相比传统媒体广告，网络广告的投入费用较低，可以通过高覆盖率和频次帮助企业迅速树立品牌。但是另一方面，正是由于网络广告投放的费用较低，网络上充斥的各种广告太多，容易引起网民的厌恶情绪，可能造成事倍功半的效果。

三是网络促销活动。以团购为代表的网络促销形式也是企业网络营销的重要渠道，团购在形式上找准了公众心理，商家通过与团购网站合作，推出低折扣的产品，吸引消费者前往体验商家的产品或服务，对商家留下印象从而进行二次消费。团购的形式在推行初期广受追捧，然而因为产品价格上的折扣往往导致用户体验低于预期，进行二次消费的概率并不高，并不是一种长期有效的网络营销方式。

(三) 企业利用新媒体开展网络营销渠道策划

一是注重口碑营销。在新媒体条件下，受众不仅仅是企业营销活动的目标，网络媒介已使得他们成为传播者。消费者会将自己对企业产品或服务的体验与评价传播到网络上，或是在自己的朋友圈进行传播。而在新媒体时代，决定消费者购买决定的最有影响力的因素是来自网络上的评价和朋友圈中的口碑。因此企业在利用新媒体进行网络传播时，尤其应该注意在用户群中树立良好的口碑。

二是产品订制，精准营销。用户希望得到什么样的产品，我们就生产什么样的产品，这是 4C 营销理念的核心观点。然而当下用户的需求越来越个性化，商家难以通过市场调查了解每一个用户对产品的需求，达到订制的需求。而新媒体却可以在一定程度上满足这种需求，用户通过微博、微信等平台与商家进行沟通获得订制的信息和产品。传统形式的广告不易被受众接受的原因就在于其内容的定位不够精准，而新媒体为商家提供了了解客户信息的机会，企业应充分利用这种机会进行广告内容的精准定位。

三是利用搜索引擎营销。据中国互联网络信息中心在京发布第 41 次《中国互联网络发展状况统计报告》，报告对个人互联网搜索引擎应用使用情况进行了分析。数据显示，截至 2017 年 12 月，我国搜索引擎用户规模达 6.4 亿，使用率为 82.8%，用户规模较 2016 年底增加 3718 万，增长率为 6.2%。

（四）开展网络营销渠道策划的三个要点和六大方案

传统行业放弃线下渠道，专攻网络营销是不现实的。传统行业可以采取线上交易线下体验的方式，在线上拓展品牌影响力，在线下进行体验销售。

三个要点：一是未来的发展趋势，肯定是线上线下渠道的融合。一个传统企业单靠线上或单靠线下都是不行的，线上渠道要拓展到线下，线下渠道要拓展到线上。现在几乎所有传统线下企业都想发展到线上渠道，这是市场发展的大趋势。只要企业在品牌营销上实现统一性，在渠道服务上保持一致性，线上选择交易，线下体验提货是完全能够实现的。

六大方案：我们要通过网络营销渠道的建设与维护，在网络中树立优秀的网络品牌形象。一是战略整体规划：市场分析、竞争分析、受众分析、品牌与产品分析、独特销售主张提炼、创意策略制定、整体运营步骤规划、投入和预期设定。二是营销型网站：网站结构、视觉风格、网站栏目、页面布局、网站功能、关键字策划、网站 SEO、设计与开发。三是传播内容规划：品牌形象文案策划、产品销售概念策划、产品销售文案策划、招商文案策划、产品口碑文案策划、新闻资讯内容策划、各种广告文字策划。四是整合传播推广：SEO 排名优化、博客营销、微博营销、论坛营销、知识营销、口碑营销、新闻软文营销、视频营销、事件营销、公关活动等传播方式。五是数据监控运营：网站排名监控、传播数据分析、网站访问数量统计分析、访问人群分析、咨询统计分析、网页浏览深度统计分析、热门关键字访问统计分析。六是如何推广：所有的企业、专家、学者都开始讨论电子商务、网络营销，讨论如何运用当下最流行的电商工具——微博、博客、搜索引擎等来进行网络营销，做好企业市场推广和品牌建设，而在市场推广的过程中，抢占市场份额无疑是企业都集中关注的焦点，于是众多的企业在转战网络来推广自身产品的同时也不忘多方面地发展渠道建设——立竿见影的网络广告推广；B2C、C2C 电商平台代理；团购渠道合作；网络营销渠道外包。

（五）网络营销渠道策划管理分析

上游服务商对营销渠道的管理实质上就是要通过一系列的管理手段和方法，比如增加渠道成员合作，防范渠道成员冲突，鼓励渠道成员发展等，进而实现渠道成员之间关系和谐、渠道销售能力增强和整个营销体系功能最优、效率最大的目标。渠道管理直接关系到渠道营销活动功能的发挥、服务质量等，营销渠道的管理重点在于渠道政策管理和渠道激励管理。渠道政策对于渠道运作的规范与导向作用是不可忽视的，没有好的渠道政策也就不会有成功的渠道可言。渠道政策实际上关系着整个渠道的健康发展。

就服务商而言，它的营销渠道政策主要包含有市场区域划分政策、主打产品宣传政策、促销政策、价格体系政策、客户服务政策及渠道成员分成政策等，这些政策实际上形成一个整体的营销政策体系。

网络营销渠道策划管理的关键在于两点：一是制定科学的行之有效的渠道管理政策以保证整个营销体系高质量的运转；二是对所有营销渠道成员都必须坚决执行已经制定好的政策，以保证渠道的畅通和对外服务的一致性。门户或服务商首先要明确地认识到渠道代理商是独立的经营实体，有自己的目标、利益和策略。代理商首先是客户的采购代理，然后才是门户或服务商的销售代理，只有企业客户愿意购买网络营销服务产品，代理商才有兴趣经营。因此，上游服务商应根据代理商的这些特点，采取必要措施，对其进行合理的渠道激励管理，以使整个营销体系达到最优化。根据代理商在营销体系中所起的作用合理分配利润。为提高代理商的积极性，可以制定便于量化管理的分级返点制度，便于加大对完成业务量较大者的激励；帮助代理商提高自身的发展能力，比如，为代理商提供信息、技术咨询和定期提供产品培训，帮助代理商提高销售服务能力等；上游服务商和代理商之间保持稳定的长期伙伴关系。对一些业绩良好、市场拓展能力强、忠诚度高、积极贯彻落实上游服务商政策的代理商加大扶植力度和资源支持，帮其做大做强。从无到有，从小到大，在这几年内，一批网络渠道企业的迅猛崛起，已经开始成为决定门户竞争命运的关键力量之一。它正在改变着亟待信息化的中小企业的生存环境，影响着网络服务市场的营销方式。"得渠道者得天下"，门户或服务商的营销网络建设，以及与渠道企业的关系即将面临全新的调整与整合。

网络渠道营销策划顾问职能有六个方面。一是网站建设监理：网络营销顾问作为网站建设投资方聘用的第三方监督机构，负责对网站建设实施管理，包括数据库选择及设计思路、内容规划、页面布局、功能实现等工作流程进行全方位跟踪监督，及时向网站建设投资方和实施方提出合理化建议，提出整改方案。二是网站建设规划：针对吸引与留住客户访问的网站规划，网站的价值决定了网络营销的效果，也决定了客户访问的效果，无论是形象、品牌或者是产品的宣传，必须提升网站的价值。根据企业特点、行业特点、网络特点帮助企业合理规划企业的网站，从色彩、布局、功能、服务等各方面规划企业的网站，从而使其对于访问者更具有价值。没有价值或者规划不合理的网站是无效的网站，也不能真正发挥网站的效益，所有网站建设的投入也将起不到效果，更是无法开展网络营销的工作。三是网络营销整体规划：通过对客户的行业特点、企业特点、产品特点及竞争对手的深入了解和分析提出企业的整体网站规划和实施步骤说明书。在参与网站建设过程中，及时对设计人员给予营销导向设计思路的指导。

四、"互联网＋渠道营销策划" 新趋势—新零售

传统零售面临着渠道分散、客户体验不一、成本上升、利润空间压缩等多个困局。新零售将从单向销售转向双向互动，从线上或线下转向线上线下融合。因此新零售要建立"全渠道"的联合方式，以实体门店、电子商务、大数据云平台、移动互联网为核心，通过融合线上线下，实现商品、会员、交易、营销等数据的共融互通，向顾客提供跨渠道、无缝化体验。阿里巴巴则将其总结为"三通"即"商品通""会员通""服务通"。

步骤一　理解"互联网＋渠道营销策划"下的新零售

新零售就是运用人工智能及大数据等先进的技术手段，将线上服务和线下体验完美融合的零售新模式。电商与线下实体不再是竞争对立的关系，而是融为一体共赢的关系，零售不再是简单的进行销售导流，而是融入了企业文化、品牌价值的消费体验享受，新零售的最终形态是现有电子商务平台逐渐消失，取而代之的是企业拥有自己线上云平台＋线下个性体验门店＋新物流的生态体系。亚马逊的全新线下零售书店便是新零售颇具特色的应用案例，满满的黑科技结合个性化的视觉享受，完全以人的喜好为中心陈列商品，每一本书都有评分和条形码还附有读者书评，有点像豆瓣读书的现实版，消费者可以自由扫码同时看到线上和线下的售价，无论是线上和线下消费，用户得到的不再是冷冰冰的书本，而是实实在在的读书享受。

在国内也有多家企业试水新零售体验门店，阿里旗下的生鲜电商盒马生鲜除了琳琅满目的食材，更有现场料理尝鲜，有点像多功能超市＋生鲜美食城的结合体，三只松鼠更是将线下门店打造成虚拟现实的萌文化即视体验店，注入了自身企业文化和品牌价值的灵魂。事实上，传统零售是以商品为核心满足人的基本需求，新零售恰恰是以人为核心延伸商品的使用价值。新零售的表现形式没有固定的形态，它是零售实体店转型的趋势和方向。它可以是线上线下全面融合的渠道零售O2O，也可以是统一连锁体验式消费，又或是服务业的零售＋产业生态链等。

新零售的机会在于能够潜移默化地改变消费者的生活习惯，形成一套完整的消费价值体系。零售不再是千篇一律地陈列商品，而是反映出一群人的消费风格和个性价值观。通过五官感受的冲击来影响消费者的直观感受，从而传递企业的

价值观和塑造企业的品牌文化。一旦消费者的生活方式和消费习惯形成一种可摸索的规律，那么企业可以通过更加精准的人群细分找到潜在的消费者人群，从而形成粉丝经济。现在传统零售为什么难做？缺少的就是线上数以万计的忠实粉丝，只要你的商品质量OK，消费者又喜爱你的零售消费体验，口碑不就自然而然地传开了吗？一个优质的忠实顾客往往能够影响一群有相同价值观的消费者。笔者认为，未来新零售一定是通过技术＋品质＋体验的多重组合重构实体经济的商业形态，消费者的认知正在经历从满足基本需求到提高决策效率再到追求消费体验的这样一个过程，就好像马斯洛需要层次理论一样，每一个阶段都会经历一次需求升级，要想顺应零售新时代的潮流，就必须在商品中注入企业的灵魂。

步骤二　新零售的特征

当前的小企业及小个体工商户倾向于研究流量、转化、直通车等方面营销渠道策划，把注意力又一边倒地投放到网络营销渠道策划中，其实，线上线下的融合，"互联网＋渠道营销策划"正当其时。只有掌握"互联网＋渠道营销策划"才能跟上当前飞速发展的时代，才能事半功倍。2017年是新零售元年，未来的商业形态将出现利润率增加，消费订制化和精准化，资产证券化等新特征。商业的本质就是提供给顾客创造价值的服务或产品，同时实现商业主体收益。获得收益的多少，只取决于创造价值的大小，和其他任何因素都无关。商业正在越来越接近这个逻辑。互联网＋渠道营销策划必须关注新零售领域新特征。

特征一："新零售"促进"新业态"。

从消费结构升级讲，重点领域和方向包括服务消费、信息消费、绿色消费、时尚消费、品质消费。同时，"新零售"与重点消费领域跨界、融合生成"新业态"是必然趋势，也代表着新的消费域和消费模式的产生。购物中心里的凯撒旅游体验店则不单单是开了个店铺，而是旅游业与零售空间的跨界体验；微整形、月子会馆、中医馆等医美健康与购物中心结合而成就消费新生态；来跑吧进入购物中心结出全民体育跨界消费的新果实。凡此种种，行业升级与"新零售"融合产生的消费"新业态"代表着未来发展的大机遇。

特征二："生活理念与模式"的升级

消费领域首当其冲的升级方向当是"生活理念与模式"，同时由于生活理念、模式与人的物质、精神关联的深度和广度，亦蕴含了未来发展的最大能量。人的诉求是动态延续的，而人的生活理念与模式是进化更新的，这是消费升级最大的源泉。总之，生活理念与模式能够覆盖商业的全维度空间，不但可以对传统品牌、空间、文化赋予新的消费内涵，还可以创造新的消费形式。

特征三：品质、价值与情怀合一

未来消费，将一改曾经的日常、琐碎，而极具炫耀之能事的奢侈消费也将低调从容起来。与此相对应的，将是高性价比与极致情怀的消费畅行。线上线下的产品在品质、功能、价格上的区别均将消弭，消费者将从以往注重价格的理性消费逐渐转化为注重服务的感性消费，以情感诉求建立品牌才能得到消费者的认同。此时的差别就是情感与情怀，"可能是格调，可能是个性，可能是潮流，可能是创新，甚至可能是某种态度、某种情感、某种连接。"未来，主打性价比与情怀的消费品将涵盖每一个领域，成为常态。

特征四：小众、定制化、文化格调

如果说"性价比与情怀"是大众消费产物的话，那"小众、定制化和文化格调"则是消费者的一个"小特别"。每一个人都是独特的，每一个人都有与众不同的需求和欲望，其实每一个时代都是这样的，只是在彰显个性、崇尚自由的时代才能受到关注，也才能形成巨大的市场。满足、适应和挖潜个人化、小群体的需求，消费的品牌、内容和服务就要有其独特性。为小众标新立异，为独有个性定制，将充满个体表达的文化格调融入消费当中，未来亦为常态之一。

特征五：自由、透明与平等的全球化消费

对消费者而言，未来消费信息、渠道、场所都是自由、透明与平等的，国内国外消费者从消费观念、流行趋势、认知获取、消费价值、机会权利上趋同。人们更多地与国外主流阶层消费看齐，更多的国外主流品牌进入，同时人们也不再盲目地追求大牌，而是更多地选择品质、理念与性价比兼具的消费品牌，比如轻奢侈品牌。与此同时，由于线上线下的消费融合分化以及消费全球化，海淘、跨境电商类全球精选类品牌服务依然机会很多。

特征六：物以类聚的社交群体与亚文化结合

共同的兴趣是最直接的消费动力，也让有共同消费观的群体聚合，同时互联网加速了消费群体的地域化、社交化与去中心化，消费群体的小众化重组、亚文化聚合，代表新区块的分离和新消费的产生，社群重组、社交需求和亚文化满足，产生了多元消费的动力机制。

特征七：消费体验注重文化、艺术、人文等

价值多元、文化多元、审美多元是经济、文化发展的必然趋势。文化、艺术、人文的消费创造以及其与商业空间、品牌内涵、价值观念的跨界连接，产生的消费想象力是无限的。

特征八：科技推动创新，引领消费升级

从体力到脑力，科技是人类解放的最大动力，消费升级同样离不开科技的创新力量。AI 人工智能、3D 打印、大数据、云计算，不管是科技应用还是创新思维的突破，都可能产生改变和颠覆消费本身的力量。为此，科技作为第一生产力也将作为消费最强大的核心驱动力。企业只有把握消费者升级的趋势才能抓住未来。

步骤三　新零售的发展前景

（一）线上线下融合是未来大趋势

无论是阿里巴巴还是京东，都在不断地发展线下。京东在发展自营物流并且逐步完善，淘宝也在线下加强云仓库和自营菜鸟物流的建设。而且用户对电商的商品要求、用户体验也越来越高，纯电商的企业已经很难适应现今的市场，故零售业的未来必然是线上和线下的一体化，二者优势互补，也就是现在所提到的"新零售"模式，实质也是O2O模式。O2O模式其实也不是一个新概念，几年前顺丰速运就在探索并尝试O2O模式，并成立"顺丰优选"依托线上电商平台与线下社区门店，为用户提供日常所需的全球优质美食，并且一直营运至今。而国内两大电商公司阿里巴巴和京东都在开拓"新零售"模式。阿里与苏宁合作组建猫宁电商公司，希望通过苏宁强大的线下实体店弥补阿里巴巴线下的不足；而京东则选择与沃尔玛和腾讯合作，沃尔玛增强京东在线下实体店的能力，腾讯则在社交领域提供京东更好的线上能力。在国外，亚马逊也在不断创新发展O2O模式，在2016年12月大胆地展示了第一家没有收银台的实体店——Amazon Go，用户完成购物只需进入超市、选择商品、离开超市三个步骤。超市利用传感器发现货架上缺少的商品，并将其自动添加到顾客的虚拟购物车。其宗旨是，为顾客免去排队的烦恼，让实体店购物变得像网上购物一样快捷。

（二）阿里"互联网+渠道营销策划"最新成果"新零售盒马鲜生的尝试"

盒马鲜生是阿里巴巴对线下超市完全重构的新零售业态。盒马是超市，是餐饮店，也是菜市场。消费者可到店购买，也可以在盒马App下单。而盒马最大的特点之一就是快速配送：门店附近3公里范围内，30分钟送货上门。盒马鲜生多开在居民聚集区，下单购物需要下载盒马App，只支持支付宝付款，不接受现金、银行卡等任何其他支付方式。实际上，在强推支付宝支付背后，是盒马未来将对用户消费行为大数据挖掘的野心。阿里巴巴为盒马鲜生的消费者提供会员服务，用户可以使用淘宝或支付宝账户注册，以便消费者从最近的商店查看和购买商品。盒马未来可以跟踪消费者购买行为，借助大数据做出个性化的建议。

盒马首家店上海金桥店目前每天平均营业额可达100万元左右，已经实现单店盈利。华泰证券2016年12月的研报显示，盒马上海金桥店2016年全年营业额约2.5亿元，坪效（编注：每坪的面积可以产出的营业额）约5.6万元，远高于同业平均水平（1.5万元）。盒马实现用户月购买次数达到4.5次，坪效是传统超市的3～5倍。此外，盒马用户的黏性和线上转化率相当惊人。线上订单占比超过50%，营业半年以上的成熟店铺更是可以达到70%，而且线上商品转化率高达35%，远高于传统电商。目前，成熟门店如上海金桥店的线上订单与线下订单比例约为7:3。

盒马未来主要将服务三类人群。第一，晚上大部分时间在家的家庭用户。第二，基于办公室场景推出针对性便利店或轻餐。第三，周末会去超市带着孩子出去走走的用户。物流体系与传统零售最大区别是，盒马运用大数据、移动互联、智能物联网、自动化等技术及先进设备，实现人、货、场三者之间的最优化匹配，从供应链、仓储到配送，盒马都有自己的完整物流体系。这一模式需要盒马前期投入很大。盒马鲜生的单店开店成本在几千万元不等。店内挂着金属链条的网格麻绳是盒马全链路数字化系统的一部分。能做到 30 分钟配送速度，在于算法驱动的核心能力。盒马的供应链、销售、物流履约链路是完全数字化的。从商品的到店、上架、拣货、打包、配送任务等，作业人员都是通过智能设备去识别和作业，简易高效，而且出错率极低。整个系统分为前台和后台，用户下单 10 分钟之内分拣打包，20 分钟实现 3 公里以内的配送。

盒马在价格上也具有一定优势。盒马鲜生超市和线上 APP 上的价格显示，上海本地菜中常见的青菜、鸡毛菜、生菜、韭菜仅需 1.5 元/包，空心菜、菜心、红米苋、香芹、油麦菜、茼蒿菜仅 2.5 元/包，价格低于传统菜场 10% 以上。没有中间环节，每天从崇明、奉贤等地的蔬菜基地直采直供，经过全程冷链运输并精细包装后，直接进入盒马鲜生超市冷柜售卖，商品卖不完当晚销毁，盒马不收取供应商一分钱的进场费，将全链条上节省下来的费用，直接补贴到消费者的身上，确保了盒马在微利情况下将该模式可持续运作。盒马在 2017 年内全国范围内开设至 20 家门店，扩展到杭州、深圳等城市。阿里巴巴创造盒马，不是单单为了要在线下开店，而是希望通过线上驱动淘系消费数据能力，线下布局盒马与银泰商业，以及和百联、三江购物等开展更丰富的合作形式。模式可行后，其数据能力和技术能力会对合作伙伴开放共享。

2018 年 1 月 31 日，阿里巴巴旗下的网红超市"盒马鲜生"在成都红牌楼商圈莱蒙都会正式开业。"盒马鲜生"是阿里巴巴的新零售主力军，莱蒙都会是落地成都的首家门店，共 6000 多个生鲜产品在售。"盒马鲜生"通过全球直采模式，从产品源头上确保了产品的高品质，缩短了供应链成本。成都，作为一个典型的内陆城市，成都消费者对活海鲜有巨大的消费需求，"盒马鲜生"为成都消费者对生鲜商品的消费提供了一个极高性价比的新选择。为了更好地满足成都消费者的口味，"盒马鲜生"对产品进行改良，特意开发海鲜小火锅、鱼头火锅；海鲜加工也增加了鲜椒、泡椒、豉椒等三种经典川式辣炒方法，让海鲜吃出满口的川味儿。就算是买一根葱，一棵白菜他也免费送到家，在超市的顶上有个输送带，所有的外卖打包打好后从这个输送带运送出去。收到顾客在 APP 上的订单，工作人员马上捡装，通过智能悬挂链系统，10 分钟以内完成打包的一系列操作，再由专职骑手最快 20 分钟送到。"盒马鲜生"进入成都市场后，预计 2018 年会开出 15 家。目前，在上海、北京、成都等 8 个城市已经开设了 30 家门店，盒马鲜生呈现出良好的发展态势。

▨ 任务拓展

一、基础知识

（一）判断

1. 渠道营销策划就是找到产品通路。（　　）
2. 渠道营销策划对企业来说不十分重要。（　　）

3. 渠道营销策划需要重点考虑的要素有三个。( )
4. 网络营销渠道策划与传统营销策划完全不同。( )
5. 网络渠道营销策划对企业具有十分重要的意义。( )
6. 网络营销渠道策划是未来渠道策划主流。( )

(二) 简答
1. 什么是渠道营销策划？
2. 简述渠道营销策划的新趋势。
3. 互联网+渠道营销策划的意义是什么？
4. 什么是网络渠道营销策划？
5. 简述网络渠道营销策划的新趋势。

二、能力训练
1. 渠道营销策划六个C指的是什么？
2. 请用渠道营销策划知识来分析五粮液白酒的营销渠道现状。
3. 如何对企业进行互联网+渠道营销策划？
4. 用互联网+渠道营销策划来对五粮液白酒的营销渠道进行全面重新策划。
5. 企业利用新媒体开展网络营销渠道策划主要内容是什么？
6. 网络营销渠道策划顾问的职能是什么？

项目五 促销策划

项目引入

薛平作为公司营销策划员工,需要掌握广告策划、公共关系策划和推广推销的相关知识,并根据市场和公司的实际情况选择合理的广告、推销等策略。

知识目标

掌握广告策划的要素及其步骤。
掌握公共关系策划的内容及策略。
掌握营业推广策划的方式与策略。
掌握人员推销策划的策略与技巧。

技能目标

初步具备广告策划的能力。
初步具备公关策划的能力。
初步具有营业推广策划的能力。
初步具有推销策划的能力。

项目任务

认识促销策划方式与促销策划的基本程序。
广告策划的实施程序与内容。
公关策划的实施程序与内容。

营业推广策划的实施程序与内容。
人员推销策划的实施程序与内容。

项目实施

一、认识促销策划

任务目标

认识各种促销策划方式,分析各自的优缺点,掌握促销策划的基本程序。

工作任务

认识广告策划、公共关系策划、营业推广策划、人员销售策划的优缺点,根据企业的产品和市场状况,选择搭配运用各种促销方法。

任务实施

在实施企业促销策划之前,营销者应该先了解促销的各种方式,这样才能从企业的实际出发,在有限的促销预算下达到最佳的促销效果。由于策划是一项复杂的工作,所以必须熟悉策划的基本程序。

步骤一 了解促销策划的含义

在进行促销策划活动之前,首先需要了解促销策划的概念,掌握促销策划的四种方式,即,广告促销、公共关系促销、营业推广以及人员促销。

知识链接

(一)促销策划的概念

促销是指企业通过各种有效的方式向目标市场传递有关企业及其产品(品牌)的信息,以启发、推动或创造目标市场对企业产品和服务的需求,并引起购买欲望和购买行为的一系列综合性活动。因此,促销的实质是企业与目标市场之间的信息沟通,促销的目的是诱发购买行为。

促销是企业市场营销组合中的基本策略之一,促销常见的方式有:人员促销和非人员促销两大类,其中,非人员促销包括广告、公共关系和营业推广等方式。

为了有效地与消费者沟通信息,企业可以通过广告来传递有关企业及产品的信息;可以通过各种营业推广的方式来增加消费者对产品的兴趣,进而促使其购买;可通过公共关系的方式来改善企业在公众心目中的形象;可通过人员,面对面地说服消费者购买产品。另一方面，在促销的过程中，消费者又可以通过多种途径将企业和产品以及竞争的信息反馈给企业，使企业能及时准确地掌握市场信息，为下一步的生产经营提供有益的参考。由上可见，促销是信息的双向沟通过程，而且是不断循环的双向沟通。

（二）不同促销方式对比

不同的促销方式具有不同的优点和缺点，在企业的营销策划过程中，应该根据实际情况进行选择和整合。不同的促销方式比较如表 5-1 所示。

表 5-1 不同的促销方式比较

	沟通方式	促销功效	优点	缺点	时效性
广告	靠媒介进行传播、单向沟通	提高企业及产品的知名度	传播范围广、形式多样、可控、人均成本低	信息传播量有限、总成本高	中长期
公共关系	间接促销手段、双向沟通	树立良好的公众形象	客观、可行度高	可控性差	长期
营业推广	直接促销手段、单向沟通	短期内增加销售量	直接、见效快、可控性高	某些推广方式成本高	短期
人员促销	面对面、双向沟通	与顾客建立良好关系	针对性强、灵活性大、见效快	成本高、覆盖范围有限、预算困难	中长期

步骤二 掌握促销策划的程序

在了解促销策划的概念以及四种常见的促销策划方式的基础上，想要制定一份完整的促销策划方案，就需要掌握促销策划的基本程序。

知识链接

促销策划的基本程序如下所示。

1. 策划背景分析

在开展促销策划之前，首先要对策划的背景进行充分的分析，同时还应开展深入的市场研究，通过对市场、消费者、竞争者的了解，把握企业市场营销环境的真实情况。

2. 确定促销目标和促销对象

促销目标是基础，促销目标大致可以分为三类：刺激短期销售、扩大市场份额、塑造品牌形象，促销目标的确定可以为今后的策划指明方向，在确定企业具体目标之后，企业要进一步确定促销的对象，也就是促销信息的沟通对象。

3. 确定促销的内容与方式

在促销的目标和对象确定后，促销的主题是什么？需要向沟通对象传递的信息又是什么？这些信息将怎样传递给促销对象？这些将是促销策划的核心内容，促销的主题与内容需要有良好的创意，而信息传递的方式会受到产品、促销目标、促销对象、促销策略、产品的生命周期等因素的影响。促销方式的选择可以根据企业自身的需要选择不同的方式，也可以根据需要进行不同的组合。

4. 制定具体实施计划

促销往往具有一定的时间期限，促销的内容也并非单一，有效的促销活动还需要其他促销形式与营销手段的配合，所以需要制定促销活动的具体内容以及时间安排。

5. 撰写促销策划方案

促销策划方案是促销策划内容的具体表现，在促销策划方案中，除了上述内容，还应对促销的预算进行编制，对促销的可行性以及预期效果进行评估。

二、广告策划策略

任务目标

了解广告策划的基本概念，熟悉广告策划的基本步骤与方法，对产品进行市场调查与分析，制定广告的目标、定位以及广告活动的内容，完成广告策划的方案。

工作任务

中国的酒文化源远流长，产品数不胜数，为了能在激烈的市场竞争中赢得消费者的青睐，各大厂家使出浑身解数，加大广告投入力度，在电视、广播、路牌、报纸、杂志等方面投入了大量的资金和人力，创意独特的广告随处可见。宜宾作为中国的酒都，五粮液品牌享誉大江南北，选择五粮液的某新产品进行分析，通过广告活动的整体规划与安排，扩大新产品的知名度与市场占有额。

任务实施

选择产品—分析市场—确定广告目标—选择广告媒介—制定广告实施计划—撰写广告策划方案。

步骤一　了解广告策划基本内容

为一款产品，乃至一个企业制定一份切实可行的广告策划，首先需要了解广告策划的内容及其特性。

知识链接

（一）广告策划的含义

所谓广告策划是在广告调查基础上围绕市场目标的实现，制定系统的广告策略、创意表现与实施方案的过程。这一定义包含三个相互连接、相互支撑的环节。

（1）在市场调查基础上围绕市场目标的系统策略；

（2）按照这一策略原则展开的创意与表现形态；

（3）向市场推广切实可行的广告策划方案。

广告策划有宏观、微观之分。宏观广告策划又称为整体广告策划，它是对在同一广告目标下的一系列广告活动的系统性预测和决策，即对包括市场调查、广告目标确定、广告定位、战略战术制定、经费预算、效果评估在内的所有运作环节进行总体策划。微观广告策划又称为单项广告策划，即单独地对一个或几个广告运作全过程进行的策划。无论是整体的还是单项的广告策划，其目的就是以创意的方式提供产品的"附加价值"，增加企业在竞争中的机会，使产品提升为"品牌"，引发品牌转移和品牌忠诚。

（二）广告策划的要素

一个完整的广告策划包括以下五大核心要素。

1. 策划者

即广告的作者，他是广告策划活动的中枢和神经，在广告策划中起着"智囊"的作用，广告策划者必须思维活跃、知识渊博、想象力丰富，并且具备多学科以及营销的知识，具有创新精神和素养。

2. 策划依据

它是指策划者必须拥有的信息和知识。一般包括两个部分：其一是策划者的知识结构和信息存储量，这是进行科学策划的基本依据；其二是有关策划对象的专业信息，如企业现状、产品特征、市场现状、广告投入等这些信息是进行策划活动的重要依据。

3. 策划对象

它是指广告主所要宣传的商品或服务。策划对象决定着广告策划的类型，以广告主为对象的广告策划属于企业形象广告策划，以某一商品或服务为对象的广告策划为商品销售广告策划。

4. 策划方案

它是策划者为实现策划目标，针对策划对象而设计创意的一套策略、方法和步骤。策划方案必须具有指导性、创造性、操作性和针对性。

5. 策划效果评估

它是对实施策划方案可能产生的效果进行预先的判断和评估，据此可以评判广告策划活动的成败。

广告策划的五大要素相互影响，相互制约，构成一个完整、系统的有机体系。

（三）广告策划的特性

广告策划具有自己鲜明的特征。

1. 目标性

进行广告策划时，应明确广告活动应达到的目的。它是创造名牌企业、追求社会效益、保证广告策划顺利进行的关键，也是确定广告效果的基本依据。

2. 系统性

即对整个广告活动的运筹规划。从横向看，它表现在对策划对象的各个方面、各个环节进行权衡。通过权衡，可以客观地估计自己所处的环境。从纵向看，广告策划的系统性体现在广告活动的各个环节都要保持统一性。比如广告目标的统一性，广告策略的统一性，广告媒体、表现形式的统一性等，这种系统性的广告策划可以减少广告活动的随意性和无序性，逐步累积广告效果，从而最大限度地实现广告目标。

3. 变异性

它是指广告战术策划的变异性，虽然广告战略策划必须具有相对的稳定性，才能保证在策划期限内广告的活动方向的正确性和目标的明确性，但是广告战术必须具有非常强烈的适应性，具有一定的弹性和灵活性。因此，一个成功的广告策划是依据市场变化而变化的策划，而不可能是个永恒不变的策划。

4. 创造性

这是贯穿广告策划全程，确立和表现广告主题的一种创造性思维活动。面对大众媒介大量的广告信息，消费者已产生对广告反应的迟钝和倦怠，对广告真正有兴趣的消费者并不多。富有创造性的广告策划，能充分利用产品利益的能力和对消费者期待的承诺，并以有效而容易记忆的方法把它们表现出来。

5. 可行性

它是指广告策划的方案在现实中是否切实可行。不具备可行性的策划方案，不管是怎样充满新意，都是毫无实用价值而言。广告策划必须遵循经济效益和社会效益的统一。

步骤二 掌握广告策划运作过程

掌握了广告策划所包含的内容，结合产品特点以及企业的实际情况，根据广告策划的运作流程，制定详尽的广告策划方案。

▇▇▇ 知识链接

（一）一般程序

广告策划的一般流程或程序分为三个阶段。

1. 调查分析阶段

广告策划方案，主要是解决企业营销中的某个问题或实现某个特定目标，因此策划的最主要程序就是设定清楚而准确的目标。为了达到既定的目标，首先要对策划环境进行分析，主要是开展市场调查、消费者调查和产品调查，分析研究所取得的资料，才能有针对性地制定出广告战略和广告策略，并使广告策划建立在科学和可靠的基础之上。

2. 拟定计划阶段

这是策划者产生构想的阶段。主要内容有：第一，确立整体广告战略。这是确立策划的大致方向。大致方向是围绕着目标与问题，结合环境因素而确定的。第二，确立广告目标。广告目标与广告战略是相辅相成的。广告战略是围绕着目标提出的，又赋予目标以更明确的方向，而广告目标是广告战略实施的核心环节。第三，确定广告中的具体策略。策划人找到了解决问题、达到目标的具体方法，如营销策略、媒介策略等。这样广告策划的构想就显得清晰与完整，具有现实的可行性。第四，形成广告策划书。广告策划书能够呈现一个具体、直观的广告活动过程，是见之于文字的方案，也是广告活动的"蓝本"。

3. 执行计划阶段

这是广告策划活动的具体组织与实施。根据策划方案，首先可以开始广告的设计制作，并把广告作用于媒介发布，配合以其他促销活动等。在实施后注意收集对广告效果的评价与营销情况的反馈，以便及时总结经验，不断提高广告策划的效果。

（二）具体步骤

企业在进行广告策划中，一般应遵循图 5-1 的具体步骤。

1. 前期准备

企业与广告公司洽谈，介绍企业情况和要求，签署合作协议，初步掌握企业和市场基本情况。

2. 调研分析

通过问卷、访谈等方式进行市场调查，并对调查内容归纳、整理、分析，对营销环境及经济、产业政策、政治、法律、文化等进行定量定性分析，提出结论性意见。

3. 产品分析

企业与广告公司一起研究找出产品在市场上存在的问题、机会点、消费者购买理由、竞争产品比较等。

4. 广告受众分析

根据前期分析，寻找出现的和潜在的目标消费群，进行有针对性的广告宣传活动。

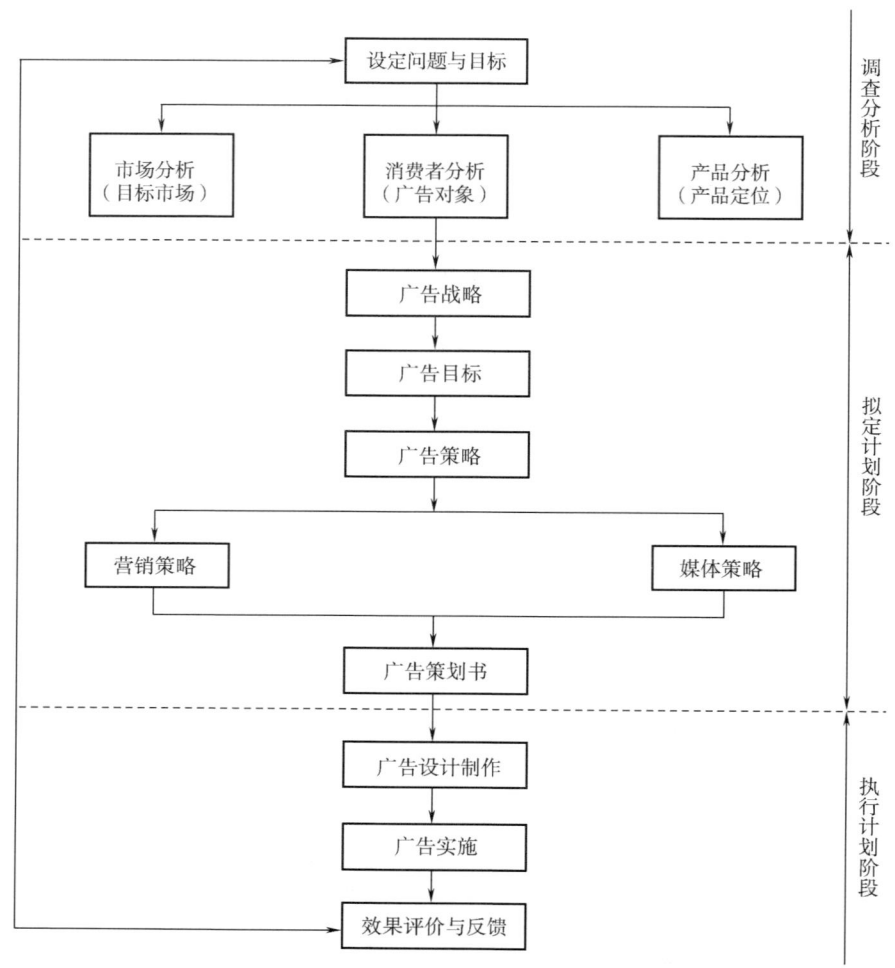

图 5-1 广告策划流程图

5. 竞争分析

对现有的和潜在的竞争对手，从企业发展、产品特征、营销广告策略等方面进行分析研究，找出自身的优势与差距。

6. 广告目标确定

在以上分析的基础上，确定具体的广告目标。如提高知名度、抑制对手宣传、品牌价值、劝服消费者、改变消费观念、提升短期的消费量等。

7. 确定目标市场和产品定位

选择确定和细化目标市场，确定产品进入策略。结合市场和广告定位，寻找出产品在市场中的位置，进行不同的市场产品定位。

8. 广告诉求与创意策略

提炼确定广告所传达的中心思想，针对诉求的对象、内容、要点和方法，提出创意的概念和具体操作要求。其中诉求点是企业产品广告的"卖点"，卖点要能给消费者带来实际利益。

9. 广告表现执行策略确定

针对以上分析，需要将广告诉求和创意策略付诸实施、确定广告的创意方案、媒体的发布策略、促销组合策略等，最后以强有力的表现以整体的媒体组合运作传播给目标受众。

10. 制定实施计划

将广告策略具体化，制定出实施的方法步骤等计划方案。

11. 确定广告预算分配

广告预算分配方案一般由广告合作公司制定提出。广告经理要及时与企业沟通，使广告公司按企业资金状况制定预算。

12. 广告计划实施的效果评估

为确保广告计划的有效实施，应对广告效果进行评估监控，及时反馈各种信息，修正调整不合理的内容。

13. 广告工作总结

在广告计划实施结束后，对整个广告的运作做出总结评价。尤其对工作中存在的问题做出客观的分析总结，提出可操作的改进方案，对其中成功的典型案例可在企业内外进行宣传，形成二次传播，扩大影响力。

【案例 5-1】脑白金广告策划

在保健品史上刮起阵阵旋风的脑白金，在极短的时间内就启动了市场，在两三年内即创造了十几亿元的销售奇迹，由此给保健品行业重新树立了信心。

脑白金的成功不是保健品史上的偶然性，而是历史的必然性，能够正视自己，以史为鉴，是脑白金成功的前提。从脑黄金到脑白金，其策划方式正好折射出营销时代的大变革，即从"引导消费模式"向"跟踪消费模式"的转变。

"引导消费"是太阳神开创的，认为只要广告做得漂亮，形象做得精美、上档次，即便产品不好，消费者也会争相购买。"追踪消费"是北派营销的亮点，三株就是"追踪消费"的杰出代表。"追踪消费"不追求企业形象的完美，以新、奇、特的手法，炒出一个个火爆的产品，掀起市场阵阵狂澜，神龙见首不见尾。

还是在1995年，巨人脑黄金以"引导消费"的市场操作方法，取得了巨大成功。但不妙的是，"巨人大行动"运用这种操作模式，却遭到彻底惨败。事实证明，消费时代正在悄悄变革。

脑白金的营销策划，完全遵循了"追踪消费"模式，一切以消费者为中心，把消费者的需求放在第一位，在策划产品与市场时，要百分之百地按照消费者的需求去创意，在战略上实行从"卖方市场"向"买方市场"转移。痛定思痛后的巨人首脑，能够彻底反思，清醒意识到营销环境的变迁，重新开发新品，调整思维，脑白金迅速成功也是意料之中的。

1. 产品策划

（1）功效基础　睡眠与肠道问题一直是困扰中老年人的难题，因失眠而导致睡眠不足的人比比皆是。据资料统计，国内至少有70%的中年妇女存在睡眠不足现象，90%的老年人经常睡不好觉，市场是如此之庞大，而安眠药又被公认为有副作用，不便于长期服用。另外，有肠道障碍的中老年人依旧大有人在，市场潜力极大。因睡眠与肠道不好而引发的病症相当多，如精神不振、容颜衰老、脸色灰黄、便秘、体质虚弱等多种病态，这些都是脑白金的潜在需求，由此可见，推出脑白金的市场潜力之大。脑白金解决睡眠与肠道难题，效果相对较明显，见效也快，这也是消费者普遍最关心的，老百姓买保健品治病的观念仍然存在。

（2）命名　脑白金的命名，体现了产品的档次感。将一个有着睡眠与肠道功效的产品，提升到大脑层面，而且是大脑的白金体，提高了产品的价值。直观上命名给人的印象很神乎，在商业竞争上，它回避了功效的档次感，避免了同类产品命名相似的可能，将自己定位成一个完全独特的、与众不同的产品，令竞争者望尘莫及。此外，脑白金命名直观、朗朗上口，易记、利于传播，有品质感、显档次，也符合本土化特点。同时，产品命名也体现了它的巨人情结，与脑黄金仅一字之差，而且白金比黄金更珍贵。

（3）定位　脑白金以中老年人为主要消费对象，而且仅限于大中城市，这在价格上表现得很明显，68元/盒，平均每天7元钱的消费水平，正好处于保健品价位的中等层次。一般小城镇、农村以及非富裕地区中老年人很难消费，这就是脑白金在富裕地区销量远远大于非富裕地区的原因。脑白金也难以再由地级市向县城渗透（江、浙部分城市除外），脑白金定位走的就是城市化路线。

谈到脑白金的包装，相当多的设计师可能会不屑一顾，认为缺乏创意，尽管加上了洋人的头像，也改变不了土里土气的本色。但就是这个包装，却历经多次修改，在多次市场验证后，才确认定稿，这可能是纯粹美感创意与市场操作实用性的区别吧。

（4）形态　脑白金的形态是由胶囊与口服液复合而成，两者各有功能偏向，而这种复合型的产品在国内不多。脑白金在形态上，避开了睡眠类和肠道类产品的跟进，有效地回避了竞争风险，同时也可诉求缓解中老年人的多种病态，这也是进口脑白金（只有胶囊）无法比拟的优势。将两种功效反应明显的成分叠加在一起，使脑白金别具一格，创出了自己的特色。

（5）理论支持　创意脑白金最感到得心应手的是其理论的支持，脑白金的主要成分"MELATONION"，1995年在美国引起轰动，相当多的专家、学者将其研究成果以书籍和论文的形式公布出来，即刻引起了"MELATONION"狂热。之后，在台湾、香港、日本等地也掀起了"MELATONION"热潮，这一切都为国内脑白金的面市提供了充分的背景依据与新闻材料。有了"MELATONION"的专业书籍与上万篇论文支持，为脑白金的产品内涵注入了新的活力，也为产品理论体系的形成提供了重要科学依据。

从脑白金的产品力来看，已经相当强势，理论也好，学术也好，功效也好，产品的命名与包装形态也好，都符合中国特色。有了这些基础支持，接下来就是如何创意，将科技转化为成果。

2. 市场定位策划

（1）年轻态定位　长生不老，益寿延年，是人类生生不息追求的意境，从远古历代帝王的"长生之路"可窥见一斑。衰老是可怕的，步入中老年的中国老百姓没有几个人不担心衰老：女人怕容颜易逝，更年期到来，体态臃肿，美丽不再；老人怕疾病缠身，老态龙钟，卧床不起，不久人世。这是人性的弱点。"年轻态"的感觉真好！脑白金把握住了这个深层次的心理需求，创造出了"年轻态"的大概念，何惧中老年人不对脑白金跃跃欲试呢？

有了"年轻态"的创意，什么色斑啊、老年斑啊、更年期啊、皱纹啊、白发啊，各种老年性疾病都可迎刃而解，衰老是万恶之源，保持"年轻态"生活更有质量，这是公认的定律。

（2）礼品定位　中国是个礼仪之邦，从古到今，中国人一直崇尚礼仪，"礼尚往来""来而不往非礼也"，更论证了中国人的礼品情结。脑白金将一个保健品提升到礼品的高度，不仅仅拓展了自己的市场范围，而且令所有保健品都汗颜。在国人的礼品清单里，脑白金还成为烟、酒、钱等其他礼品的竞争品，已远远超出健康品的圈子。同时从"今年过节不收礼，收礼只收脑白金"的字里行间所透出的霸气，似乎有惟我独尊的意味，这种果断、舍我其谁的气势，使脑白金坐上了健康礼品的头把交椅。"脑白金就是用来送礼的"这种观念已深植人心，很多人提到礼品就想起脑白金。

脑白金礼品的定位策略，不仅仅为自己赢得市场的第一占位，而且也为健康品开创了礼品市场。之后，从其他保健品的广告宣传中，我们也能闻到浓浓的礼品火药味，如昂立的"健康迎接新世纪，昂立送礼更有礼"；恒寿堂的"千禧龙年送健康，送礼就送恒寿堂"；椰岛鹿龟酒的"好礼送给至亲人"；以及北极神海狗油的"人人都为礼品愁，我送北极海狗油"等。

其实，"送礼"并不是脑白金最先提出的，红桃K很早就在谈送礼，三株也鼓动过送礼，但"礼品"概念始终没能跳出，这也与其功效诉求策略有关。谈到红桃K，我们就会想到补血；说到三株，我们就想到调理肠胃；提到脑白金，我们就想到送礼。脑白金礼品的知名度远远高于其功效知名度，从调查数据显示，脑白金的礼品销量是功效的2倍。消费者购买脑白金时，购买动机已经超出了健康范围，纯粹是谈送礼，这也是消费行为不成熟的一种表现，但同时也证明了脑白金策划人员对消费行为、市场本土化特征的洞察能力。

谈及礼品，就不能不说它的核心基础——功效。脑白金在宣传策略上重礼品轻功效，也会导致市场年度销售的不平衡。按照常规，节庆日做礼品市场，非节庆日做功效市场，两者互相补充，共同维护品牌的销量。但实际并非如此，脑白金功效缺少脍炙人口的广告语，让人无法一下子记住它的功能，其电视宣传明显偏重于礼品市场。这也是市场选择的结果，脑白金从没有放弃过对功效的诉求，从导入市场到成熟期，不都是以功效开道的吗？只是媒体有别，市场区域有别，消费者的接受程度有别，所以礼品成了相当多老百姓的第一印象。相反，功效印象就会滑坡，进入市场淡季，各种反应就相当明显。

如果说"送礼"是脑白金在健康品中以定位法则取胜的法宝，那么我们同样可以推断，"礼品"是不是脑白金给消费者最清晰的印象定位？如果是，那要改变这种思维习惯就很难。老百姓已习惯于一个产品对应一个概念的思维定势，作为策划人员，只能去影响这种习惯，在必要时，或潜移默化或强力造势去影响他们。

3. 广告策划

广告"软文"，并非只是脑白金的专利，三株、红桃K也做过软文，只是没有将软文深耕细挖，做得如此透彻，没有将软文系统化、科学化与分类化，没有充分发挥软文的威力，进行优化组合，运用到营销中去。脑白金建立了一套行之有效的软文体系，投放市场后，极具威慑力，这就是脑白金独创的营销奇迹。

脑白金采用软文策略，启动市场，其实也有其主观性与客观性原因。主观上，"巨人"危机后，企业资不抵债，一贫如洗，如何重新振作，重建巨人？脑白金很早就在酝酿之中。但如以保健品作为第二次创业的拳头产品，必须有很好的卖点，要找到行业以及营销方面的突破口。况且在目前消费市场不成熟的年代，广告是最重要的营销利器，企业必须具备相当的资金，必须有高投入、高风险意识，而巨人没有。如采用软广告，则可以回避高额资金投入，以相对较少的营销费用，以报纸、书刊等非电波媒体为宣传载体，独树一帜，另行其道，或许可能创造奇迹。脑白金策划人员必须更加冷静、严谨、实事求是。

4. 本土化策划

脑白金是一个地地道道的中国产品，按理说，不存在本土化与国际化之说。但这里所说的本土化，是一种切切实实在市场上领悟后，根据本土文化特点而制定的营销策略方案。非常中国化策划符合老百姓的思维与消费潮流，操作执行起来也得心应手。

脑白金在产品开发期，就参照查阅了大量的资料。总结了众多企业由强到衰的经验与教训，包括对巨人集团自己的解剖与反思。保健品史上成功与失败的例子很多，只要潜心研究、总结，就会摸清其成功与失败的个中缘由。珠海巨人集团在1995年推出"巨人大行动"营销大手笔时，就犯了一个严重的错误，企划方案与市场脱节，策划人员远离市场，导致营销方案与市场需求偏离了方向，特别是珠海巨人集团发展后期，策划上表现出严重的主观主义，产品策划逐渐远离了消费者需求。那些生活在珠海特区的"巨人"高层企划人员，其生活观念和消费尺度，和广大内地消费者的现实需求之间的距离，毕竟是太大了。那种蔑视消费者的营销行为，以为广告怎么打，消费者就怎么走，其实是大错特错了。

消费者变了，观念变了，思维也理性了，相应的企业策划手法也要变化。

脑白金在上市前，策划人员切实仔细地摸清了国内保健市场形势，调查了终端，把握了潜在消费者的真实想法，并为特定区域内的准消费者提供产品免费试用，征询服用后的效果与感受。这些重要的一手资料经整理、分析后，为后续的市场策划提供真实可靠的素材与创意依据。关于脑白金的包装，也多次征求过中老年人的意见，经历多次修改，才有了如今的包装形态。

可以说，脑白金真正做到了从消费者的实际出发，以消费者为中心，投其所好。这种完全本土化策略，为脑白金的精彩登场，为其品牌传播，也为其迅速扩张创造了必胜的先决条件。

脑白金的试销远非一帆风顺：先江阴，再武汉，后无锡，最终在无锡一炮走红。在前两次试销中也取得了一定的绩效，至少投入与产出持平，让策划人员看到了希望。经过两次游击试销，脑白金策划人员勇于正视自己，不

> 断修正、调整营销策略，完善了策划方案，充分遵循本土化战略思想，选择更适合自己的样板市场，这是最难能可贵的。
>
> 其实，更富有本土化味道的，还有脑白金的电视广告。"老头版"送礼广告，就是一部地地道道本土化广告片，谈不上什么大创意。要说创意，就数那句家喻户晓的广告语"今年过节不收礼，收礼只收脑白金"，但也土得掉渣，而且广告画面的肢体语言，让男人好生尴尬。但就是这个"土"的表现策略，正好迎合了中国的人文心理。我们是重礼仪的民族，几千年的文化沉淀，也造就了国人的礼仪情结。电视广告中，尽管"大山版"广告片启用了"洋名人"，但表现主题与内容还是从本土习俗出发，依然符合了本土化的营销策略。
>
> 当然，这种本土化思想，还体现在营销的其他方面，如媒体的选择与宣传形式，产品概念的开发与推广，以及终端营销管理等。
>
> 特别值得一提的是，脑白金还定期在各区域进行市场调研，总部营销策划人员要经常下市场，及时收集了解消费者的最新动态，根据需要适时调整策略，时刻从消费者的角度创意方案。如果把这些也归结于其本土化战略思维，也不为过。

三、公关策划策略

■ 任务目标

了解公关策划的概念及其主要内容，熟悉公关策划的基本流程。不同的企业在不同的时期存在着不同的公关目标和内容，能够根据企业不同的公关目标和公关内容选择相宜的公关促销策略。

■ 工作任务

小王是公司的宣传部新人，正值公司准备通过一系列的活动为即将到来的二十周年庆典活动营造气氛，为了完成这项工作，小王需要明确此次活动的公关目的是为二十周年庆营造气氛，接下来就需要根据公关策划的程序，选择合适的公关策略完成此次公关策划活动，达到公关策划的目标。

■ 任务实施

了解公关策划的内容，掌握公关策划的程序，收集公关信息—策划公关目标—公关对象策划—公关策略策划—公关时机策划—公关决策与公关效果评估。

步骤一　了解公关策划基本含义

小王作为宣传部的新人,首先要具备扎实的理论知识,想要达到此次公关活动的目的,首先要了解公关策划的概念,掌握公关策划的内容。

知识链接

(一) 公关策划的内容与功能

所谓公关策划,是指公关人员通过对公众进行系统分析,利用已经掌握的知识和手段对公关活动的整体战略和策略运筹规划,是对提出公关决策、实施公关决策、检验公关决策的全过程做预先的考虑和设想。

这个定义包括如下几层含义。

(1) 公关策划工作是公关人员的工作,是由公关人员来完成的。

(2) 公关策划是为组织目标服务的。

(3) 公关策划是建立在公关调研基础上的,既非凭空产生,也不能囊括所有的公关活动。

(4) 公关策划可以分为三个层次:总体公关战略策划,如某企业的CIS导入、组织形象的五年规划、建设型公关、进攻型公关、防守型公关等;专门公关活动策划,如四通集团向科技奥运会获奖学生赠电脑的活动、壳牌公司为司机发放交通图的活动等;具体公关操作策划,如典礼、联谊会、集资、赞助等。

(5) 公关策划包括谋略、计划和设计三个方面的工作。让公众了解企业,树立企业形象,增强公众的好感和信任,从而乐于接受企业的产品、服务、价格,这就是营销中公关策划的要旨。美国公共关系专家丹尼尔·罗克从十个方面阐述了公共关系策划在营销中的地位和作用,即,①寻找新市场:公共关系宣传能从顾客中划分出最有希望的消费者,可以节省调研广告费用。②接近边缘市场:通过公共关系宣传接近接触不多或尚未接触的市场,而无需斥巨资做广告。③提供第三方认可:即新闻媒介的认可比广告与推销宣传更能增加公众的信任度。④争取新消费导向:即通过新闻媒介提供咨询,引导消费新导向。⑤为推销铺平道路:公众通过公共关系活动获得企业与产品的信息,推销便会变得很容易。⑥把企业建成一个重要的信息源:因为编辑或新闻官员寻找一定领域的信息时,他们总是寻找那些在此领域已经成为带路人或专家的企业。⑦有助于推销"次要"产品:利润很小的边际产品不可能进行广告宣传,编辑的努力能取而代之。⑧有助于赋予企业人情味:公共关系宣传中主要有企业管理者与英雄的宣传,使他们的人情味也就辐射到了企业形象之上。⑨扩大促销努力:即通过公共关系活动,使促销宣传更为奏效。⑩更有效地利用宣传品:公共关系人员能使各类小册子增加分量。

由此可见,营销中的公共关系策划,不是直接"推销企业",树立企业的良好形象，而是借助营销活动而间接实现公共关系意旨的。

（二）公共策划的主要内容

主要有以下几个方面。

1. 树立企业形象

帮助企业建立起良好的内部和外部形象。首先从企业内部做起，使员工具有很强的凝聚力和向心力。此外，要加强企业的对外透明度，利用各种手段向外传播信息。让公众认识自己，了解自己，赢得公众的理解、信任、合作与支持。

2. 建立信息网络

公共关系是企业收集信息、实现反馈以帮助决策的重要渠道。由于外部环境在不断地发展，企业如果不及时掌握市场信息，就会丧失优势。公共关系策划可以使企业及时收集信息，对环境的变化保持高度的敏感性，为企业决策提供可靠的依据。

3. 处理公共关系

在现代社会环境中，企业不是孤立存在的，不可能离开社会去实现企业的经营目标，而是在包括顾客、职工、股东、政府、金融界、协作者以及新闻传播界在内的各方面因素组成的社会有机体中实现自身的运转的。公共关系活动正是维持和协调企业与内外公众关系的最有效的手段。企业与内外公众关系的协调主要有三个方面：一是协调领导者与企业职工之间的关系；二是协调企业内部各职能部门之间的关系；三是协调企业与外界公众的关系。

4. 消除公众误解

任何企业在发展过程中都可能出现某些失误。而失误往往是一个转折点，处理不妥，就可能导致满盘皆输。因此，企业平时要有应急准备，一旦与公众发生纠纷，要尽快掌握事实真相，及时做好调解工作。比如，工厂的废气废水污染了环境，就会引起同当地居民及社区的纠纷。这种情况下运用公共关系可起到缓冲作用，使矛盾在激化前及时加以缓解，为企业重新塑造良好的形象。

5. 分析预测

及时分析监测社会环境的变化，其中包括政策、法令的变化，社会舆论、公众志趣、自然环境、市场动态等的变化。向企业预报有重大影响的近期或远期发展趋势，预测企业重大行动计划可能遇到的社会反应等。

6. 促进产品销售

即以自然随和的公共关系方式向公众介绍新产品、新服务，既可以增强公众的购买或消费欲望，又能为企业和产品树立更好的形象。

步骤二　掌握公关策划基本策略

在了解了公关策划内容的基础上，小王还需要掌握公关策划的流程，并根据企业所处时期，以及此次公关策划的目标和内容选择与之相对应的公关促销策略。

（一）公关策划的程序

公关策划一般有以下几个步骤。

1. 收集公关信息

在公关策划中，主要收集的信息包括政府决策信息、新闻媒介信息、立法信息、产品形象信息、竞争对手信息、消费者信息、市场信息、企业形象信息和销售渠道信息等。对所收集的信息要经过整理、加工、分析提炼等过程，最后归档入案，进行科学分类储存。

2. 策划公关目标

公共关系的总体目标是树立组织良好形象。它具有四大要素：传播信息，这是最基本的公关目标；联络感情，这是公关工作的长期目标；改变态度，这是公关实践中所追求的主要目标；引起行为，这是公关关系的最高目标。策划了总体目标之后，还要制定具体的、可测量的、定量化的目标。应根据组织的自身性质、所处的特殊环境与面临的实际问题来制定。

3. 公关对象策划

确定与组织有关的公众是公关策划的基本任务，只有确立了公众，才能选定需要的公众人才、公关媒介及公关模式，才能将有限的资金和资源科学地分配使用，减少不必要的浪费，取得最大的效益。

一般来说，公关对象策划有以下几个步骤：首先要鉴别公众的权利要求，公关在本质上是一种互利关系。

一个成功的计划必须考虑到互利的要求，要做到这一点，就必须明确公众的权利要求。其次，对公众对象的各种权利要求进行概括和分析，先找出各类公众权利要求中的共同点和共性问题，把满足各类公众的共同权利要求作为设计组织总体形象的基础。进行概括和分析时，应注意不要简单地按照公众的规律地位或表面一致性来考察，而应从各种公关的意图、权利要求、观察和行为的一致性等方面来加以考察。

4. 公关策略策划

公关策略是公关策划者在公关活动过程中，为实现组织的公关目标所采取的对策和应用的方式方法与特殊手段。常用的公关策略主要包括以下几种：宣传性公关策略、交际性公关策略、服务性公关策略、社会性公关策略、征询性公关策略、心理性公关策略、开拓性公关策略、发展性公关策略、巩固性公关策略和矫正性公关策略。

5. 公关时机策划

"机不可失，时不再来"，时机对一个公关策划人员来说，可以说是命运之神。抓住机遇，及时公关，可起到"事半功倍"的效果。

6. 公关决策与公关效果评估

公关决策就是对公关活动方案进行优化、论证和决断。它是一项公关策划活动成功的关键。公关方案的优化过程就是提高方案合理值的过程。方案的优化可以从三个方面去考虑：增强方案的目的性，增加方案的可行性，降低耗费。方案优化方法有重点法、轮变法、反向增益法、优点综合法等。评估内容主要是检查公关目标是否实现，核定计划实施的效益，评估公关活动的效果。通过评估使公关活动呈现出一个完整的过程。

（二）公关企划策略

不同的企业在不同的时期存在着不同的公关目标和内容，由此公关策划需要有不同的公关促销策略与之相对应。归纳起来主要有以下几种。

1. 宣传性公关企划策略

即指公关人员运用各种传播媒介，直接向公众传递有关企业及其产品的各种信息，让公众充分了解、关心并支持企业，以形成有利于企业发展的社会舆论以及外部环境。其宣传形式，对内可用企业报纸、宣传栏、板报、广播、讨论会等，对外可利用一切大众传播媒介，如做广告、举办展览会、新闻介绍会等。宣传策略的优点是主导性强，时效性强，传播面广，推广企业和产品形象效果快，因此，这种策略较适用于企业和产品刚进入市场之时，帮助企业迅速在市场上树立良好形象。

2. 交际性公关企划策略

它是通过直接的人际交往进行情感上的联络，为企业广结良缘，建立广泛的社会关系网络，以形成有利企业发展的人际环境和社会环境。其活动形式有：一种是团体交际，如举办各种招待会、座谈会、工作午餐会、茶话会、宴会等。另一种是个人交际。如个人交谈、拜访、祝贺、个人信件往来等。交际策略的特点是直接性、灵活性、人情味强。

3. 服务性公关企划策略

它是公关人员以提供优质服务的手段来博取公众的好感和支持，进而树立企业及其产品的良好形象。它要求：第一，注意实在性，对公众做的事情越实在，越具体，就越有可能使公众产生好的形象，对公众造成正面的影响力。第二，注重服务的实惠性，企业的公共关系活动要从公众的实际需要出发，要注意充分关照公众的利益，对公众让利，努力把服务性公共关系的性质体现出来。第三，提供优质服务，企业要从服务态度、服务内容、服务形式等多方面入手，全面提高公共关系的服务质量。

4. 社会性公关企划策略

它是指企业公关人员直接参与或举办各种社会性、公益性、赞助性的活动来扩大企业的社会影响，提高其社会声誉，赢得公众的信任和支持。社会策略的实施形式一般有三种：一是企业自己筹办社会公关活动。如，企业的开业纪念日，推出新产品介绍展览会等,请来社区中各界宾客参加,借以渲染气氛,联络感情。二是企业赞助社会福利事业。如,赞助慈善事业,文化教育、公共服务设施的建设等,借此在公众中树立企业注重社会责任的形象。三是资助大众传媒,举办各种有益社会文明和进步的活动。如,举办冠以企业或产品名称的"××杯"体育比赛、歌唱比赛等,以此提高企业和产品的社会声誉。

5. 征询性公关企划策略

它是指企业公关人员通过提供信息服务,建立企业与公众之间的联系,运用征询服务的手段,让公众了解企业和让企业了解公众的要求,从而进一步完善企业和产品的形象。企业公关策划中的征询策略的形式主要有:征询调查、征文活动、民意测验、建立信访制度、设立监督电话、处理举报和投诉、进行企业发展环境预测等。

这一策略的特点是长期性、复杂性,需要公关人员具有真诚耐心和智慧,用持之以恒的工作,争取公众的信任和理解。

【案例 5 – 2】雨水公司:"雨水真梦"公关策划

"雨水"是重庆一家企业生产的系列女性护肤用品的品牌名称。企业虽然只有短短几年的历史,但发展的速度很快,如今在全国已经有了相当的名气,其产品销售也已覆盖到了国内的大部分省市。2007 年,"雨水"在杭州市开展了一场"雨水真梦"的公关活动。

公关活动执行中最关键的一点是:在活动启动阶段激发目标受众的兴趣,并在整个活动过程中继续保持和强化她们的兴趣,最后在评选"美梦"的阶段达到高潮。由此,本活动的展开可以分成三个阶段:征梦、说梦、圆梦。公关活动过程中穿插"雨水"产品的广告(单独预算),与活动达成关联,起到呼应效果。

(1) 第一阶段——征梦

"嗨,你梦想的树长高了吗?"

梦想是一棵树,女孩心中的红果树。

她相信有一天自己会摘下那树上的红苹果。

女孩长大了,树也长高了……

她仍然相信有一天总会摘下那树上的红苹果。

梦想在追逐它的时候最美丽,雨水愿意与你共同追逐一个梦想。

就像那树上的红苹果,我们能摘下它吗?梦想能够变为现实吗?

这是 7 月 28 日,《杭州日报下午版》登出的"雨水真梦"公关活动广告。在这之前,"雨水真梦"首次亮相是 7 月 24 日该报"迟桂花"专栏的征文预告。5万份题为《致杭州女孩的一封信》的DM（直邮）在三日之内飞进杭州的千家万户，同时也出现在商场"雨水"产品的柜台上，并且人们如果留意每封信上的编号，还有中奖的机会。只要写下自己一个未了的心愿，于8月31日前寄到"雨水真梦"活动组委会，就会在报纸上看到、在电台里听到那些体现真善美的梦想，就会在电视上看到"雨水"企业出资帮助其中一些幸运的朋友美梦成真。

8月1日起，杭州最热门的电台——"西湖之声"在中午时段推出由当红主持人秋子主持的"雨水真梦"专栏节目，并开通两条"雨水热线"电话，邀请心理学家、人际关系专家和妇女研究专家开始轮流值班接听，与"雨水真梦"的参加者们共话梦想。

通过较大规模的宣传，"雨水真梦"活动启动阶段的宣传获得了较好的效果，为后续的工作打好了基础。

（2）第二阶段——说梦

在8~10月两个月的时间里，吸引目标受众的广泛关注和参与显得非常重要。除了"西湖之声"每天中午的"雨水真梦"专栏，《杭州日报》也辟出"雨水真梦"专栏，开始连续刊登"杭州女人的梦想"。

从此，杭州的女人们开始了一段"梦"的旅程。"雨水真梦"活动如同打开了这个城市情感的阀门。一个个动人的故事，一段段感人的情怀，一个个美好的心愿，流泻出杭州女人的善良和真诚……

8月19日，《杭州日报》和"西湖之声"电台同时刊播了"雨水真梦"活动公告，向西子湖畔的女人们宣布了第一批"梦想成真"者中的两位。

李刚——以非凡的爱心关怀在重庆已90岁高龄的姨母，这里包含一个上一代人从战争年代就开始的离奇经历。8月14日，她登上了飞往重庆的飞机。

朱非白——爱看书的中学小姑娘。没等钱攒齐，心仪已久的百科全书就卖完了，几经周折，通过出版社，赠给她这套书。

（3）第三阶段——圆梦

丹桂飘香的金秋时节，"雨水真梦"活动又产生了第二批幸运的朋友：一位多年来一直想扮演宋庆龄的中学教师，一个喜爱演唱越剧向往着能够过一天戏校生活的工厂女工，一个迷恋古筝求师无门的女孩……

10月24日，《杭州日报》刊出"看彩虹"的播出预告，"雨水真梦"活动将在浙江省有线娱乐台10月24日起播出。于是，这些幸运的朋友，生活中平凡的女人，带着自己的梦想，带着实现梦想的喜悦，相继走上屏幕，出现在杭州人的面前。曾经在电波里为广大听众播讲了一个又一个女人的梦想的"西湖之声"电台主持人秋子也出现在了"雨水真梦，梦想成真"的电视系列节目中。"雨水真梦"活动就此结束。

【案例启示】

梦想,作为人类精神生活的一种高级形态,寄托着人们对真善美的永无止境的深刻追求,这种追求所蓄积的心理势能,为人们各式各样的行为准备了充分的动机。梦想具有拨动人们心弦,尤其是拨动女人心弦的巨大能量。

"雨水真梦"给都市的女人一个做梦、谈梦,特别是实现梦想的机会和天地,这将是一件启动女人心底闸门的事情,只要时间精力合适,女人们没有理由不关心这件会使自己受益的事。

"雨水真梦"活动推出的公关目标及意义如下。

(1) 提高杭州城市中 16~30 岁女性对"雨水真梦"的认知度,并扩大参加活动的人数,加大影响。

(2) 建立和加强"雨水"品牌在目标人群心目中的亲和力,使"雨水"在杭州地区体现广泛而深刻的善意,提高"雨水"的文化附加价值。

(3) 提高其他相关公众对"雨水真梦"的认知度,以使这一活动获得更广泛的知名度和支持度。

(4) 以这次在杭州市区的活动为试点,探索、总结、提炼一套模式,为"雨水真梦"品牌在全国的营销实践提供指导和借鉴。

四、营业推广策划

任务目标

了解营销推广策划的含义和内容,能够根据营销推广策划的目标选择适宜的推广方式,制定营业推广方案,并测试方案的促销效果,最终评估营业推广效果。

工作任务

好又多超市为扩大和增加夏日时令消费品的销售量,扩大超市的固定消费群,进而带动商品的销售,最后通过此次活动使顾客对超市有更好的印象,树立良好的企业形象。明确营销推广策划的目标后,就需要根据营销推广策划的步骤制定切实可行的营业推广方案,通过小范围的测试,检验促销效果,最终评估营业推广效果。

任务实施

确定 SP 的目标—选择营业推广方式—制定营业推广方案—测试方案的促销效果—评估营业推广效果。

步骤一 了解营业推广基本内容

了解营业推广概念的基础,掌握营业推广的内容及其流程。

知识链接

（一）营业推广策划的含义与要求

营业推广，Sales Promotion，简称 SP，也称为销售促进或销售推广。SP 是一种适宜于短期推销的促销方法，是企业为鼓励购买、销售商品和劳务而采取的除广告、公关和人员推销之外的所有企业营销活动的总称。

菲利普·科特勒对 SP 所作的定义是"SP 是刺激消费者或中间商迅速或大量购买某一特定产品的促销手段，包括了各种短期的促销工具"。

SP 策划就是根据企业营销目标，在充分研究市场的基础上，确定企业在某一阶段或某一产品的 SP 目标，针对不同的促销对象，在适当的时机，选择富有创造性、激励性的 SP 方式，制定有效的 SP 促销行动方案。SP 策划的要求主要有以下几点。

（1）SP 策划通常是做短程考虑，为了立即反应而设计，所以常常都有限定的时间和空间。

（2）SP 策划注重的是行动，要求消费者或经销商亲自参与，行动导向的目标是立即销售。

（3）SP 策划工具的多样性。SP 由刺激和强化市场需求的花样繁多的各种促销工具组成。

现今的 SP 活动已比以往的折扣、商店内示范样品、赠券、产品配套竞赛、抽奖、以赞助为目的的专门性音乐会、交易会、购买点陈列等方式有了更加丰富多彩的内容，还出现了联合促销、服务促销、以顾客满意（CS）为目的和标准的满意促销等。

（4）SP 策划在一特定时间提供给购买者一种激励，以诱使其购买某一特定产品。通常此激励或为金钱或为商品或为一项附加的服务，这成为购买者购买行为的直接诱因。

（5）SP 策划见效快，销售效果立竿见影，对销售增加实质的价值。

总之，SP 策划的最大特征在于，它主要是战术性的营销工具，而非战略性的营销工具，它提供的是短期刺激，会导致消费者直接的购买行为。

（二）SP 策划的主要内容

任何一项促销策划设计，一般包括以下三个方面。

1. 促销形式（type）

为实现促销目标，采取何种促销形式。

2. 促销范围（scope）

产品范围，即对于哪种规格、哪一型号的产品进行促销；市场范围，即促销活动进行的地理区域。

3. 促销策略（tactics）

何时进行、何时宣布，持续多长时间；折扣形式（直接或间接）；销售款的确定。

(三) SP 策划的流程

SP 策划过程包括以下几个步骤。

1. 确定 SP 的目标

营销推广目标是围绕着与商品有关的三个主角展开的。譬如，针对消费者，其目标是刺激购买；针对中间商，其目标是取得他们的合作，为企业经销产品，并使他们对企业及企业产品忠诚；针对推销员，其目标是鼓励他们多推销商品，刺激其寻找更多的顾客。

2. 选择营业推广方式

营业推广的方式有很多，企业在选择时，应考虑企业营销目标、市场竞争状况、推销方式的成本与效益、把握好推销时间等。

3. 制定营业推广方案

制定营业推广方案要考虑鼓励的规模、推广的途径、持续时间、选择推广的时机以及推广经费预算等。

4. 测试方案的促销效果

首先要在执行方案前先进行试点效果测试，来确定鼓励规模是否最佳、推广形式是否合适、途径是否有效。试点成功后再组织全面实施营业推广方案。在执行过程中，要实施有效的控制，及时反馈信息，发现问题，要采取必要措施，调整和修改原订方案。

5. 评估营业推广效果

最常用的方法是比较推广前、推广中、推广后的销售额数据，以评估其效果大小，总结经验教训，不断提高营业推广的促销效率。

步骤二 掌握营业推广基本策略

SP 策划的方式包括营业性宣传推广方式和营业销售推广方式两种，针对不同的营业推广对象有不同的推广策略。

知识链接

(一) 推广方式

营业推广主要有营业宣传推广和营业销售推广两种方式。

1. 营业宣传推广方式

营业宣传推广的方式既具有广告宣传的功能，又具有实现直接销售的有效手段。

（1）营业场所的装饰与布置　要根据可经营商品和目标市场消费者的行为特点，设计营业场所的装饰布置，为消费者提供一个赏心悦目、心情舒畅的购买环境，吸引更多现实购买者和潜在购买者。

（2）商品出样和陈列　样品是顾客所购商品的示范和证实，做好商品出样，让顾客检验，以诱导购买行为。商品陈列要根据经营商品的特点展示、摆布，一方面可以美化店容，另一方面展示商品本身的吸引力，吸引购买者。

（3）橱窗布置　橱窗是广告的形式，也是营业推广的重要形式，它起着介绍商品、树立商品形象的作用。琳琅满目的商品橱窗还反映社会主义市场的形势，反映人民生活水平提高的新面貌。

（4）商品试验　它是坚定购买者的购买信心、赢得顾客的重要手段。根据商品的自然属性和特点，采取不同的试验方法，来取信顾客，如音响商品可以试听，自行车可以试骑等。

（5）提供咨询服务　为顾客提供信息，传授商品知识，解决顾客疑难问题，从而使顾客坚定购买信心。

2. 营业销售推广方式

营业销售推广是刺激和鼓励成交的重要手段，它包括对消费者的推广和鼓励推销人员积极推销等方面。

对消费者的推广方式有：①赠送样品。在消费者购买之前，免费赠送一部分样品刺激消费者购买；②折价赠券。向消费者发放折价赠券，持券者可享受部分价格优惠；③有奖销售。随销售商品发放奖券，到一定数量宣布开奖，中奖者可获得奖品、奖金；④交易印花。当消费者购买某一商品时，企业给予一定张数的印花，凑足若干或达到一定金额可以兑换某些商品；⑤消费信贷。通过赊销或分期付款等方式推销商品。

对中间商的推广方式有：代销，主要是制造企业委托代理商、经销商销售产品，按规定进行利益分配的一种营业推广方式。它对于迅速扩大分销渠道、销售网络是十分有效的。现代营业推广方式不仅多样化，而且需要在售前做好一系列的软、硬条件准备，同时更注重售后服务工作，达到推销的最佳效果。

（二）营业推广的策略

1. 针对消费者的策略

①赠送样品。②有奖销售。③现场表演。④特殊包装。利用商品包装向消费者提供一种附加利益，最终吸引购买的做法。如在包装中附一张折价购买券，持有者在有效期内，到指定的购货地点采购可享有价格优惠。还有的企业在向顾客推销产品时负担一部分运输包装费用，这是批销中一种常用方法。

2. 针对中间商的策略

①提供津贴。为了鼓励中间商积极推销新产品或库存过大的产品，企业在一定时期向购买该商品的中间商提供一定金额的津贴。②推销折扣。对长期合作或销售努力的中间商给予一定的折扣，以报答他们的贡献。③合作广告。即出资资助中间商一起进行广告宣传，共同开发市场，寻找潜在的顾客。④节日公关。在

节日来临之际，集中举办各类招待会、免费旅游等活动，邀请中间商参加，以加强彼此的合作。⑤业务会议。即在每年的销售旺季，举行订货会、洽谈会，在短期内集中订货、补货、促成大量交易。

3. 针对推销员的策略

①销售红利。为了鼓励推销人员积极推销，企业规定按销售额提成，或按所获利润不同提成，以鼓励推销员多推销商品。②推销竞赛。为了刺激和鼓励推销员努力推销商品，企业确定一些推销奖励的办法，对成绩优良者给予奖励。奖励可以是现金，可以是物品或是旅游等。③推销回扣。回扣是推销额中提取出来的作为推销员推销商品的奖励或酬劳。利用回扣方式把推销业绩与报酬结合起来，有利于推销员积极工作，努力推销。④职位提拔。对业务做得出色的推销员进行职务提拔，奖励他将好的经验传授给一般推销员，有利于培养优秀推销员。

五、人员推销策划

■ 任务目标

了解人员推销策划的含义，熟练掌握人员推销策划的实施步骤和策略。

■ 工作任务

小王想要应聘某电子商务公司的客户经理职位，招聘信息中明确客户经理的首要职责就是开发新客户，要想获得这份工作，并胜任这份工作，小王就必须要掌握如何去开发新客户。

■ 任务实施

明确推销任务，了解推销对象—确定推销方案—推销人员设计—选择推销技术与方法—掌握人员推销策略。

步骤一　了解人员推销策划步骤

在了解人员推销策划含义的基础上，还需要掌握人员推销策划的具体步骤。

■ 知识链接

（一）推销策划的含义

推销策划包括以下几层意思。

1. 推销的概念

在推销策划中，"推销"是指企业通过人员或非人员方式，运用各种推销技术和手段，帮助和说服现实的或潜在的顾客接受特定的产品、劳务及推销观点的整体活动过程。

2. 推销策划的要素

在策划推销活动过程中，推销人员、推销对象和推销产品是推销活动中的内在基本因素。

推销人员是主动向推销对象推销产品的主体。在现代推销活动中，"推销人员"已经突破了一般推销员和营业员的概念，它包括了从事和参与企业促销活动的其他人员，可以是市场业务人员、工程技术人员、部门经理甚至总经理。

推销对象是推销活动中接受推销人员推销的另一个主体。它不是指产品，而是指顾客，包括生产者、中间商、消费者。推销产品是推销活动的客体。它既包括有形产品和无形产品，又包括服务和观念，是产品、服务和观念三个方面的综合体。

3. 推销策划的技术

推销策划中的"技术"，是运用各种现代工具和手段，针对顾客需求所采用的各种方法和技巧的总称。

4. 推销策划的基点

一是推销策划要以顾客的需求为中心；二是推销策划要不断创新；三是推销策划是一个系统工程。

（二）人员推销策划的步骤

一般推销策划大致的流程或步骤如下。

1. 明确推销任务，了解推销对象

明确推销任务是推销策划的前提。首先建立在以满足顾客需要为中心。因为顾客购买企业特定产品或服务本身就包含着对企业的认知以及由认知所形成的良好印象和感情。它具体包括以下几个问题：

第一，明确顾客需要的是什么？我们能提供的是什么产品？是工业品或消费品？工业品是低值易耗品，还是关键设备，或是特种服务？消费品是一般日常消耗品，还是耐用品，或是炫耀消费品等？其次，对消费品需明了顾客的消费能力，明确顾客的购买动机是感性动机、理智动机还是偏爱动机。工业品是多层次的专家性购买，还是其他购买方式，从而决定推销产品的种类和数量。进而在对其他诸如顾客的分布状况、产品的特性等因素综合考虑后，确定合适的推销方案，执行合理的推销活动中去。

2. 确定推销方案

可供选择的方式如下：人员推销的方式有上门推销、营业推销、会议推销、电话推销、信函推销、陪购推销等；非人员推销的方式有广告推销、SP 推销、公关推销、形象推销和网络推销等。

3. 推销人员设计

它包括：①推销人员数量的确定。一般可采用以下两种方法：一是工作量法。

就是根据企业销售工作量来决定销售人员的数量。二是增量法。就是随着销售地区的扩大或销售量的增加而逐步增加推销人员数量。②推销人员的分派设计,通常有以下四种方式:一是按地区分派推销人员,就是分配每个推销人员负责一个或几个地区的销售任务,在该地区代表企业推销所有的产品。其优点是责任明确,比较容易发现新顾客,节省费用,扩大产品的销售量。二是按产品类别分派推销人员。其主要优点是推销员容易熟悉所推销的产品,适于推销技术复杂的产品。三是按用户类型分派推销人员,其最明显的优点是有利于推销人员掌握顾客的购买特点和购买规律,有针对性地满足顾客的需求。四是复合式分派推销人员。其特点是适用性、灵活性强,但组织管理较复杂,对推销人员的要求较高,适应产品品种繁多、顾客复杂、销售区域分散的情况。

4. 选择推销技术与方法

推销技术可以分为广义的推销技术与狭义的推销技术、传统的推销技术与现代的推销技术。广义的推销技术是指把自身的观点、主张、建议、形象、仪表、风格、信誉等推销出去的方法和技巧;狭义的推销技术是指是通过寻找和接近顾客,把企业产品或劳务推销出去的方法和技巧。

传统的推销技术是指以单纯的推销术、广告术为手段,只推销现有产品,不考虑顾客需要的各种方法和技巧;现代推销技术是运用各种现代工具和手段,针对顾客需求所采用的各种方法和技巧的总称,它需要产品的生产从工艺设计、购进原料开始,就服从于最终销售的要求,服从于顾客的需求。

步骤二 掌握人员推销策划策略

要想人员推销策划达到预期的目标,就要了解人员推销的策略,掌握寻找和接近顾客的方法与技巧以及推销洽谈和成交的策略与技巧。

知识链接

推销需要科学的策略与谋划,也讲究技巧性和艺术性。因此,推销策划的策略和技巧十分重要。

(一)一般人员推销策略

一般人员推销策略常见的如下。

1. 试探性人员推销策略

试探性人员推销策略又称"刺激—反应"策略,指推销人员在事先尚不了解顾客的具体需求的情况下,通过与顾客的"渗透式"交谈,观察其反应,试探其具体要求,然后根据顾客的反应进行宣传,刺激其产生购买动机,引导产生购买行为的商品促销策略。

此策略具有如下特点:①事先尚不了解顾客的需求;②通过试探性的交谈以了解顾客的需求;③根据顾客的需求反应以刺激顾客的购买欲望和形成购买行为。

2. 针对性人员推销策略

针对性人员推销策略又称"启发—配合"策略,指推销人员事先已了解了顾客的某些具体要求,针对这些要求积极主动地与之交谈,引起对方的共鸣,从而促成交易的商品促销策略。此策略具有如下特点:①已了解顾客的需求;②针对顾客的需求进行交谈,以引起对方的共鸣;③要使顾客相信你的话。

3. 诱导性人员推销策略

诱导性人员推销策略又称"需求—满足"策略,指推销人员通过与顾客交谈,引起顾客对所推销的商品或劳务的需求欲望,促使顾客把满足其需求的希望寄托在推销员身上,这时推销员再说明自己手头上正好有能够满足其需求的商品或劳务,使顾客产生购买兴趣,以实现购买行为的商品促销策略。

此策略具有如下特点:①有目的地与顾客交谈;②交谈内容要与自己所要推销的商品有关;③通过交谈引起顾客对所推销商品的兴趣;④在激起顾客兴趣之后再说明自己手头上有顾客需求的商品或服务。

(二)寻找顾客的方法与技巧

寻找顾客常见的方法与技巧如下。

1. 地毯式访问推销法

地毯式访问推销法又称"地毯式寻找顾客推销法""闯见式访问推销法""挨门挨户访问推销法",指推销人员在不太熟悉顾客的情况下,直接访问某一特定地区或某一特定行业的所有使用单位和经营单位,从中寻找目标购买者的商品推销方法。此法所依据的是"平均法则",也就是假定被访问的所有顾客中,一定有推销人员所要寻找的目标顾客。

此法具有如下特点:①推销访问的面广、人多;②事先没有特定的目标顾客;③可以借机进行市场调查;④可以争取更多的目标购买者;⑤具有相对的盲目性。

2. 连锁介绍推销法

连锁介绍推销法又称"无限连锁介绍推销法""连锁介绍寻找目标购买者推销法",指通过请求现有目标购买者介绍未来可能的准目标购买者的商品推销方法。

此法的具体办法很多。例如,可以请现有目标购买者代为推销,代转送资料,或请现有目标购买者以书信、名片、信笺、电话、电报等手段代为进行连锁介绍等。

此法具有如下特点:①利用现有目标购买者的关系为基础;②可以省力地寻找众多的准目标购买者;③可以避免推销人员的主观盲目性;④可以赢得被介绍的准目标购买者的依赖;⑤成交率较高。

3. 中心开花推销法

中心开花推销法也称"重点开花寻找目标购买者推销法""有力人士利用推销法",指在某一特定推销范围内发展一些有影响力的重点人物,并在这些重点人物的协助下把该范围的同类商品使用经营单位或个人变成准目标购买者的商品推销方法。

此方法具有如下特点：①以重点人物的影响力为基础；②以重点人物的信赖为前提；③通过重点人物的影响力来扩大商品的影响；④难以确定谁是真正的关键人物。

（三）接近顾客的方法与技巧

接近顾客的方法与技巧主要如下。

1. 介绍接近推销法

介绍接近推销法是指通过自我介绍或第三者的介绍而接近顾客以推销商品的推销方法。此法有口头介绍和书面介绍两种。在一般情况下，商品推销人员应首先采用自我介绍接近目标购买者的方法。

除了进行必要的口头介绍外，推销人员还应主动地出示有关的信函、名片或其他相关证件。尤其是第一次接近顾客，更少不了上述书面介绍证件。

此法具有如下特点：①通过介绍以接近顾客；②以自我介绍为主；③介绍实际上是首先把自己推销给顾客。

2. 商品接近推销法

商品接近推销法也称"实物接近推销法"，指直接利用所推销的商品引起目标购买者的注意和兴趣进而转入洽谈的商品推销方法。此法一般适用于名优特商品的推销。

此法具有如下特点：①接近顾客的媒体是推销的商品本身；②所推销的商品做无声的介绍，能使目标购买者一看见样品就被吸引和激起购买欲望。

3. 利益接近推销法

利益接近推销法也称"实惠接近推销法""目标购买者利益接近推销方法"，指利用所推销的商品本身能够给目标购买者带来的实惠而引起对方的注意和兴趣进而转入洽谈的商品推销方法。此法接近顾客的主要方式是直接陈述或提问，告诉目标购买者的"重点人物"购买其推销商品所能带来的好处。

此法具有如下特点：①以告诉购买所推销商品本身所具有的实惠打动顾客；②以了解顾客希望获得这些利益为前提。

4. 提问接近推销法

提问接近推销法也称"问题接近推销法""问答接近推销法""讨论接近推销法"，指利用直接提问来引起目标购买者的注意和兴趣而进入洽谈的商品推销方法。

此法具有如下特点：①以提问作为接近目标顾客的媒介；②以回答或解释问题作为目标顾客洽谈。

5. 调查接近推销法

调查接近推销法是指利用调查机会接近目标购买者以推销商品的商品推销方法。接近调查包括如下两种调查：①接近前调查。此系指在与目标购买者接近以前对目标购买者的基本情况和需求意向以及接近对象的一般性格特征等情况进行的调查。此种调查的目的是做到心中有数。②接近中调查。此系指以调查的方式与目标购买者接近，在接近中对目标购买者的需求愿望、购买指向等进行的调查。此种调查的目的是为了更详细地了解购买者，以便采取相应的洽谈策略。

运用调查接近推销法时必须注意：①突出推销重点，明确调查内容，争取对方协助；②做好调查准备，注意消除对方的防备心理；③运用恰当的调查方法，确保顺利接近。

此法具有如下特点：①以调查作为接近目标顾客的手段；②接近调查的目的是为了做到心中有数和采取相应的洽谈策略。

（四）推销洽谈的策略与技巧

推销洽谈是推销活动中的关键环节，洽谈能否成功直接关系到推销的成败。企划推销洽谈是为了达到预期推销目标而采取的计策和谋略。

1. 动意提示洽谈推销法

动意提示洽谈推销法又称"动念提示洽谈推销法""示意提示洽谈推销法"，指通过建议目标顾客立即购买的洽谈以推销商品的商品推销方法。从推销心理学理论上讲，任何一种商品观念，一旦进入目标顾客的脑子里，只要不与其内心既有的观念相抵触，就会刺激起一定的冲动性行为或动力反应。此法正好运用了这一心理反应，达到推销洽谈以推销商品的目的。例如，"如果没有什么意见，请黄经理现在就拍板购买吧。"

运用此法注意如下几点：①应直接诉诸对方的主要购买动机；②提示语言应尽量简练明确，以打动其心；③应考虑对方的个性特征。

此法具有如下特点：①以直接诉诸对方的主要购买动机的建议为手段；②以刺激目标顾客的冲动性购买行为为目标。

2. 直接提示洽谈推销法

直接提示洽谈推销法是指通过劝说目标顾客购买所推销商品的洽谈以推销商品的商品推销方法。此法与间接提示洽谈推销法是相对应的。现代人的时间观念极强，因此，推销人员应尽可能地把直接提示洽谈推销法与直陈接近推销法结合起来使用。例如，"赵经理，请放心购买，这批货的质量绝对没有问题，如果您发现有问题，我们包退包换。"

运用此法时应注意如下几点：①直接提示推销重点；②尊重目标顾客的个性特征，避免冒犯；③所推销的商品必须有容易被目标顾客所接受的明显特征。

此法具有如下特点：①以直接提示所推销的重点为手段；②可以避免"马拉松式"的交易洽谈。

3. 相反提示洽谈推销法

相反提示洽谈推销法也称"逆提示洽谈推销法""反提示洽谈推销法"，指通过利用反提示原理来说服目标购买者来购买所推销商品的洽谈以推销商品的商推销方法。所谓"反暗示原理",其实就是"激将法"原理。例如,"这批货数量大,您能做主吗?"

运用此法时应注意如下诸点:①相反提示必须能够引起相反反应;②讲究语言艺术,注意提示分寸;③尊重目标顾客,善意刺激;④不宜用于反应迟钝或特别敏感的目标顾客。

此法具有如下特点:①利用反提示原理作为说服目标顾客的手段;②以引起相反反应为目标。

(五) 推销成交的策略与技巧

策划推销成交的常用方法如下。

1. 请求成交推销法

请求成交推销法也称"直接成交推销法""直接请求成交推销法",指通过直接请求目标顾客成交以推销商品的商品推销方法。例如,"林总经理,既然没有别的意见,就请您在合约上签字吧。"运用此法时应注意如下诸点:①看准成交时机;②应主动请求成交;③应持正确的成交态度;④避免向目标顾客施加过高的成交压力。

此法具有如下特点:①以直接请求成交作为说服目标顾客的手段;②以看准成交时机为前提。

2. 假定成交推销法

假定成交推销法也称"假设成交推销法",指通过假定目标顾客已经接受推销建议而直接要求目标顾客成交以推销商品的商品推销方法。从推销学理论上讲,假定成交的力量来自推销者的自信心,一旦成交时机成熟,推销人员就应该树立"他一定会购买,这点毫无问题"的信心。例如,"李经理,这是合同书。"这是典型的假定成交法。推销人员看准成交时机,假定李经理已接受了自己的推销建议,说着便立刻拿出合同书。又如,"郭经理,您这个月要多少货?"

运用此法时应注意如下诸点:①应密切注意各种成交信号;②必须具有十足的成交信心;③必须适时地把成交信号转化为成交行动;④应该创造有利的成交气氛。

此法具有如下特点:①以假定目标顾客已经接受推销建议为前提;②以直接要求目标顾客成交为手段;③以成交自信心和适当的成交时机为基础。

【案例5-3】乔·吉拉德:创世界纪录的推销策划

乔·吉拉德因售出13000多辆汽车创造了商品销售最高纪录而被载入吉尼斯大全。他曾经连续15年成为世界上售出新汽车最多的人,其中6年平均每年售出汽车1300辆。乔的推销策划秘诀如下。

1. 250 定律：不得罪任何一个顾客

在每位顾客的背后，都大约站着 250 个人，这是与他关系比较亲近的人：同事、邻居、亲戚、朋友。

如果一个推销员在年初的一个星期里见到 50 个人，其中只要有 2 个顾客对他的态度感到不愉快，到了年底，由于连锁影响就可能有 500 个人不愿意和这位推销员打交道，这就是乔·吉拉德的 250 定律。乔得出结论：在任何情况下，都不要得罪哪怕是一个顾客。

在乔的推销生涯中，他每天都将 250 定律牢记在心，抱定生意至上的态度，时刻控制着自己的情绪，不因顾客刁难，或是不喜欢对方，或是自己心情不佳等原因而怠慢顾客。乔说得好："你只要赶走一个顾客，就等于赶走了潜在的 250 个顾客。"

2. 名片满天飞：向每一个人推销

每一个人都使用名片，但乔的做法与众不同：他到处递送名片，在餐馆就餐付账时，他要把名片夹在账单中；在运动场上，他把名片大把大把地抛向空中。名片漫天飞舞，就像雪花一样，飘散在运动场的每一个角落。你可能对这种做法感到奇怪。但乔认为，这种做法帮他做成了一笔笔生意。

乔认为，每一位推销员都应设法让更多的人知道他是干什么的，推销的是什么商品。这样，当他们需要他的商品时，就会想到他。乔抛散名片是一件非同寻常的事，人们不会忘记这种事。当人们买汽车时，自然就会想起那个抛散名片的推销员，想起名片上的名字：乔·吉拉德。同时，要点还在于，有人就有顾客，如果你让他们知道你是哪里，你卖的是什么，你就有可能得到更多生意的机会。

3. 建立顾客档案：更多地了解顾客

乔说："不论你推销的是什么东西，最有效的办法就是让顾客相信—真心相信—你喜欢他，关心他。"如果顾客对你抱有好感，你成交的希望就增加了。要使顾客相信你喜欢他、关心他，那你就必须了解顾客，搜集顾客的各种有关资料。

乔中肯地指出："如果你想要把东西卖给某人，你就应该尽自己的力量去收集他与你生意有关的情报……不论你推销的是什么东西，如果你每天肯花一点时间来了解自己的顾客，做好准备，铺平道路，那么你就不愁没有自己的顾客。"

乔认为，推销员应该像一台机器，具有录音机和电脑的功能，在和顾客交往过程中，将顾客所说的有用情况都记录下来，从中把握一些有用的资料。

乔说："在建立自己的卡片档案时，你要记下有关顾客和潜在顾客的所有资料,他们的孩子、嗜好、学历、职务、成就、旅行过的地方、年龄、文化背景以及其他任何与他们有关的事情,这些都是有用的推销情报。所有这些资料都可以帮助你接近顾客,使你能够有效地跟顾客讨论问题,谈论他们自己感兴趣的话题。有了这些材料,你就会知道他们喜欢什么、不喜欢什么,你可以让他们高谈阔论,兴高采烈,手舞足蹈……只要你有办法使顾客心情舒畅,他们不会让你大失所望。"

4. 猎犬计划:让顾客帮助你寻找顾客

乔认为,干推销这一行,无论你干得多好,别人的帮助总是有用的。乔的很多生意都是由"猎犬"(那些会让别人到他那里买东西的顾客)帮助的结果。乔的一句名言就是"买过我汽车的顾客都会帮我推销"。

在生意成交之后,乔总是把一叠名片和猎犬计划的说明书交给顾客。说明书告诉顾客,如果他介绍别人来买车,成交之后,每辆车他会得到25美元的酬劳。几天之后,乔会寄给顾客感谢卡和一叠名片,以后至少每年他会收到乔的一封附有猎犬计划的信件,提醒他乔的承诺仍然有效。如果乔发现顾客是一位领导人物,其他人都会听他的话,那么,乔会更加努力促成交易并设法让其成为猎犬。实施猎犬计划的关键是守信用——一定要付给顾客25美元。乔的原则是:宁可错付50个人,也不要漏付一个该付的人。

猎犬计划使乔的收益很大。1976年,猎犬计划为乔带来了150笔生意,约占总交易的三分之一。乔付出1400美元的猎犬费用,收获了75000美元的佣金。

5. 推销产品的味道:让产品吸引顾客

每一种产品都有自己的味道,乔·吉拉德特别善于推销产品的味道。

与"请勿触摸"的做法不同,乔在和顾客接触时总是想方设法让顾客先"闻一闻"新车的味道。他让顾客坐进驾驶室,握住方向盘,自己触摸操作一番。如果顾客住在附近,乔还会建议他把车开回家,让他在自己的太太、孩子和领导面前炫耀一番,顾客会很快地被新车的"味道"陶醉了。根据乔本人的经验,凡是坐进驾驶室把车开上一段距离的顾客,没有不买他的车的。即使当时不买,不久后也会来买。新车的"味道"已深深地烙印在他们的脑海中,使他们难以忘怀。

乔认为,人们都喜欢自己来尝试、接触、操作,人们都有好奇心。不论你推销的是什么,都要想方设法展示你的商品,而且要让顾客亲身参与。如果能吸引他们的感官,那么就能掌握住他们的感情了。

6. 诚实:推销的最佳策略

诚实,是推销的最佳策略,而且是唯一的策略。但绝对的诚实却是愚蠢的。推销容许谎言，这就是推销中的"善意谎言"原则，乔对此认识深刻。

诚为上策，这就是你所能遵循的最佳策略。可是策略并非是法律或规定，它只是你在工作中用来追求最大化利益的工具，因此，诚实就是有一个程度的问题。

推销过程中有时需要说实话，一是一，二是二。说实话往往对推销员有好处，尤其是推销员所说的，顾客事后可以查证的事。乔说："任何一个头脑清醒的人都不会卖给顾客一辆六个汽缸的车，而告诉对方他买的车有八个汽缸。顾客只要一掀开车盖，数数配电线，你就死定了。"

如果顾客和他的太太、儿子一起来看车，乔会对顾客说："你这个小孩真可爱。"这个小孩也可能是有史以来最难看的小孩，但是如果要想赚到钱，就绝对不可以这么说。乔善于把握诚实与奉承的关系。尽管顾客知道乔所说的不尽是真话，但他们还是喜欢听人拍马屁。几句赞美，可以使气氛变得更愉快，没有敌意，推销也就更容易成交。

7. 每月一卡：真正的销售始于售后

乔有一句名言："我相信推销活动真正的开始是在成交之后而不是之前。"

推销是一个连续的过程，成交既是本次推销活动的结束，又是下次推销活动的开始，推销员在成交之后继续关心顾客，将会既赢得老顾客，又吸引新顾客，使生意越做越大，客户越来越多。

"成交之后仍要继续推销"，这种观念使得乔把成交看作是推销的开始。乔在和自己的顾客成交之后，并不是把他们置于脑后，而是继续关心他们，并恰当地表示出来。

乔每月要给他的 1 万多名顾客寄去一张贺卡。1 月份祝贺新年，2 月份纪念华盛顿诞辰日，3 月份祝贺圣帕特里克日……凡是在乔那里买了汽车的人，都会收到乔的贺卡，也就记住了乔。

正因为乔没有忘记自己的顾客，顾客才不会忘记乔·吉拉德。

【案例启示】

人员推销是当今国内外产品促销的重要手段，而且人员推销的费用支出占各种促销活动费用的主要部分，很少有产品推销不用这种方法的，这主要是人员推销有着其他促销方法不具备的优点或作用。如，人员推销针对性强，推销人员可以针对不同顾客灵活机动地采用各种手段和方法；人员推销的服务好，推销人员可以针对顾客不同的需求进行售前、售后的服务，帮助顾客解决各种疑难问题；人员推销的成功率高，推销人员可以直接面对顾客交谈、说服，从而创造需求。乔·吉拉德的业绩充分地证明了人员推销的作用。

项目思考

一、基础知识

（一）单选题

1. 促销策划的方式有（　　）
A. 广告策划　　　　　　　　　　B. 渠道策划
C. 项目策划

2. 以下选项中哪一个不是广告策划的要素（　　）
A. 策划者　　　　　　　　　　　B. 策划依据
C. 策划对象　　　　　　　　　　D. 策划方案
E. 方案的执行

3. 公关策划的程序不包括（　　）
A. 收集公关信息　　　　　　　　B. 策划公关目标
C. 公关时机策划　　　　　　　　D. 公关执行策划

4. SP 策划的方式不包括（　　）
A. 营业性宣传推广方式　　　　　B. 营业销售推广方式
C. 公关推广方式

（二）简述

1. 广告策划的运作过程是怎样的？
2. 公关企划的策略有哪些？
3. SP 企划的方式与策略有哪些？
4. 推销策划的策略与技巧有哪些？

二、能力训练

1. 认真阅读【案例 5-2】雨水公司："雨水真梦"公关策划
（1）《雨水真梦》公关策划书为什么要从关怀女子的心灵，使其梦想成真入手？
（2）《雨水真梦》公关促销活动是怎样一步步吸引着目标公众参与到这一活动中来的？

2. 认真阅读【案例 5-4】乔·吉拉德：创世界纪录的推销策划，回答下面问题。
（1）乔·吉拉德的推销策划业绩如此辉煌，其成功的诀窍是什么？
（2）怎样理解诚实是推销策划的最佳策略，而且是唯一的策略？其他促销手段是否需要诚实？

3. 小王是五粮液市场部的职员，总体经济形势萧条，使得白酒行业不景气，面对激烈的市场竞争环境，领导要求小王做一份促销策划方案，请你根据市场现状帮助小王选择一种促销方式，并撰写相应的促销策划方案。

项目六

线上营销策划

项目引入

薛平作为公司的营销人员，看到近几年互联网及移动互联网的飞速发展，各种网络销售平台和网络销售手段层出不穷，且很多行业内的企业都准备开始或者已经将业务拓展到了网上平台。薛平意识到，作为现代销售人员，自身也要跟上时代发展的步伐，需要学习和掌握目前网上各种销售渠道的基本知识，并根据自己企业的实际情况和网上营销的基本规律和策略，合理地选择销售模式，进行有效的线上营销策划。

知识目标

掌握网店营销策划的步骤。
掌握微信营销策划流程。
掌握事件营销的流程。

技能目标

能根据项目的实际情况合理地选择线上推广平台。
能有效地进行网店营销活动策划。
能有效地进行微信营销策划。

必备知识

（1）织网络——网店营销策划。

（2）圈粉丝——微信营销策划。
（3）晒热门——事件营销策划。

项目实施

一、织网络——网店营销策划

任务目标

认识网店经营的平台，能合理地选择网店平台、网店的经营方式及准确地进行网店定位；了解网店规划的基本原则和日常经营流程，能进行完善的网店规划；并了解各种网店活动策划。

工作任务

网店是一种新兴的电子商务模式，是一种能够让人们在浏览的同时进行实际购买，且通过各种在线支付手段进行支付完成交易全过程的网站。它依托于成熟的互联网技术，以其便捷性和全面性越来越为广大消费者所喜爱。随着各种网络技术的普及，网店的形式也变得越来越多样，呈现出了更加繁荣的景象。现今，大型的网店平台主要有淘宝网、京东网、拍拍网、当当网以及1号店等，个人、经销商、代理商以及厂家通过选择不同的平台进行注册并完成一系列的开店流程即可使得商品或服务在线上进行交易。

任务实施

步骤一 认识网店平台

大家熟悉的网上开店平台有淘宝网、京东等，在开店之前，应先对开店的平台有一个清晰的认识。

知识链接

（一）了解常见的网上开店平台

选择什么样的平台与成本有很大的关系，也对网店的销售有极大的影响。

1. 选择在专业、大型的电商平台上开设网店

最常见的开店方式是在淘宝、拍拍等大型电商平台上开店，这些专业的电商平台都向企业或者个人提供开店服务，店主只许支付少量的费用，一般包括网店租金、商品登录费、网上广告费、商品交易费等。这种电子商务平台类似经营的一个大型综合型大商场，用这种方式开网店相当于在大型商场里租一个店铺或柜

台，借助大商场的影响和人气做生意，目前大多数的网店都是采用这种方式。

2. 自立门户型网店

自立门户型网店是指经营者自己构建或者委托他人设计网站，网店的经营与大型的电商平台没有关系，完全依靠经营者的宣传吸引浏览者。

自立门户型的网店建设方式有两种：一种是完全根据商品销售的需要进行个性化设计，需要做注册域名、租用空间、设计网页、开发程序等一系列工作，费用较高；另一种是向一些网络公司购买自助式网站模块，操作简单、费用较低，但是缺乏个性。

自立门户型网店的优点是：网店形式不受限制，网店经营者能根据经营项目选择个性化界面、经营灵活性较大。

自立门户型网店的缺点是：建设费用较高，建设投入的时间较长，网店的安全性保障要求较高，经营过程中对网店的系统升级及维护成本较高。

3. 两种方式结合

将以上的两种方式结合，既在大型专业网站上开网店，又独立建立网站经营，可以结合两种方式的优点，但缺点是投入较高。

（二）选择合适的网店经营方式

经营者在网上开店，应该根据经营者的个人情况及所经营的店铺情况选择一种适合自己的经营方式。网上开店的经营方式主要有以下三种。

1. 网上开店与网下开店相结合的经营方式

这种网店因为有线下店铺的支持，在商品的价位、销售技巧上更有优势，也更容易取得消费者的信任。

2. 全职经营网店

经营者将全部精力都投入网店经营上，将网店的经营作为自己的全部工作，而网店的经营收入为经营者的主要收入来源。

3. 兼职经营网店

经营者将网店作为自己的副业，利用工作或学习的业余时间来经营网店，将网店的收入作为一种增收。

（三）进行正确的网店定位

在正式经营网店之前，经营者要对自己的网店有一个基本的定位和规划，网店的定位主要是对市场的定位，选择正确的市场，才能将网店做大做强。进行网店定位首先要了解网民的消费心理，只有把握住网民的消费心理，并借助适当的手段将网店的定位传递给正确的目标客户才能在市场中占有一席之地。准确的市场定位是要把握好顾客的需求，使网店经营的商品在顾客心目中占据有利地位，同时，经营者也要琢磨自己经营的产品，使顾客对品牌的心理定位与相应产品的功能及利益相互匹配。

网店准确定位需要遵循以下一些原则。

1. 网店目标市场各要素要有度量标准

网店进行定位的细分标准应该是可以衡量的，可以进行量化，经过细分的各个子市场应该有明显的区别和容易辨认的目标消费群体，同一子市场的消费者应该有相同的消费需求和类似的消费行为。

2. 网店目标市场应具有一定的规模

目标市场必须具备一定的市场规模，有足够的需求量和购买能力，如果目标市场规模过小或购买能力不足，对网店的利润贡献也相对较小，如果对于网店的投资过大，投入的精力过多就会得不偿失。

3. 网店目标市场要有现实意义

目标市场应该是比较现实，能够接近的，能够进入和为之服务且占一定份额的。

4. 网店目标市场要有准确的范围

目标市场内所有潜在目标顾客应该具有几个基本相同的条件，比如收入、职业、受教育程度等，这样才能明确地划分出目标市场的范围。

5. 网店目标市场应保持长期稳定

目标市场应该在一定时期内保持相对稳定，这有利于经营者制定一些中长期营销计划，保证长期、稳定的利润。

步骤二　完善网店规划

网店的规划包括网店经营者熟悉什么行业，是否有丰富的供应资源等，对于自己的网店，要有规划和创新，才能在市场竞争中脱颖而出，成为买家的最佳选择。

知识链接

（一）网店经营的基本原则

1. 做自己熟悉的行业

做熟悉的行业及产品，面对买家，经营者才能展现专业能力。如果卖家对经营的行业不懂，就很难给顾客推荐产品及进行售后服务。

网店经营者应该尽量找自己身边的资源，特别是进货渠道要尽量近一些，这样能更节省物流费用和交通费用，也能够节省卖家的时间，还可以避免大量的库存积压，降低网店经营的风险。

2. 确定正确的店铺经营理念

经营网店要有自己的理念，要卖什么，特色是什么，同时，这些经营的理念和特色要通过店铺名称、店铺介绍等来体现。为了更好地便于消费者记忆，店铺名称不宜过于复杂，能体现主题和特色就好。

3. 产品价格要适中

网上消费者中大部分对产品的价格比较敏感，因此在经营店铺时，可以选择同类产品中价格相对低一些的产品，这能使消费者更愿意在网店中进行消费。

4. 重视网店消费者的评价

网店消费时，消费者可以对网店的产品及服务进行实时的评价，而已购物消费者的评价又会对以后的消费者选择产生重要的影响，特别是在购买贵重商品的时候，消费者更愿意选择信誉高的店铺，因此为了提高消费的选择可能性以及消费者的消费体验，网店经营者一定要重视对网店顾客的维护。

（二）了解网店日常运营及管理流程

网店策划阶段，网店的运营者必须对网店日常运营及管理的流程有清晰且明确的了解，虽然网店经营的平台有所不同，但各类型网店的日常运营过程基本一致，一般而言，网店的日常经营管理包括以下的主要工作。

1. 认识和展示商品的基本情况

无论经营哪一类的网店，网店的经营者都需要对所经营的商品及商品属性有清晰明确的认识，这样才能保证与顾客沟通的过程顺畅不受阻碍。

网店经营过程中需要了解并向客户展示的商品属性主要包括如下内容。

（1）商品的规格与特性　掌握商品的规格和特性是网店经营者必备的技巧，只有熟练地掌握经营产品的相关知识，才能在经营中更好地向买家推销商品。

商品规格是对商品最基本的衡量标准，它主要指反映商品品质及属性的各种指标，不同的商品类型采用的规格不同。在网店经营的过程中，商品规格的主要表现形式有以下几种：

- 按尺码表示，如服装、鞋帽等。
- 按重量表示，如食品、化妆品等。
- 按容量表示，如液体类商品。
- 按长度表示，如装修材料等。

除了以上的常见商品规格外，还有平方米、立方米、功率等常见的产品规格表现方式，经营者可根据经营产品的属性合理进行选择。

商品的特性主要指商品的性能、外观、材质、配件、资质等特点，在与顾客进行网上沟通的过程中，经营者应该对商品的性质、优势及功能等特性认识明确，才能更好地向买家推介合适的商品，提高交易的成功概率。

（2）商品的使用方法　在商品的网上销售过程中，买家往往会反复地进行同类型商品的比较，进而选择最合适的商品，为了更好地吸引买家的注意，达成交易，网店经营者应该学习和了解商品的使用方法，可以在交流的过程中打消买家的疑虑，避免纠纷，提高买家的消费体验，进而准确地找到商品的使用价值以及买家需求的重心。商品的使用方法有如下展示方法。

①文字展示。

②图片标注。

③语言沟通。

（3）简洁明确的商品简介　在网店进行商品销售都需要在页面上对其进行介

绍，一个简洁明确的商品简介既是对商品的一个全面介绍，也是对商品的一种变相推广，一个具有吸引力的商品简介一般包括以下一些基本内容：

①商品的基本信息。

②商品功能。

③商品原理。

④商品的注意事项。

⑤商品其他优势信息。

2. 进行网店的基本设置

为方便经营者更好地对网店的日常工作进行操作和管理，需要对网店的基本功能及网店的界面进行合理的设置，既追求经营过程的便捷性，也提高顾客对网店的认识。

3. 定义交易流程

在和顾客进行实际的交易时，网店的交易流程的便捷性和操作性也决定着顾客对网店的评价，一般而言网店的交易过程包括：等待买家付款、卖家发货、交易成功及退款等常规环节，经营者应明确每个环节的操作流程，并适时地为买家提供一定的帮助。

4. 处理纠纷

在网店经营的过程中，经营者有可能会收到来自网店平台的投诉信息，网店经营过程中的投诉一般有两类，一类是针对一笔具体交易的投诉，另一类是违反平台经营规则的举报。一旦收到这样的投诉通知，网店经营者应根据投诉的具体内容，收集整理相关证据，及时进行申诉处理或进行经营整改。

5. 顾客评价管理

网店经营的一个典型特征是交流过程的透明性、公开性，交易成功后顾客可以针对商品本身、交易流程及服务质量进行评价，而顾客的评价等级及评价内容也决定着网店的信誉及后续买家对网店的直观印象，因而经营者应重视顾客的评价，并建立评价管理预案。

（1）评价解释　收到顾客评价后，应针对顾客评价中不清晰或存疑的部分进行及时的解释，也同样可以帮助后续的购买者更好地了解商品和网店。

（2）处理中差评　网店经营的过程中一旦出现中差评，经营者一定要及时进行处理，并积极地和顾客协商快速解决问题，在处理的过程中一定要注意以下几点。

及时道歉，通过各种方式，如在线及时沟通工具或预留手机号等联系顾客进行道歉，为问题的后续解决创造一个良好的开端。

耐心倾听，在和顾客沟通的过程中，顾客一般会有大量的抱怨和发泄，此刻一定要能耐心倾听顾客抱怨的理由，鼓励买家提出意见，只有了解了抱怨的具体内容，才能给出合适的解决方案。

态度友好，在和顾客沟通的过程中，经营者一定要保持友好的态度，向顾客展现解决问题的诚意，才能争取到顾客的谅解和配合。

快速处理，在处理中差评时一定要快，不能拖延，这样才能在第一时间化解顾客的抵触情绪，避免带来负面宣传。

6. 客服管理

网店经营的过程中，客服是直接和顾客打交道的一线工作人员，因而客服的表现代表着一个网店的品质，也是顾客对网店的第一印象，因而在网店经营管理的过程中一定要加强对客户的管理，网店客户在为顾客服务的过程中应该遵循以下几点原则。

（1）态度端正、友好。

（2）使用礼貌用语。

（3）诚实守信。

（4）留有余地。

（5）换位思考。

（6）询问和倾听。

（7）热情耐心。

步骤三　网店活动策划

网店活动是每一个网店都可以参加的活动，一般有由网店所在平台组织开展的官方活动、店内活动以及第三方活动三种活动方法。互联网上的各种网店都会不定期地开展一定的活动，譬如限时打折、搭配套餐、优惠券发放等，但并不是每一个网店在进行活动时都会有系统的策划及推广方案。而是否有进行系统的、可执行、可操作的网店活动策划对网店的活动效果有着决定意义。网店经营者应该加强并重视网店活动策划，以使得网店活动能够更加成功，效果更加明显。

知识链接

（一）认识网店活动策划

网店活动策划是网店依托于互联网技术，在进行前期市场调查的基础上通过独特的策划形成一份可执行、可操作的方案，并通过网络传播该方案的信息，最终达到提高网店的经济效益和社会效益的一种营销活动和过程。

（二）网店活动策划的类型

按照网店活动策划的属性，可以对网店活动策划进行分类，常见的类型如下。

1. 盈利型网店活动策划

盈利型网店活动策划是以营销为主、品牌宣传为辅开展的主题策划，目的是为了促进产品销售和获得更大的利润。在商业化越来越显著的互联网环境下，网店活动的盈利性目的也越来越显著，一方面为了支付网店租金、员工工资等各方面的开支，另一方面也为了从中获取一定的利润，越来越多的网店活动趋于以盈利性的活动策划为首要目的。

此类策划，在活动中经常以各种促销、打折信息，以折扣和优惠等字眼来吸引消费者的眼球，通过折扣使得原价以及售价的极大反差促进消费者的购买欲望。

【案例6-1】0元购机

如山西电信官方旗舰店做的一个限时特价的活动——0元购机，把原价699的三星SCH-I699I手机以0元购机的形式在主图上直接体现，以吸引更多的消费者点击进来购买，而0元购机的活动实际上采用了话费赠送和分月返还的形式进行。主图上的三星手机和右边的红底黄字的图标一下子吸引了消费者的眼球，因而带来了不少的流量，为促成销售打下了一定的基础。

山西电信官网0元购机活动图片见图6-1。

图6-1　山西电信官网0元购机活动图片

【案例启示】

在引起注意、引起兴趣、唤起欲望、留下记忆、购买行动法则中，消费者从接触信息到最终达成购买经历了5个阶段，而最早的阶段即是引起消费者的注意。互联网店家通常通过各种促销手段如1折起、顺丰包邮、买一送三等手段，在第一时间吸引了消费者的注意，进而才会产生兴趣点击进入了解产品及活动的详情。如果活动页面里的描述图文并茂形象地描述了产品的功能和特性就容易唤起消费者的购买欲望，才能给消费者留下好的印象进行购买，而店家也能达到完成交易获取一定的利润，达到盈利的目的。

2. 销量型网店活动策划

销量型网店活动策划是以短期内显著增加产品的销量作为目标的网店活动策划，该类型活动的目的是为了打造金牌的销量，提高销量在短期内（近7天和近

30 天）的排名指数，增加产品的曝光度。

在信息压力的影响下，产品销量将对产品的购买转化起到相当大的作用。信息压力是指一般人在通常情况下会认为多数人提供的信息，其正确性概率要大于少数人，基于这种理念，个人对多数意见会持较信任的态度，因而很多的消费者将会选择销量大的产品进行购买（如在进行产品在线搜索时，会选择销量优先的排序方式），这也就是此类活动策划的主要目的。

信息压力是网购市场上的一种常见现象，由于各网民、在线买家在浏览商品时只能看到商品的外观和颜色，无法对商品进行触摸，实物感受，甚而对于自己所浏览的商品由于受到显示器分辨率、拍摄灯光的各种外界因素影响而导致了所看到的图片跟实物存在较大的差异，于是很多的买家便会从销量上着手。依据产品的销量多少来看产品的热卖程度，也会根据销量多少来给自己建立信心，认为大众的选择是正确的，大多数人买的都是好的，在这种趋同心理和信息压力的情形下，于是也加入购买的行列。因而销量型网店活动主要着眼于将来，希望短期内的销量提升能在更长的时间内延续，通过销量的提升达到占领市场，最终实现盈利的目的。

【案例 6-2】红米手机的饥饿营销

红米手机每次的限量抢都会在 12 点准时进行，所有的机器在短时间内一抢而空。甚而红米手机已经抢完了，还有很多的买家在小米的官网上还未登录进去。众多的买家并不会理性地去看待红米到底怎么样，它的运行速度如何，是否真的超值，而是在抢购的浪潮下蜂拥而上。当然狂热的抢购氛围也产生了巨大的销售额，红米通过线上活动进行限量抢购每次都能引来众多的粉丝，而由于是限量抢购，这次未抢到下次势必再抢一次，循环往复即给红米每次都带来疯狂的抢购氛围和红米手机销量的猛增。

红米手机饥饿营销活动图片见图 6-2。

图 6-2 红米手机饥饿营销活动图片

【案例启示】

3. 客户维系型网店活动策划

在大数据和云计算等互联网新技术的支持下,任何一个网店在经营管理的过程中都可能累积一定的客户群体,特别是大型的商城卖家,所累积的客户可能多达几百上千万,这么大的一个客户群体是进行网店活动信息传播的主要受众。在现今互联网竞争日益激烈的情况下,开拓一个新客户的成本是维系一个老客户的几倍,因而对已有的客户进行维系对一个网店来说是至关重要的。

CRM(Customer Relationship Management)即客户关系管理,它是一个不断与客户沟通交流的过程,最早是由 Gartner 首次提出的概念,认为客户是企业生存发展的根基,是企业最重要的资源,因而将 CRM 提升到了企业战略和运营的高度,并以此为基础开发出各种具有针对性的 CRM 系统。在网店活动中,CRM 较多地应用于消费者的购买行为分析、消费者细分、消费者描述等,根据 RFM(Recency、Frequency、Monetary)模型来衡量客户的价值进而针对不同的客户群体进行的有针对性的营销推广活动,如发短信、发 E-mail、QQ 信息群发等,在活动时,活动信息一般着重体现对老客户的关怀和新品的推荐。

一个新品上线时,在没有销量、没有人气、没有评价、没有访客的情况下,如何迅速打爆呢?充分利用现有的老客户资源既有可能迅速地打破零销量也能增加老客户的二次三次购买反复购买,还能进一步增加了买家对网店的黏性。通过对买家的购买行为、购买时间、购买品类、购买单价及其他产品的关联购买,又可对卖家的活动进行一个有效的反馈以及更准确的分析买家的消费行为和消费习惯,以便下次活动时提供经验性参考。

4. 传播型网店活动策划

传播型网店活动策划是以品牌宣传为主、销售为辅而进行的策划活动。其目的是为了传播品牌的某种形象、观念或意识。此类策划往往不以促销、优惠信息为重点,而是着重强调产品、品牌信息的价值,让受众在一定时期内了解和接受品牌观念。品牌是一个企业的无形资产,通常是企业产品或服务的载体。良好的品牌形象能让客户产生信任,在某种意识上达成共识。

传播具有五要素即传播者、传播信息、传播渠道、接受者以及效果反馈。传播型网店活动的策划者即为传播者,传播者在进行网店活动策划时应特别注意传播渠道的选择,传播渠道在一定程度上影响和制约着活动信息的传播。例如在全国最大的网络零售平台淘宝上,淘宝品牌团"聚划算"的活动、淘宝的首页广告等即是活动信息较好的传播渠道。

铭佳童话旗舰店在淘宝首页上的品牌活动在品牌广告图上重点突出"品牌大赏"的字眼,而"女童新品"和"2014 春夏美衣新品团"的字眼则作为辅助的广告语。在广告图上并没有体现打折、优惠等促销信息的字眼,而是凸显品牌的气息。在点击进入页面时也直接链接到店铺的首页,整个首页都在表达铭佳童话的品牌文化、店铺风格以及品牌的定位。如图6-3为其品牌活动的广告图。

图6-3 铭佳童话旗舰店淘宝首页品牌推广活动图片

(三) 网店活动的策划内容

1. 网店活动策划的目的

网店活动策划需要对网店的整个活动都有一个明确的方向和执行方法，是有计划、有节奏、有延续性地做一件事所形成的期望性流程。正所谓"无利不起早"，做任何一件事都必须要有明确的目的，网店活动策划也不例外，需要对每次活动的目的有一个充分的认识，才能在实际操作中有重点、有方向。大多数网店的活动，特别是中小型卖家，他们进行活动的目的更多的是为了促进销量，获取更多的利润，因而利润最大化是活动策划的最终目的。而当店铺发展到一定程度，或有意向往大品牌大卖家去发展的店家，在进行活动时更多的可能考虑到店铺以及品牌的形象方面。比如七格格、阿芙精油、御泥坊等网店品牌的活动就是通过互联网塑造自身品牌形象的典型成功案例。

当然也有些卖家以增加信誉，提高店铺的DSR动态评分为目的。每个网店平台都有属于自己的运营规则，都对使用者有一定的权利和义务关系。以淘宝为例，淘宝网的卖家和买家就有从红心到金冠的信誉等级，天猫卖家有DSR的动态评分。淘宝网的卖家都会尽力争取更高的信誉等级，而天猫卖家也会努力提高自己的店铺DSR动态评分。卖家较高的信誉和店铺动态评分，在一定程度上会增加客户对于网店的信任度，在对客户的营销、增加店铺产品销量、提高客户的黏度上也是有益的。

2. 网店活动策划的特性

网店的活动策划应该兼具可操作性、动态性、预测性和系统性的特点。

(1) 可操作性 网店活动是一项十分具体的工作，随着网络技术的发展和不同平台规则的变化，网店活动的要求也不是一成不变的。网店活动策划一定要具体可行,要能成为活动中的行动指南。任何的网店活动策划都应该可操作、可执行。再完美的策划案,缺乏可执行性便是一份无意义的策划。比如硬性要求某次活动必须带来多少的流量,多少的访客,而缺乏在有效市场调查和消费者行为分析下吸引消费者关注的操作方法,那么这种策划在实践中就会大打折扣。因此,网店活动策划需要有明确的目的,确定的活动目标,并且围绕活动目标来进行策划,能够跟实际结合起来,切勿使其内容过于抽象、太空洞、太宽泛。

(2) 动态性　网店活动是一个不断变化发展的过程,亦是一个动态的过程,在这个过程中什么情况、什么意外都有可能发生,因而应该根据出现的特殊情况和活动中的形式来改变做法,使之处在一种不断变化、发展、适应新的动态环境之中。比如活动中某个产品的某个颜色很好卖,以至于卖到零库存,那么网店运营者应该及时补充库存。又比如正在活动的商品,详情里出现了不好的评价,应该如何进行解释,这些都应该根据实际的情况加以灵活的变通。

(3) 预测性　自古即有"未雨绸缪,防患于未然"的古训。从网店活动传播的过程来看,它涉及了网店的传播者、网店活动内容、受传者以及传播渠道等环节,因而在进行网店活动策划时要充分考虑到各方面的因素,同时,网店活动可能会出现临时的问题和各种困难,需要在做策划前有预备的方案,准备好解决问题和克服困难的措施,以便各种突发情况发生时能够及时应对,而不至于不知所措。

(4) 系统性　网店活动是一个整体的工作,一个网店的活动不仅仅是运营、推广的工作,更应该把客服、物流、仓储、美工等部门的工作加以统筹安排,任何一个环节出现了问题都可能影响到活动的最终效果。

网店活动策划需要在遵循一般的运作程序上对活动内容进行系统的策划,包括活动的对象、活动的主题、活动的策略及活动传播渠道等,只有对这些问题进行周密、系统的策划才能确保在活动过程中,使各个部分都沿着某个活动中心去执行,各项工作才能有条不紊地顺利实施。作为一个系统性的工作,整个策划书一旦确定下来,切勿随意变动以免造成牵一发而动全身的后果。

3. 网店活动策划书的写作

广告活动主要由"计划—实施—评价管理"三部分组成。网店活动亦需要经过计划、实施和评价管理三个过程,这三个部分是否紧密结合关系到活动传播的预期效果能否顺利实现。

网店活动策划书是网店活动策划者根据网店活动的需求进行撰写,是一种实践性很强的应用性文件。它一般包括以下几个部分。

封面:活动策划小组名单、目录、前言。

市场分析:市场环境分析、消费者分析、产品分析、竞争对手分析。

活动策略:活动目标、活动表现策略、活动传播策略。

活动实施计划:网店活动的具体时间、活动工作具体分配、活动完成时间节点、活动费用预算。

网店活动效果反馈：网店活动数据的抓取、数据的分析工作、撰写活动总结。

网店活动策划需要成立专门的策划小组，由各个部门的成员参加，商讨各种活动策略，并明确分工，坚决执行已经确定好的活动内容。

（四）网店活动的传播和推广

1. 网店活动传播的意义

在现代商品市场上，商品极大丰富，品类众多，消费者能够选择的余地越来越大，很多产品都会淹没在众多的商品之中。而如今，传播的力量并不亚于产品本身的品质之优，再香的酒，再好的产品，如果不进行一定的信息传播和推广也可能无法到达消费者的眼里。

网店活动传播是买家和卖家沟通信息的重要方式。网店经营者通过策划好的活动，把活动内容、优惠信息以及促销参与方式等信息通过各种传播渠道进行传播，并通过买家有无购买以及是否有和卖家进行互动等方式来反馈卖家的活动效果，通过对活动效果的评估又能对下一次的活动起到指导和借鉴的作用。一份完善的网店活动策划方案可以使得信息的传播更加有效，更能促进活动效果的达成。在活动中，不仅有助于品牌的传播，也有助于销量的提高，增加店铺的访客数，提高成交转化率，最终促进销售量、销售额及利润的增加。

2. 网店活动传播的方法

一个好的网店活动策划做出来了，下一步就是要去执行这份策划，如何让活动产生更好的效果，很重要的一点就是对所传播的活动信息进行宣传和推广。网店经营者需要掌握一定的方法方可使得活动的效果更加明显和有效。网店活动传播的方法大概可以分为三种，即付费传播、免费传播以及活动传播。

（1）付费传播　各个线上平台都开通有竞价投放系统，付费广告的信息传播模式，以淘宝为例，有直通车、钻石展位、淘客等的推广，当然也有站外的推广如跟各大站长联系合作，投放活动海报，投放橱窗位轮播广告，更可采用第三方平台一些推广软件的短信、邮件营销功能，借助于第三方的平台系统，把活动时间、活动内容以文字或图文的形式通过短信和邮件的方式加以传播。因为各种推广方式的成本不同，在活动前，网店经营者应该根据自己的需要选择合适的传播途径。

（2）免费传播　免费的活动传播途径比较多，较为常见的就是"三微"，即微博、微信、微淘，以及博客、论坛、QQ 和邮箱等的传播。网店经营者可以选择搜索权重比较高的博客、微博进行活动传播，也可以选择使用人群比较广的工具进行传播，以争取更多的受众，把活动信息传播至他们的身边。微博、微信是线上用户广为流行的应用工具，应该加以重视。

在 AISAS（Attention、Interest、Search、Action、Share）法则中，最后一个 S 即信息的共享，每个人在对自己所了解的信息产生行动之后会进行一定程度的分享。

如果买家在购买了一个产品之后，觉得物美价廉然后通过微博、微信、QQ 空间等进行了分享，这样将会有更多的朋友和自己所处的交际圈的人可以看到此信息，而此信息在经过其他人的分享、传播便有可能产生二次的传播，以至于三次、四次多次传播，由此所带来的信息传播范围将更加广泛。

作为主流的社交工具，每个店铺都应该尽量去开通、维护，进行实名或企业认证，以增加用户的可信度，通过微博的平台把富有递进关系的活动信息分不同时间段进行广播。在相关行业的论坛和社区进行帖子发表、评论回复也是重要的免费信息传播渠道，但须注意不要只是为了传播信息而传播赤裸裸的促销信息，而应该更加注重软文等形式的回复内容，无形间植入网店的活动信息。

（3）活动传播　线上活动都有自己的活动平台和活动入口，比如淘宝的天天特价、聚划算、免费试用、淘金币等。在这些信息传播渠道上，通过活动审核的商家都有展示主图的机会，通过这个主图进入卖家的店铺或单品页面，因而这个主图上的信息如商品图片、促销文案等便尤为重要。每个活动都会给予一定的流量，能进入店铺多少流量以及能产生多少转化率则需要有具有吸引力的图片和完善的详情描述。活动平台的信息传播由于各个活动的差异性，因而带来的流量也是不尽相同。如，淘宝的"聚划算"流量还是不错的，一般举行 3 天的活动会有 5 万左右的独立访客。

二、圈粉丝——微信营销策划

任务目标

了解微信营销产生的背景，通过与传统营销对比，正确认识微信营销；掌握微信营销策划三大步骤；正确认识和应用各种微信营销策略。

工作任务

微信营销主要是在安卓或苹果系统手机以及平板电脑等客户端上进行精确的定位营销，商家通过微信公众平台提供微官网、微会员、微推送、微支付、微活动等一系列的服务，随着智能手机用户数量的爆发式增长，目前，微信营销已经成为一种主流的线上线下互动营销方式。

任务实施

步骤一　了解微信营销

伴随着微信的兴起，商家利用移动终端的微信软件进行的营销方式就称为微信营销，它是网络经济时代一种新的企业营销模式。

> 知识链接

（一）微信营销的产生背景

1. 移动电子商务的迅速发展

移动电子商务就是利用手机、PDA 及掌上电脑等无线终端进行的 B2B、B2C、C2C 或 O2O 的电子商务。它将因特网、移动通信技术、短距离通信技术及其他信息处理技术完美地结合，使人们可以在任何时间、任何地点进行各种商贸活动，实现随时随地、线上线下的购物与交易、在线电子支付以及各种交易活动、商务活动、金融活动和相关的综合服务活动等。作为一种新的技术方法，移动电子商务给全球化经济注入了新的元素，而微信是移动电子商务的一个典型应用平台。

2. 社会化媒体的崛起

社会化媒体是指网民通过撰写、评论、分享等，与他人互相交流、沟通、反馈，这种可交流、沟通的工具和平台就称为社会化媒体。社会化媒体在移动电子商务中的一种典型应用就是利用社会化网络、微博、论坛、在线社区等互联网交流平台来进行营销。国外的 Facebook、Twitter，国内的人人网、新浪微博、微信等都是社会化媒体的产物。社会化媒体营销所带来的便利正深刻地改变着人们的生活，社交网络的时代已经来临了。

3. 智能手机的普及

随着技术的发展，4G 网络的推广，智能手机、平板电脑越来越普及。2012 年，手机上网用户首次超过了 PC 上网用户。根据市场调研机构 Canalys 检测数据显示，中国手机市场已经趋于饱和，2017 年中国智能手机市场进入了负增长时代，数据显示，2017 年中国智能手机市场总出货量为 4.59 亿部，较 2016 年下跌 4%。根据中国互联网络信息中心 CNNIC 发布的第 39 次《中国互联网络发展状况统计报告》，网民的上网设备已经向手机端集中。截至 2017 年 12 月，我国手机网民规模已达 7.53 亿，较 2016 年年底增加 5734 万人，网民中使用手机上网的人群的占比由 2016 的 95.1% 提升至 97.5%。移动终端的普及，手机上网用户的快速增长，是移动电子商务及微信营销发展不可或缺的助推器。

4. 手机软件的发展

近几年，随着智能手机的普及，Android 和 ISO 系统几乎垄断了整个智能手机平台。与之相伴的是手机 APP 应用软件的高速发展，智能手机和手机 APP 已经渗透人们的衣食住行，给人们的生活提供了极大的方便，而微信，就是社交软件 APP 中长期占据榜首的一颗巨星。

微信营销主要体现在以安卓系统、苹果系统的手机或者平板电脑中的移动客户端进行的区域定位营销，商家通过微信公众平台，结合转介率微信会员卡管理系统展示商家微官网、微会员、微推送、微支付、微活动，已经形成了一种主流的线上线下微信互动营销方式。

（二）微信营销的定义

微信营销是网络经济时代企业营销模式的一种创新，是伴随着微信的火热而兴起的一种网络营销方式。微信用户可以不受时间空间的限制，根据自身需求主动关注企业微信公众账号，与企业形成一种紧密的联系。企业通过微信公众平台向微信用户提供他们所需要的信息，推广自己的产品，从而实现 F2F（点对点、面对面）的营销。

微信营销主要体现在以 Android 和 ISO 系统的手机或者平板电脑中的移动客户端进行的区域定位营销，商家通过微信公众平台，结合转介率、微信会员管理系统展示商家微官网、微会员、微推送、微支付、微活动，目前微信营销已经形成了一种主流的线上线下相结合的互动营销方式。

（三）微信营销与传统营销方式的对比

传统营销强调将尽可能多的产品和服务提供给尽可能多的消费者。它主要借助实体卖场、各广告平台来开展营销活动，顾客在消费过程中交流性强，体验感强，能体验到购物的休闲和乐趣，但是企业的经营成本和宣传成本相对较高。微信营销与传统营销模式相比，具有以下优势。

1. 及时性强

随着移动网络的发展，无论企业还是个人，只要拥有移动终端如手机、平板电脑等，就可以随时随地刷微信，发布自己的状态、心情、分享图片、精彩内容等，对于企业的微信营销来说也是如此，商家可以通过微信公众号第一时间发布新产品信息、企业新闻资讯、宣传最新的优惠促销活动等，只要在有无线网络的地方，用户即刻就可以收到并阅读这些信息。和传统营销方式通过报纸、杂志、广告牌、电视等发布消息的方式相比，时效性强，到达率高。同时，用户还能在第一时间接收并反馈意见，这为企业通过微信营销取得良好效果奠定了基础。

2. 精准度高

在企业竞争日趋激烈的当下，谁能在竞争中保持独特性，把握客户需求，提供个性化服务，谁就能占据更多的市场份额，因此精准营销成为当前营销市场的一大主流趋势。精准营销是为产品、业务、内容等寻找可能会感兴趣的潜在目标用户的方法和过程，商家要能精确地找到目标客户，就必须对目标客户的行为、爱好等进行精确的把握和分析，并与提供的产品、内容、服务及营销方式进行精确的匹配。

与传统营销方式地毯式搜索客户消费者不同，微信营销属于"许可式"营销，是主动吸引消费者前来，因为只有真正对产品感兴趣的用户才会关注企业微信。微信营销建立在 4C 理论强调顾客需求的基础上，还要求精准地定位客户，建立与客户良好的关系，充分利用用户数据，按照多个维度对客户行为进行细分，实现精确选取客户，达到精准营销的目的。因此微信营销使得营销成本更加可控，营销过程可监测，营销成果也可预测。

3. 成本低

一般而言，传统的电视、报纸、广播、电话以及互联网等营销方式都需要企业投入大量的资金成本，而目前微信的所有功能却均不收取使用费，企业基于微信这一免费平台开展微信营销，无需花费高昂的营销费用，仅需支付少量的网络流量费。这是微信营销和传统营销相比最大的优势。成本低主要体现在几个方面：

宣传，传统营销单是在稍有名气的报刊上刊登广告，费用就得上千，更别说电视广告了，而且高成本广告投入换来的效果却并不一定和花费形成正比。

销售，相比于传统营销在商店、超市、卖场设点销售或是销售人员跑客户、拉单子等方式，微信营销不需要进场费，不需要通讯费、差旅费，节省财力、物力，而且无需销售人员主动寻找客户，而是让客户自动上口，节省人力资本。

库存，传统销售模式生产商只能通过过去的经验和数据以及消费者习惯、动向等预测生产量，由于变动性及风险性大，往往造成生产量不足或者库存积压的情况，而微信营销可以根据实际的需求量进行生产，节省材料成本、管理成本，增强企业资金流动性，减小经营风险。

4. 互动性强

从某种意义上来说，微信的出现在很大程度上解决了企业在管理客户关系上的难题。当用户有欲望把对产品或进店消费的体验，以及个人提出的建议告知企业时，企业微信公众平台就能为他们提供一个便捷的渠道。只要用户一发送信息，微信客服就能即时接收，并对信息做出相应回复和解释。企业与用户通过微信能够快捷且良好地互动，有利于维护客户关系，进而提升营销效果。

5. 面向广大网民，具有广泛性

2018年1月31日，中国互联网络信息中心（CNNIC）正式发布第41次《中国互联网络发展状况统计报告》。截至2017年12日，我国网民规模达7.72亿，普及率达到55.8%，超过全球平均水平（51.7%）4.1个百分点，超过亚洲平均水平（46.7%）9.1个百分点。我国网民规模继续保持平稳增长，互联网模式不断创新、线上线下服务融合加速以及公共服务线上化步伐加快，成为网民规模增长推动力。

6. 操作简便，便利性高

微信营销发布快捷，只需要撰写、发布、推广微信即可，比起传统营销策划、实施、反馈，操作更为简便。一般来说，维护微信营销体系的正常运转不需要太多的人力，只需要一些专项人员即可。

综上所述，与传统营销模式相比，微信营销信息发布及时性和互动性更强，精准度更高，经营的成本更低，传播范围更广，而且操作便利，维护的人力资本更小。但同时，微信营销模式也有它自身的一些缺点，比如体验感比传统模式要弱，商品信息停留在视觉上，消费者无法感触，有的时候实际商品和宣传内容上的出入较大；特别是安全问题，比如网上支付的安全性、顾客隐私泄密、利用网上支付诈骗等。

步骤二　微信营销步骤

微信营销策划是一个科学而严谨的过程,在进行微信营销活动之前,营销策划人员应掌握微信营销的基本过程。

■ 知识链接

(一) 设定微信营销目标

微信营销和整个市场工作一样,必须制定明确的目标,但在实践中,还是有很多企业虽然明白需要制定目标,但是要么制定出来的目标不合理,不切实际;要么非常模糊,不能起到指引作用,这都是因为不了解目标的设定需要遵循一定的原则。

一般来讲,目标的制定最好遵循 SMART 法则,即 S(Specific)－具体、M(Measurable)－可量度、A(Attainable)－可实现、R(realistic)－现实性和 T(Time – based)时限性。

如表 6 – 1 就是某企业根据 SMART 法则制定的一个简单的微信营销目标

表 6 – 1　　　　　　　　　某企业微信营销目标

时间周期	目标
9 月 1 日 ~ 9 月 10 日	微信公众号申请成功
9 月 11 日 ~ 10 月 10 日	前期粉丝累计 1000 个
10 月 11 日 ~ 11 月 10 日	中期粉丝增加 1000 个

(二) 制定微信营销整体方案

设定好了微信营销的目标,就可以以此为依据制定营销整体方案。这个过程主要分为资源准备、预算准备、人员准备、任务分解等。

制定微信营销整体方案的第一步首先是组建营销团队,一般来讲,一个完整的微信营销团队的层次结构如图 6 – 4 所示。

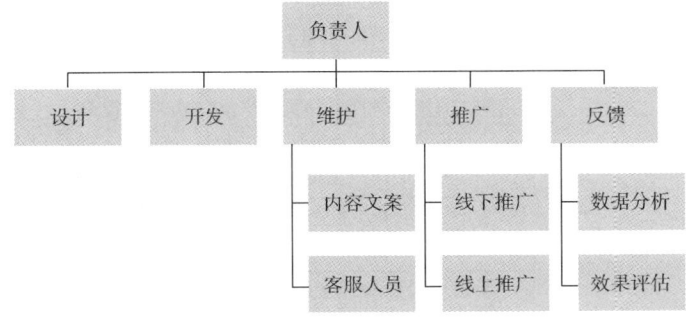

图 6 – 4　微信营销团队结构图

同时，还需要对参与的人员进行角色分工及所负责工作进行定义，表6-2为某企业微信团队的人员分工表。

表6-2　　　　　　　　某企业微信团队的人员分工表

姓名	A角色	B角色
张小伟	统筹管理	内容编辑
陈明	平面设计	线上推广
林爱良	程序开发	效果评估

在人员分工确定后，还需要分析和预测项目需要投入的预算和资源，表6-3是某企业微信营销的预算资源分析表。

表6-3　　　　　　　某企业微信营销预算资源分析表

资源形式	资源说明	备注
现金	15万元	6个月资金储备
企业官方网站	首页头部二维码	网站日PV15万
	文章末尾二维码	
企业官方微博	首页二维码	30万粉丝
店面资源	36家店面收银台二维码展示位	只能使用2个月
现有客户	36233位	可向现有客户推介公众号

完成以上策划后，策划人员便可据此制定详细的实施计划，表6-4就是某企业对微信营销目标进行分解、细化后的工作计划实施表。

表6-4　　　　　　某企业对微信营销工作计划实施表

时间周期	目标	子目标	负责人	预算
6月1日～6月15日	前期准备	公众号申请	小何	
		15篇文章撰写	小张	
		头像设计	小陈	
		实体店面宣传海报设计	小陈	
6月16日～7月15日	前期粉丝积累1000个	每日最少推送1篇高质量文章	小张	
		最迟5分钟回复粉丝留言	小何	
		15家实体店张贴宣传海报	小宋	
		招聘3个兼职人员，每周最少派发1000张传单	小宋	
		公司官网及微博挂上公众号二维码	小陈	
7月16日～9月15日	中期粉丝增加10000个	46家实体店张贴宣传海报	小宋	
		每日最少推送1篇高质量文章	小张	
		最迟5分钟回复粉丝留言	小何	
		最少购买20个微博大号进行广告宣传	小宋	
		组织5个兼职人员，每周最少派发2000张传单	小宋	

一般而言，微信营销的策划分为内容产生、展现设计、功能开发、数据统计分析、线上推广和线下推广六个步骤，策划者可以将这六个部分和表6-3的内容相结合，完成一份详细、完整的微信营销策划方案。

（三）阶段性营销成果总结及策略调整

微信营销计划不是一成不变的，在实施过程中，可能会遇到外部、内部环境的变化，微信营销实施者就需要及时对这些变化进行跟踪和采取应变措施。

1. 外部环境变化

外部环境变化是指微信营销实施企业之外发生的，对微信营销可能产生影响的情况变化。一般来说，实施者需要持续跟踪以下几个要点。

（1）微信官方政策变化　一类是技术性的政策，另一类是非技术性的管理政策。

（2）竞争对手变化　包括竞争对手的加入或退出，竞争对手市场策略的变化，竞争对手推广手段的变化，竞争对手产品服务类型、价格、方式的变化等。

2. 内部环境变化

内部环境变化指的是团队成员的变化、投入预算的变化、组织机构的变化等。内部环境发生变化，微信营销负责人可采取一些策略去应对这些问题。

（1）如果负责人是企业老板本身，那么要对微信营销自身有理性、客观的认识，站在更高的战略、更长远的规划去看待这个问题，不至于因为短期的挫折和变化而乱了阵脚，做出错误决策；如果负责人不是企业老板，则要不断向老板灌输微信营销的基本知识和特点，不能让老板产生不切实际的过高期望。

（2）制定营销目标要紧一点，不可过高；制定预算要松一点，不可过少；制定项目实施周期同样要预留一定的余量。

（3）内部人员分工要合理规范，同时每个人要分A、B角，即使突然出现减员的情况也能够马上让人顶上，不至于出现工作的空缺。

步骤三　微信营销策略

微信营销的方式多种多样，且随着技术和市场的发展正经历一个快速发展和创新的过程。

知识链接

（一）微信黄金广告位——微信签名

在微信签名栏上写自己的签名，已经成了很多人的习惯，这里可以写上自己的心情或者感悟等，对商家而言，在这里打上自己的广告，便可以让简单的签名栏变成移动的"黄金广告位"。

企业通过微信签名栏进行广告应该注意以下一些要点。

1. 签名栏的设计要和企业产品或品牌本身息息相关

企业签名栏的设计要和企业的产品或品牌有关,并且要连接到自己公司的网址,这样,以后的每一个回复或每一个发帖下面都会带有公司网址的广告,能达到更好的宣传效果。

2. 借鉴营销效果好的企业的做法

在企业初期使用签名栏广告时,可以多借鉴他人的方式,看看一些成功的企业是如何编辑签名栏广告,也可以从他人的做法中得到很多的灵感。

3. 位置偏远的店铺更应重视签名栏广告

利用签名栏位置进行广告的方式常常被称为"草根一族的营销方案",因为这种营销方式其实很适合位置不佳的店铺。因为在通常情况下,如果店铺位置不够显眼,顾客群就会少,但利用微信"查找附近的人",在签名栏里打上一些吸引人的消息,就能招揽一批人的关注,进而带来销量。

4. 利用吸引人的签名把接收消息的人转化为顾客

让"附近的人"接收消息不难,关键是能否通过签名吸引顾客的关注。通常商家可以在签名栏设计一些打折活动、进店送礼、进店抽奖之类的信息来让人觉得有利可图,进而关注并成为你的顾客。

【案例6-3】 最 IN 的时尚分享

"美丽说"利用微信签名栏(图6-5)把每个季节最流行、最时尚、最个性的服装、包包、鞋子、饰品等展现给用户,告诉用户怎样穿衣搭配最美,这个功能让用户及时看到了服装信息,学习使用的搭配技巧,因此吸引了众多粉丝。

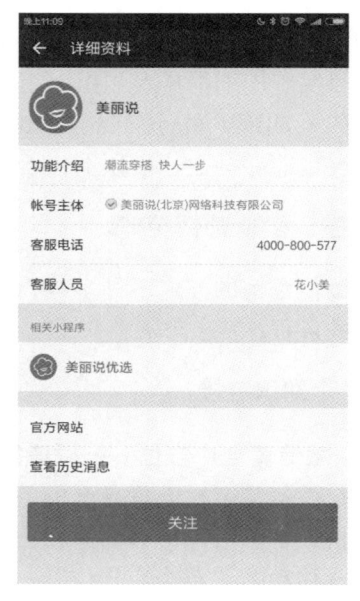

图6-5 "美丽说"微信签名栏

【案例启示】

从上述案例可以看出，微信的众多功能中最能体现其网络营销价值的就是位置签名栏。尤其微信可以通过"找朋友"的辅助功能，快速精确地定位周边可以达到店面的潜在消费群体，在 LBS 的辅助下，在微信"朋友们"选项中，商家可以根据自己所在的地理位置找到附近的其他微信用户，精确定位让这些签名档广告的投放变得有的放矢。此外，企业在微信签名栏投放优惠、打折等信息就更能起到很好的营销效果。

(二) 草根广告——查找附近的人

通过"查找附近的人"扩大消费人群是微信营销的一种常见应用，其本质可以理解为将"路人甲"转化为商家自己的消费者的过程。很多企业在市场运营过程中常常不知道应该如何切准自己的目标消费群体，微信"查找附近的人"功能就是一个在空间范围内开展营销的良好策略。

微信作为一种典型的即时通信工具，对信息的传输有很强的要求。从用户唤醒到用户关注，再到用户黏度的提升，每一个步骤都需要微信运营团队有一个良好的策划和方案。在利用"查找附近的人"策略争取"路人甲"的过程中，营销团队应注意以下几点。

1. 建立微信定位的空间概念

"查找附近的人"是作为微信平台下的空间概念而出现的，因而对于商家而言是一个流动的地标指示牌，对消费者来说这是一个移动的平面坐标地图。商家要将其作为自己在网络中的地标性建筑进行精心维护，并进行长时间的推广，最大程度地完成唤醒用户的过程。

2. 把握适当的信息推送时机

但用户被唤醒成为商家的关注用户后，将自己介绍给用户就显得尤为重要。一个个性化的头像，一段诙谐幽默的个性化说明都有可能为用户留下一个深刻的第一印象。更重要的是，在与用户初次沟通过程中，要鲜明地输出企业微信的核心信息。

3. 集中传递商家的核心信息

通过"查找附近的人"增加的用户，商家会在第一时间向其输出自己的核心信息，可以根据行业属性和外部环境，尽可能地提供与之相匹配的个性信息。

4. 运营中注意增强用户的黏性

通过"查找附近的人"关注企业微信，具有很强的偶然性和暂时性，因此使用该方法吸粉并不是一劳永逸的。企业在维护用户的过程中应重点关注其黏度的变化。因而内容相关性和有效时间里的周期推送就是微信发布信息中应该关注的内容。如雅士利每日选择在下午茶前后的时间推动贴心信息，通过占用用户的空闲时间段，有效地增加其用户黏度。

(三) 品牌活动——"漂流瓶"

"漂流瓶"在微信中扮演着"海底捞"的功能。它通过"扔一个"，用户可以发布文字或语音信息投入大海中以便其他用户"捞到",通过"捡一个",用户可以从大海里无数个漂流瓶里捡一个出来,并与对方展开对话。而企业也可以通过"漂流瓶"活动作为网络线上活动的延展,提升企业的品牌形象。

企业在利用微信"漂流瓶"进行营销活动时,应着重注意以下几点。

1. 微力量、微慈善

借助"漂流瓶"企业可以有针对性地进行公益信息的投放,其形象感和互动方式尤其适合企业利用其进行公益活动的平台,进而提高企业的品牌形象。

2. 击鼓传"话"

"漂流瓶"的信息传递方式正像一个在线版的击鼓传"话"活动。在"漂流瓶"内容的创建上,要最大程度地发掘有加工性的话题,尽量选择具有延展性的话题,接力的形式能够将参与话题讨论的人群壮大,使之最终成为具有很强病毒性的传播话题。

3. 真心话、大冒险

说出"真心话"的"漂流瓶"话题也是具有很强的传播力的,并容易引起用户的兴趣和共鸣,特别是在中青年消费者中,这种话题具有更强的延续性。

【案例6-4】招商银行也爱漂流瓶活动

> 招商银行通过"漂流瓶"和"摇一摇"功能开展"招商银行点亮蓝灯"的活动。用户捡到招商银行漂流瓶并回复,招商银行便会通过"小积分,微慈善"平台为自闭症儿童提供帮助。这种方式既吸引了客户的参与,同时也提高了品牌知名度,给用户留下良好的印象。

【案例启示】

微信朋友圈功能的设定,是针对熟人圈发布封闭消息,而"漂流瓶"功能则是带有游戏特色的公开消息。漂流瓶随机的传递功能能有效地达成陌生人之间的社交网络。"漂流瓶"包含的信息容量大,且容易形成自主传播,如果能在内容上深度挖掘用户所需,就能形成具有强大传播力的话题和互动形式。

招商银行的"爱心漂流瓶"活动通过一种简单的方式为自闭症儿童献上一份爱心。"漂流瓶"平台的"微公益"为企业打开了一个全新的公关平台,"漂流瓶"活动由企业发起,由用户自我完成传播,是一种新颖的传播形式。同时,以用户为原点的传播方式更容易被用户接受而增加信息传播的有效性。

(四)O2O 模式——"扫一扫"

微信 3.5 版发布了二维码扫描功能,用户通过扫描二维码,便可添加朋友,关注微信公众账号。企业可生成自己品牌的二维码,利用折扣、优惠信息吸引客户关注，还可获得电子会员卡，以及其他的新闻资讯等。而微信5.0更是带来了"扫一扫，扫出新世界"的全新体验，微信5.0扩大了"扫一扫"的功能范围至扫街景、扫条码、扫封面等，线上与线下信息的迅速整合，能开创一个全新的购物体验。

新版微信的"扫一扫"功能得到了广大商家的关注，也加强了商家和微信的合作，在运用的时候，商家应注意以下几点。

1. 全面覆盖，以奖动人

在提升企业微信关注的运作中，全面覆盖、以奖动人是比较普遍的策略方式，企业可以先通过全面覆盖的方式增加微信平台与受众的接触范围，而后通过以奖动人的方式，直接刺激用户利益，提高平台的关注度。

2. 活动不断，惊喜连连

企业可以结合微信的新功能，开拓创新"扫一扫"活动，例如将扫一扫与微信分享相连接，通过晒图等形式进一步扩大受众群体，将线上和线下活动进行无缝连接，进一步加强互动形式的多样性。

【案例6-5】优衣库扫出缤纷好礼

> "微信扫一扫，好礼缤纷赢"是优衣库开展的微信二维码扫码活动，在活动期间通过扫码关注即有机会赢取缤纷大礼。与微信合作是优衣库线上市场的重要战略，为了推广微信，优衣库在其网店及门店的宣传海报、宣传单页、易拉宝、宣传台贴纸上都添加了二维码标识，通过大力度的线上+线下的曝光，全面推广其微信公众号，提高用户关注度。

【案例启示】

优衣库"扫一扫"是通过全面覆盖的方式来获取关键用户群。具体的操作方式是一种典型的线上+线下的模式，通过各种宣传终端资料在用户全接触点上进行二维码推送；通过二维码"扫一扫"的方式提高微信平台的关注度。优衣库"扫一扫"模式提供了一个可供企业参考的范本，即通过大范围的二维码覆盖和适宜的产品促销，有效地提高微信平台的关注度。

（五）附近商机——"摇一摇"

"摇一摇"主要针对小范围、短距离的互动，开启"摇一摇"功能会自动将你的位置信息共享给其他人，当你摇手机时，周围一千米同时和你摇动手机的人便可搜寻到对方，打招呼，交友聊天等，它是微信独特而强大的交友方式。但它的功能不仅限于社交，企业也可利用"摇一摇"发布优惠信息，做抽奖活动等，吸引消费者的关注。

"摇一摇"不同于其他的微信活动,在发挥现场互动中具有很强的优势作用。"摇一摇"作为现场互动的重要参与环节,也可以增强活动现场的氛围。对于商家而言,简单的"摇一摇"微信主题活动简单并且可操作性强,是企业可以长期采用的互动方式。在使用该功能时,企业在实际操作中可以注意以下几点。

1. 微信"摇一摇",商机在附近

企业可以通过"摇一摇"向附近用户打招呼,引起用户的关注,而借助"摇一摇"进行在线互动活动,可以将现场互动信息在第一时间进行传递,并使用户接收到微信邀请后能第一时间获得企业相关信息并参与到活动中来。"摇一摇"能最大限度地将地缘周边的用户全面卷入,最大程度地获得互动影响力。

2. 娱乐新形式

"摇一摇"活动参与度高,因为其操作简单,参与门槛极低,使广大用户都有机会进行互动,同时,"摇一摇"又具有动感,很容易在顾客群中带来感染力。用户聚集时,晃动手机,期待感迅速提升,除了具有很强的现场感,也很具娱乐性,使顾客在参与中体会到互动的乐趣,因而很容易形成用户的二次传播。

3. 新功能带来新商机

微信功能的不断更新,也为企业带来了一些新的商机。随着微信版本的发展,"摇一摇"除了可以参与互动活动外,还增加了摇歌曲的功能,靠试听推广产品的一些商家可以利用音乐播放的载体功能,在平台上通过歌曲的植入,带来相关产品的信息。

【案例6-6】某楼盘微信现场抽奖

> 在某楼盘的开盘现场,商家采用"摇一摇"的方式启动现场抽奖活动,主题为"微信摇一摇,IPad Mini 大抽奖"。每周一次的 Ipad Mini 抽奖活动都吸引了众多用户前来参与,主持人宣布开始抽奖,现场数百名用户一起摇动手机,活动场面极为热烈。商家合理的活动规划,增强了活动的参与性和娱乐性,提高了活动的宣传效果。

【案例启示】

某楼盘巨大的派奖力度是用户参与的重要后台保障,而商家选择的"摇一摇"的活动方式也在推动现场活动氛围和提高活动参与性上具有很大的优越性。这种以线上形式推动线下活动的方式,使得两者直接相互借势,确实是一种很好的现场活动方模式。

(六)开放平台+朋友圈

微信开放平台是微信为第三方程序开放的接口,使用户可将第三方程序的内容发送给朋友或分享到朋友圈。朋友圈支持客户将自己的心情、状态、照片以及网站中的精彩内容分享到朋友圈，当然也可以晒出自己的消费体验。与此同时，商家也可以将产品发布在朋友圈，利用人脉关系，在朋友和熟人间进行推广，实现病毒式营销。

朋友圈作为一个社交平台，在人们的生活中发挥了越来越重要的作用，也使得越来越多的企业将目光聚焦到微信朋友圈中。通过微信朋友圈进行互动，常见的操作就是通过信息分享形成二次传播，微信二次传播主要是靠用户自主分享，因此在传播内容上要注意广告的内容和比例，要做好安排，避免在"朋友圈"中产生刷屏广告而遭到用户的厌恶。因而，朋友圈分享的信息始终是内容为王，只有真正能给用户带来好的感动的信息，才能持久地生存并获得消费者的青睐。

1. 周期性持续活动

企业在做活动的时候，大部分希望通过一次事件营销制造出爆炸性效果，追求短时间高效传播。对于微信朋友圈而言，除了轰动效应，更应该重视长久的口碑传播，因而除了一些重磅消息外，也可以通过一些"优秀微文"来提升朋友圈内朋友对于其微文的阅读和分享度。

2. 分享内容要精选

微信朋友圈的分享要紧紧围绕产品和企业属性，例如"火线"系列的微信活动，无一不是围绕游戏本身展开的，其平台提高了微信分享的入门门槛，完成任务获得一次胜利才能得到一次分享的机会。将自己的首战捷报分享在朋友圈中对于用户来说是一个分享荣耀的过程，因而实现了从企业主动到用户自发，能良好地进行主动推广。

3. 幸运大奖相关性

企业为了吸引用户的关注，往往在分享活动中设置了各种奖项，希望通过大奖来激发消费者的注意，然而，奖项设置不合理往往会使企业悉心开展的活动被大奖抢去关注度，不能有效地输出品牌的价值，因而在开展相关活动时，应注意奖项设置和活动及企业本身的相关性。

【案例6-7】PPS游戏送元宝

> 通过关注PPS网络游戏平台官方微信，在活动期间将活动内容分享至朋友圈，即可获得游戏元宝和话费。每天抽出三位玩家，赠送价值500元的游戏元宝，同时每天送出200份50元电话大礼。
>
> 在具体的操作上，将活动内容发送至朋友圈，再将分享至朋友圈的截图发回给PPS游戏平台公众账户，最后发送："在一起+手机号"即可获得抽奖号码，参与大奖抽取。

【案例启示】

从上面的案例中可以看出,为了抢占微信朋友圈,企业在宣传过程中需要投入具有吸引力的大奖。案例中的企业遵循着发起活动—分享信息—反馈信息—参与抽奖的步骤展开活动,在微信传播中,不断强调内容带来的结果效应。

(七)微信公众平台

微信公众平台分为三种不同的账号。

服务号:一个月只可以发四条消息,消息显示在用户的聊天列表当中,可以自定义菜单。

订阅号:每天可以发送一条消息,显示在"订阅号"文件夹中,个人用户只能申请订阅号。

企业号:是微信为企业用户提供的应用接口,只有一定范围的用户才可以关注企业号,发送的消息数量几乎不受限制,如企事业单位、学校、医院等,可建立企业内部的连接,简化管理流程。

微信公众平台是对开放平台和朋友圈的延伸,通过用户分组和地域控制,企业可以实现将精准消息推送给目标人群。公众平台可以展示商家的微官网、微名片、微活动、微会员等,还可以实现客服咨询、互动等功能。

成功案例:东方航空公司员工可通过企业号使用多种服务功能,如通讯录、待办事项、排班查询、航班动态等。

三、晒热门——事件营销策划

任务目标

了解事件营销产生和发展的背景,正确认识事件营销的基本概念和互联网为事件营销带来的机遇;了解影响事件营销的因素及常见的事件营销策略;掌握事件营销策划的操作步骤,正确认识成功关键点。

工作任务

事件营销是一种常见的营销手段,特别是在互联网和无线网高速发展的今天,信息的传播速度和受众接收信息的方式日益创新,使得事件营销借助互联网技术得到快速的发展和应用,现代营销人员应该正确认识和掌握互联网环境下进行事件营销的基本原则和方法,能利用事件营销快速打开市场,提高品牌知名度和美誉度。

▎任务实施

步骤一　认识事件营销

在社会的复杂体系中，事件是指历史上或社会上发生的不平凡的大事情，事件可以看作社会和生活构成的基本要素。"事件营销"在英文里叫做"Event Marketing"一般是企业通过运作公关事件来迅速提高企业及其品牌的知名度和美誉度，达到"一举扬名天下知"的目的。进行市场营销，企业必须整合自身资源，通过具有吸引力的创意性的活动或事件，使之成为大众关心的话题、议题，因而吸引媒体的报道与消费者的参与，进而达到营销的目的。简单的说，事件营销就是通过把握新闻规律，制造具有新闻价值的事件，并通过具体的操作，让这一新闻事件得以传播，从而达到广告的效果。

▎知识链接

(一) 事件营销的产生与发展背景

事件营销在国内的发展经历了独特的发展阶段，从传播途径的角度分析，事件营销主要经历了四个发展阶段。

第一阶段：萌芽阶段

20世纪初到改革开放初期是事件营销的萌芽阶段。在这个阶段，产品匮乏，在卖方市场中企业并没有营销观念，当然也没有"事件营销"的概念，但是事件营销的实践活动客观存在，这种实践活动的开展大多没有经过系统策划，然而事件的自然或是偶然的发生却促成了商品销售。这一时期最具代表性的案例就是20世纪初的"茅台破瓶事件"。即1915年在美国旧金山举行的巴拿马万国博览会上茅台酒打破酒瓶，散发出的酒香吸引众人注意以获得金奖。茅台瓶破碎这一事件导致茅台酒在博览会上获得金奖，这便是事件营销萌芽的表现。

第二阶段：启动阶段

改革开放后到20世纪90年代中期是事件营销的启动阶段。改革开放后我国走出了计划经济时代，产品供给增多、市场逐渐发展转向买方的状况促使企业开始"以销定产"，市场营销观念逐步确立，实现了从无到有的质变，也日趋发展成熟。营销4P理论在企业实践的过程中已得到认可，营销传播工具的外延不断扩大，包括事件营销在内的各大营销手段均有所发展。这时的企业事件营销已经有了明确的目的，企业能够有效地利用外界事件为自己的产品营销。通常是一些大型企业的发展状况或者优秀企业家的先进事迹在媒体上出现。1985年海尔张瑞敏的"砸冰箱"事件突显了海尔重视质量的理念，有效地提升了品牌形象和产品销量。这为事件营销在中国企业的应用树立了先锋榜样，企业开始隐约地认识到事件营销对产品的知名度和信誉度产生的作用，能够主动地利用事件，采用赞助手段提高知名度,比如"健力宝"通过赞助1984年洛杉矶奥运会中的中国女排和1987年第六届全运会,扩大了品牌知名度。但是这一时期企业在利用事件营销时,多是以曝光率为目的,对事件与品牌的关联度还不重视。

第三阶段:快速成长阶段

20世纪90年代中后期开始是事件营销的快速成长期。随着科学技术的发展、经济全球化的融合,特别是现代信息网络技术的革新和消费者需求多元化、个性化的演变,营销理论也在不断更新,出现了体验营销、注意力营销等新兴的市场营销理论。事件营销整合了报纸、杂志、广播、电视、互联网等各种传播资源,借助这一体系企业信息得到飞速传播,这时事件营销活动已经体现出战略策划的思想。奥克斯有效策划了价格白皮书、技术白皮书等事件,获得了大量顾客,这表明事件营销已经进入快速发展阶段,其特点是企业有目的地挖掘或创造事件以促进营销。绝大多数企业在这一阶段开始了解并重视事件营销这一营销方式,许多的成功案例,如蒙牛的超女营销、神五营销也不断涌现出来。

第四阶段:完善成熟阶段

从"神六升空"开始,随着微博、微信等互联网社交媒体的兴起以及无线互联网技术的完善和广泛应用,事件营销进入了完善和成熟期。企业通过各种平台媒体蜂拥争夺事件,事件营销的效果开始两极分化。众多企业效仿蒙牛的神五营销争相利用神六事件,紧盯德国世界杯的事件机会,这说明企业已经完全地意识到事件营销的重要性,但大多数企业收效甚微的事实又说明对事件营销的应用还需要进一步地认识、完善。目前,事件营销正处于这一逐步完善成熟的阶段,企业应该深入研究如何利用事件进行营销。

(二)事件营销的概念及其含义

目前关于"事件营销"有一个比较统一的概念,是指企业或者组织在真实与不损害公众利益的前提下,有计划地策划、组织、举办和利用名人、具有重大新闻价值的活动,通过制造有"热点新闻"效应的事件,吸引媒体、社会公众和消费者的兴趣与关注,以达到提高企业和产品社会知名度和美誉度、塑造企业良好形象,和最终促进产品或服务销售的目的。

从这一定义来看,事件营销包括三个方面的内容。

第一,企业运作事件营销的动机和过程应是合法的。事件营销是以营销者"在真实和不损害公共利益"的前提下开展的,是一种注重社会公德与社会责任的市场营销战略方式。

第二,事件营销是企业抓住社会上的热点事件,巧妙地策划出某一话题或事件,使人们的注意力由关注热点事件转到关注企业的方向上来,是企业进行自我展示的一种营销策略。

第三,事件营销的着眼点在于制造或者放大某一具有新闻效应的事件,以及让传媒自觉竞相报道而吸引公众的注意。企业对其进行的深层次运作是借助传媒力量将企业品牌的形象迅速融合到所运作的热点事件中,使人们在关注事件发展的同时,自然而然地联想到企业品牌。

事件营销有几个其他营销手段无法比拟的优势。

第一,投入小,产出大。据有关统计,企业运用事件营销手段取得的传播投资回报率比一般传统传播手段高,对企业提升品牌形象和推动商品的销售的效果显著。其次,消费者对事件信息接收障碍比较小。事件与受众之间存在体验、参与等互动因素,人们的好奇心理受到激发,主观能动性增强,受众群体往往能主动接近"事件",对"事件"的排斥性小。

第二,传播深度和层次高。一个事件如果成了热点,会成为人们津津乐道、互相沟通的话题,传播层次不仅仅限于看到这条新闻的读者或观众,可以形成二次传播。而相比之下,其他传播手段再次传播的概率很小。

同时实施事件营销对企业而言也存在风险:

首要风险是选错了事件,关心这一事件的人与企业或产品并没有直接的关联性,这将导致事件营销的目的完全失效。

其次事件营销的风险还来自于媒体的不可控和新闻接受者对新闻的理解程度。

最后,事件营销的风险则来自于企业品牌知名度提高以后,会面临更为严厉的公众舆论监督和司法监督。

(三) 互联网带给事件营销的机会

从传播的角度分析,互联网开创了人际传播、群体传播和大众传播在同一平台同时并存的新的传播形态,而对于企业制造的营销事件而言,这种新的平台带来了新的传播空间。

(1) 互联网快速反应,使公关事件可以在最短的时间内进行传播。互联网出现后,由于新闻的发布不需要经过太多环节,所以可以更加"及时"地发布新闻成为可能,因而一些重大的商业事件也可以借助这种及时的力量得以迅速地、不受时空限制地传播。

(2) 互联网为其他媒体提供了更多的新闻素材,促进了其他媒体对新闻的转载。从互联网上获取新闻线索已经成为当今新闻工作者获取新闻素材的主要途径之一,因此对于事件营销的策划人员来说,只要有一个足够引起人们关注的新闻点,马上就可以传遍整个世界。

(3) 网络的可参与性使一个公关事件可以引起更多的讨论,争议性的加强可以让事件营销在更大范围内引起轰动。互联网提供了人们可以广泛发表意见的空间,人们可以自由发表对重大新闻事件的观点和看法,企业策划的事件营销往往具有一定的争议性,这种争议性在网上爆发以后,可以非常容易地把这一事件扩大化,从而达到企业传播的初衷。

(4) 只要事件具有新闻价值,就可以在互联网上被阅读和转载,而不像传统媒体一样,由于担心出现广告倾向而被拿下版面。

(5) 互联网使多个资料库互相连接,成功的、经典的事件营销可在出现相关新闻时随时被链接出来。

【案例6-8】 支付宝"敬业福"

> 虽然时间有点久了,但是只要一提到"敬业福"三个字,大家几乎立马就会想到,当初那些个辗转反侧的日子。2016年年初,支付宝"集齐五福,平分2亿现金"的活动,无疑是平地一声雷,立马在人群中炸开了锅。一夜之间,感觉十几年没见的朋友都来了,开口第一句话就是"你有敬业福吗?我跟你换!"可最后来看,支付宝着着实实玩了全民一把,最后集齐五福的人也不过只分到了272块人民币,不管你有没有赚到,反正支付宝是赚足了眼球和关注度。
>
> 支付宝"五福"营销见图6-6。
>
>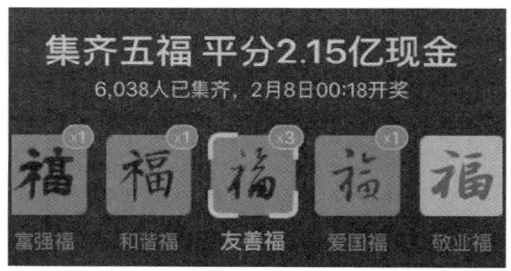
>
> 图6-6 支付宝"五福"营销

【案例6-9】 Papi酱广告拍卖2200万

> Papi酱,2016年中国第一网红,一个集美貌与才华于一身的女子,半年来多次占据热搜榜单。4月21日下午,在罗振宇的主导下,Papi酱的视频广告贴片招标会如期举行,最终丽人丽妆以2200万的价格成为标王,被认为是"创人类历史上单条视频广告最高纪录"。此重磅消息一出,便被广大媒体刷屏,而丽人丽妆也成最大赢家,当日热搜指数创其历史新高。这个重磅消息一时间被刷屏,各路媒体、自媒体迅速推出各种解读,蔚为壮观。
>
> 在质疑中,最为出名的是本次拍卖被称为"阿里家宴":"直播的优酷被阿里收购了,操盘的罗胖子是优酷投资的,拍卖的平台是阿里拍卖,中标的

丽人丽妆是阿里投资的……"

不管是不是"做局",这是一场史无前例的自媒体网红标王拍卖,将载入中国互联网和营销界的史册。而参与的各方,在人们的讨论中也都乐得喜笑颜开。

Papi 酱广告拍卖见图 6-7。

图 6-7　Papi 酱广告拍卖

步骤二　事件营销策略

随着新新事物的不断涌现,人们的视线不断转移,如何吸引消费者的眼球,无疑是现代市场营销成功的关键。许多成功的企业充分利用事件营销本身所具有的涟漪作用及公正公开性等特点,并且达到了预期的效果。

知识链接

(一) 事件营销的因素分析

在运用事件营销时应注意的因素有以下几个方面。

1. 规模效应因素

企业发展到一定程度,规模效应就会体现出来。如果产量增加的比率大于生产规模扩大的比率,这种情况在经济学中定义为规模收益递增;对应的有规模收益递减和不变的概念。规模效应指的是产量变动的比率与企业规模扩大的比率之间的关系。对实施事件营销的企业来说,究竟是当企业发展到何种程度上,才适合采用事件营销的。

企业初始时期,也就是说规模效应不变时。对应规模收益相应的定义,可以看出,企业会不惜重金(相对而言,起步阶段的企业资本是有限的,通常会对某些事情斤斤计较的),集中专注于事件营销的操作,必然会给企业带来一个无法回避的问题：事件营销是非常成功的，人们对产品的需求将在短期内激增，企业在初始阶段，企业是很难有雄厚的资本，投资于设备新旧更替，也不能满足市场的需求。消费者从希望到失望，企业将是很难顺利发展下去。

企业旺盛时期，即规模越来越大时期，旺盛时期的企业，不论其知名度还是美誉度均远远超过初始阶段。使用事件营销成功的企业，由于具有强大的后备资本作支撑，企业发展如鱼得水。生产规模的不断扩大，规模效应也会不断增加，导致其成本也较大幅度地减少，企业也将大大增加其市场份额。

企业衰退时期，即规模效应降低。经济衰退的企业，一般不适宜用于事件营销。如果使用得当，其获得的利润也与其投资成本抵消得相差不多了；使用不当，更会加速企业的破产。

2. 内在关联度因素

从长期来看，事件营销最终成功与否，其内在的关联度至关重要。所谓内在关联度，是指事件营销的三个当事人——企业、事件、消费者之间的关联程度。即通常所说的公众的关注点、事件的热点与企业的诉求点三点之间的关联程度如何。但凡成功的事件营销，其内在的关联程度必然高；反之，则内在关联程度必然低。只有企业生产出来的产品与事件本身所带来的意义高度相关，才能吸引消费者的眼球，才能提高企业的知名度和美誉度。

3. 市场预期因素

诺贝尔经济学奖得主罗伯特·卢卡斯的预期理论同样适用于企业对事件营销的运用。企业只有建立在对市场需求科学预测的基础上，才能考虑是否运用事件营销，做到有的放矢。企业预期某种产品不久会走俏，甚至政府政策将会在近期内有所改变，这些都是预期的范围。

4. 双链因素

即原料供应链和销售渠道链。在企业考虑能否运用事件营销时，必须保证这两根链条在运用事件营销成功与否时都不受其影响。具体而言，当事件营销成功运作后，其原料供应链源源不断地满足其市场需求，销售渠道链可以最大限度地实现消费品的转移，实现企业的产品增值；当事件营销运作失败后，企业形象受损，企业能在这两根链条中全身而退。企业在进行决策时，必须反复考虑不可预测的后果。

（二）事件营销的基本策略

1. 造势策略

所谓的造势策略，就是企业通过自身策划富有创意的活动，从而引起媒体或公众的注意。企业要善于从过剩的信息中发现市场机会，人为地创造一些与企业或产品相关的事件，并和事件发生连锁的反应，影响消费者的购买意愿，从而达到最终目标。

例如"巴拿马万国博览会"上，茅台酒"怒掷酒瓶振国威"；张瑞敏"砸机"

事件砸出了海尔品牌的质量形象，向全社会宣传了海尔以质量为本的企业理念；2005年蒙牛酸酸乳超级女声堪称制造事件的经典。

2. 借势策略

所谓借势策略，就是参与大众关注热点话题，将自己带入话题的中心，由此引起媒体和大众的关注。当今社会每天都会有大众关心的热点问题，企业必须要深度调研，从众多热点问题中筛选出与自身主题相关的话题，然后搭上媒体的平台，诱使消费者把事件与企业联系起来。

一般而言，企业采取借势策略的前期成本远远低于造势策略，但不应忽视的是善于用借势策略的企业通常都有良好的媒体和沟通渠道，甚至会在媒体上投入巨大费用，才能起到效果。所以采取何种策略，企业应注意其之间的投入差异，根据自身实力，量力而行。

农夫山泉不论是"为申奥捐献1分钱"的支持申奥活动，还是支持贫困地区儿童上学的"阳光工程"，与中国航天基金会签订协议，农夫山泉作为赞助商捐赠1000万元给基金会以支持中国航天事业的发展，作为回报，农夫山泉获得此后6年内"中国航天员指定专用饮用水"的称号。就在杨利伟安全准确返回的那一刻，农夫山泉在电视、报纸和网络上适时推出"这一刻有点甜，农夫山泉祝贺中国首艘载人航天飞船——神舟五号成功返航"的广告与全球华人分享这一刻的"甜蜜"。这一广告无论是从品牌的诉求点及事件的契合度上看，还是从表现形式和发布时机上看，都堪称事件营销借势利用的典范。

3. 传播策略

在事件营销的战略实施过程中，传播策略是非常重要的一个环节。事件营销的实施本身就是一个事件的传播过程，借助事件这一载体来传播企业所希望传播的关键诉求点。为此，应注意以下几个方面：要对事件营销进行全面、细致、操作性强的策划，明确透过事件营销所要传播的主题，如公司形象、品牌理念等，企业内涵、品牌理念和事件要有合适的对接点，再根据主题制定完备的媒介宣传计划，从全局上把握宣传的关键点。因此，完善的计划和周密的部署是事件营销成功的重要前提。

例如蒙牛"航天员专用牛奶"的广告之所以能在"神五"成功落地的几个小时之内遍布了大江南北，就是因为事前做了完善的计划，每一个细节都考虑得清清楚楚。蒙牛无论是借势"神五"还是赞助超级女声，它的成功经验深刻地告诉我们，快速的反应和执行能力在事件营销中是多么的重要。在瞬息万变的激烈竞争市场中，速度有时候就是胜利。

4. 风险控制策略

事件营销本身是一把"双刃剑"，事件营销虽然可以短、平、快的方式为企业带来巨大的关注度，但也可能起到反作用，就是企业或产品的知名度扩大了，但却不是美誉度的提高，而是带来负面评价。

【案例6-10】 失败的广告标王——秦池酒业

> 秦池酒业连续几年获央视广告标王,给秦池这一品牌注入了无限的活力。虽然知名度上去了,但秦池酒厂随即曝出了回收小酒厂兑水丑闻。正因为如此高知名度的企业,一时间舆论压力倍增、群情激愤。秦池酒业从此一蹶不振,迅速消失在市场中。

【案例启示】

事件营销的利益与风险并存,企业既要学会趋其利,还要知道避其害。对于风险项目,首先要做的是风险评估,这是进行风险控制的基础。风险评估后,根据风险等级建立相应的防范机制。事件营销展开后还要依据实际情况,不断调整和修正原先的风险评估,补充风险检测内容,并采取措施化解风险,直到整个事件结束。

(三) 事件营销运作策略

只有从消费者关心的事情入手,营销策略才能打动消费者,实现营销目标。这同样是事件营销的前提条件。事件营销常用的运作策略如下。

1. 明星策略

明星是社会发展的需要与大众主观愿望相交合而产生的客观存在。根据马斯洛分析的人的心理需求学说:当购买者不再把价格、质量当作购买顾虑时,利用明星的知名度去加重产品的附加值,可以借此培养消费者对该产品的感情、联想,来赢得消费者对产品的追捧。比如世界杯期间炒得沸沸扬扬的"米卢现象",名人轮番上场"补钙""补血"的保健风潮,还有影星、歌手忙不迭更换保暖内衣等。

2. 体育策略

主要就是借助赞助、冠名等手段,通过所赞助的体育活动来推广自己的品牌。体育活动已被越来越多的人所关注和参与,体育赛事是品牌最好的广告载体,体育背后蕴藏着无限商机,已被很多企业意识到并投入其间。

体育营销作为一种软广告,具有沟通对象量大、传播面广和针对性强等特点。多年来,"金六福"与中国体育紧密合作,通过体育营销不断提升品牌的知名度和美誉度,与中国奥委会建立了长期战略合作伙伴关系,不仅支持中国体育的奥运项目,还积极支持各种非奥运项目和群众体育项目,并相继成为中国奥委会合作伙伴、第二十八届奥运会、第二十一届大运会、第十九届冬奥会中国体育代表团唯一庆功白酒,获得"中国男足世界杯出线专用庆功酒"称号以及成为第十四届亚运会中国体育代表团唯一庆功白酒等。

科健手机通过赞助英超埃弗顿俱乐部，被誉为"欧洲之胸"，声名远播。

3. 新闻策略

企业利用社会上有价值、影响面广的新闻，不失时宜地将其与自己的品牌联系在一起，来达到借力发力的传播效果。在这一点上，海尔做法堪称国内典范。在 2001 年"7·13"申奥成功的第一时间，海尔在中央台投入 5000 万元的祝贺广告随后播出，据说当夜，海尔集团的热线电话被消费者打爆，相信国人在多年后再回味这一历史喜悦时，肯定会同时想起曾经与他们一同分享成功的民族品牌的就是海尔。

4. 舆论策略

企业通过与相关媒体合作，发表大量介绍和宣传企业的产品或服务的软性文章，以理性的手段传播自己。

关于这一点，国内很多企业都已重视到了它的威力，此类软性宣传文章现如今已经大范围甚至大版面地出现在各种相应的媒体上。

三盛地产的"奥林匹克花园"项目就是不断地在全国各大报刊媒体撰文来宣传其"运动就在家门口"的销售主张的。

5. 活动策略

企业为推广自己的产品而组织策划的一系列宣传活动，吸引消费者和媒体的眼球达到传播自己的目的。

从 20 世纪 80 年代中期的迈克尔·杰克逊，到 20 世纪 90 年代的珍妮·杰克逊，以及拉丁王子瑞奇·马丁，再到香港的郭富城、王菲，百事可乐采用巡回音乐演唱会这种输送通道同目标消费群进行对话，用音乐而不是广告来传达百事文化和百事营销理念。在美国，使"新一代的美国人"成为目标消费群是广为传扬的流行语；在中国，让百事可乐成了那些追求时尚的"新一代的选择"。

6. 概念策略

企业为自己产品或服务所创造的一种"新理念""新潮流"。就像全世界都知道第一个造出飞机的是莱特兄弟，但第二位呢？国内就曾有一位企业家提出过：理论市场和产品市场同时启动，先推广一种观念，有了观念，市场慢慢就会做好。如农夫山泉宣布停止生产纯净水，只出品天然水，大玩"水营养"概念，从而引发的一场天然水与纯净水在全国范围之内的"口水战"，招致同行们的同仇敌忾，但农夫山泉正是借此树立了自己倡导健康的专业品牌形象。商务通当年也是通过引领掌上电脑消费新潮流，而一举创造了销售神话。

步骤三　事件营销策划

事件营销是一个完整的科学体系，事件营销必须按照调查、计划、执行、控制等几个方面来严格地进行。

▰▰▰ 知识链接

（一）事件营销的操作步骤

一般来讲，策划事件营销应该按照以下步骤来进行。

1. 确定事件营销的目标

事件营销的目标是指特定的事件营销活动所要完成的沟通任务和所要达到的沟通程度，这是开展事件营销活动首先要解决的问题。

按照企业产品生命周期的不同，事件营销的具体目标有三个。

（1）向受众提供信息——信息型事件营销　在企业新进入一个行业或是新产品上市阶段最常用的事件营销手段就是信息型事件营销。其目的是让受众了解这一企业或产品的功能、价格、产地以及使用状况等方面的信息，使他们对企业和产品有初步的了解。这方面的主要工作有：向受众介绍有关新产品的信息；使消费者产生品牌认知；建立品牌联想；说明制作工艺；描述可以提供的服务；改正错误的印象；树立品牌形象等。

（2）使受众产生购买欲望——说服型事件营销　当产品处于成长期时，企业多用这种说服型事件营销方式。在这一阶段，市场上出现了大量的竞争对手，消费者面对众多品牌难以取舍，说服型事件营销可以通过一个重大事件将产品的特征突出，使消费者从不同的产品中关注到自己的产品。

【案例6-11】 奥克斯——空调制造成本白皮书

> 人民网宁波2002年4月20日电记者何伟报道：一台空调的成本有多少？商家、厂商从中能赚取多少利润？4月19日，宁波奥克斯空调销售公司向来自全国各地的近百家媒体公布了一份空调制造成本"白皮书"，向消费者开出了一份空调价格构成的清单。以零售价为1880元的1.5匹冷暖型空调为例，一台空调的价格构成如下：压缩机515元，生产外机钣金件、内机塑壳、蒸发器、冷凝器、电机控制器等零件耗用材料成本831.75元，制造费用31.44元，销售费用370元，商家利润80元，厂家利润52元。
>
> "让消费者如此清晰地了解空调价格的构成情况，可以促进明白消费，并以此倡导诚信经营理念。""奥克斯"销售公司负责人在接受采访时做如此表示。而有关人士则认为，面对愈演愈烈的价格大战，广大消费者对空调制造成本心存疑惑，商家对此更是讳莫如深。"奥克斯"的这一开诚布公之举，不仅能让消费者买得放心，让厂商赚得安心，同时有助于把那些质量低劣的空调赶出市场，在一定程度上促进空调市场的净化。

【案例启示】

"奥克斯空调的空调价格白皮书事件"通过一个抢人眼球的事件策划,突出了自己的诉求点:产品价格便宜,从而有效地启动了市场。

(3) 强化品牌形象——强化型事件营销　当产品处于成熟期或者衰退期时,消费者由于消费习惯而对某个品牌产品产生了习惯性依赖,强化型的事件营销其目的就是增强消费者对品牌的回忆和理解,以强化产品形象。例如,农夫山泉推出为奥运捐赠一分钱事件,就非常有效地强化了这个品牌民族化、健康化的形象。很多企业会选择以赞助体育赛事的方式来强化自己的品牌特征,只要赞助目标和方式选择正确,一般都会起到很好的作用。

2. 选择事件营销的目标受众

事件营销的目标受众是企业或产品的潜在消费者,而非事件是否轰动吸引了众多的眼球关注。潜在的消费者是否关注了这个事件,才是真正的事件营销成败的关键。

不同的目标受众接受信息的方式存在很大的区别,同时,他们对于各类新闻的偏好程度也不一样,如下所示:

(1) 男性经济收入高、年龄偏大的人及男性大学生比较喜欢体育、经济、政治类时事新闻。

(2) 女性年龄结构较轻的比较偏好文艺新闻。

(3) 中、低收入阶层的人相对比较喜欢社会新闻。

(4) 高收入人士、职业人士对专业领域的新闻更感兴趣。

3. 选择事件营销方式

从注册到企业人、财、物的各种资源的组成,到企业设计、生产、销售产品和服务,企业的整个过程都是由不同的事件累积起来的,因此企业运作过程中的任何环节都可以策划成为足以引起轰动的事件营销,关键是需要选择哪一部分来重点操作,同时让这一事件以何种新闻形式出现。

可以成为事件的企业工作环节主要如下。

(1) 企业的命名:例如,李宁、傻子瓜子、狗不理包子等。

(2) 企业的历史:企业的并购、上市等都可以成为新闻。

(3) 企业的规模:包括经营规模、人员规模等代表企业发展状况的信息都是企业可以发布的消息。

(4) 人员招聘、使用、流动:例如有的企业打出口号,招聘研究生从事低级工作,这就是新闻。

(5) 企业人员的工作状态。

(6) 企业财务状况:尤其是大企业或者曾经辉煌过的老企业,公众都很关心他们的财务状况。

(7) 企业物品、厂房、机器等变动情况。

（8）企业认证、荣誉和市场地位：包括企业的市场影响力、各种认证和排名等。

（9）企业规划：包括企业制定的一段时间内的目标、战略发展方向、计划等。

（10）企业文化、管理策略等。

（11）重点人物：包括企业的董事长、总经理，还有一些在企业发展中举足轻重的人，介绍他们的观点、故事、轶事以及一些简短的语言花絮，例如，王石。

（12）产品的命名。

（13）产品销售情况。

（14）促销活动。

（15）广告活动。

（16）公关活动：事件营销本身就是公关活动的一个部分，很多企业的捐助活动、社会公益活动、体育比赛赞助活动等就是很好的事件营销。

4. 分析媒体运作流程

各种媒体的特点不同，因此运作的流程也存在一定的差别，但共同的地方在于作为新闻性强的媒介都争分夺秒、讲究时效。

媒体的一般工作步骤如下。

（1）收集信息。

（2）编辑制作。

（3）产出成品。

（4）发行。

记者获得新闻线索的办法如下所示：

（1）通过读者提供，通常是热线电话。

（2）通过记者本人对某一行业的高度关注而对某些题材产生兴趣。

（3）针对社会热点内容深入挖掘新闻。

（4）新闻发布会。

（5）新闻通讯员提供的新闻线索。

（6）互联网信息。

5. 制定事件营销计划

确定了事件营销的目标和策略以后，就需要制作具体计划、行动方案和事件预算。一个组织或企业的事件营销计划随时随地都受到其外部各种环境和条件因素的制约，要想顺利地实现目标，就要求在工作之前以及在工作中不断进行周密的思考和准备，以适应内外环境的要求和变化。

一个事件营销的方案应该包括项目、策略和时机三个方面的因素。无论是对外发布企业信息、举行记者招待会还是进行其他预测到可能会产生轰动效应的企业经营事件，都必须充分考虑到企业内部人、财、物的安排。同时，还必须有对外宣传的口径，有统一的新闻传播人、传播内容等。也必须有专人负责收集舆论内容、媒体报道内容，同时一旦出现企业不可控因素，企业能够在最快时间内成立紧急负责小组，来采取措施降低对企业的影响。

事件营销是否成功，一半是依赖分析创意，一半是依赖执行过程中详尽的计划安排。计划内容主要包括参与事件的组织准备、时间安排、资金预算、人员配备、道具准备等。计划越周密，事件营销成功的几率越高。

6. 安排事件营销的时间

事件营销的时间安排主要考虑宏观和微观两个方面的因素，分别如下。

（1）宏观因素是指要考虑新闻事件策划、进行的大致时间安排。一方面要考虑企业整体品牌宣传计划，确定具体时间段，如上半年、下半年或销售淡季、旺季；另一方面也要考虑与社会媒体关注焦点相配合。

（2）微观因素即需要发挥新闻媒体在不同的小时间周期内的最大作用。通常一般的事件营销应该放在周一至周三，时间最好在下午，避免晚报抢先在当天就发出新闻，影响其他日报对新闻的处理。除零售企业外，一周内最好不选周末开展事件营销。

7. 编制事件营销的预算

编制预算实际上就是将一个事件营销计划具体化的过程，通过预算确定公关活动的项目和规模，在有限的资金范围内实现事件营销的目标。

事件营销的费用主要包括下面几项。

（1）事件本身需要的费用。

（2）工资费用，包括参与事件营销活动的公关部门工作人员以及外邀人员的工资奖金等。

（3）办公费用，包括房租、水电、通讯、纸张、订阅期刊等费用。

（4）设备器材费用，包括购买或租赁各种视听器材、摄影器材、展览用品等的费用。

（5）实际活动费用，包括调查研究、资料制作、道具准备、新闻发布费用、媒介关系费用等。

8. 评估事件营销风险

事件营销计划书中应该有风险评估跟踪表（表6-5），由专人负责每一项风险的评估，并按照事件营销的进展时间，定时补充风险监测内容，指导整个事件的结束。

表6-5　　　　　　　　　　事件营销风险评估跟踪表

风险类型	预警评估（高、中、低）	可能会出现表现	目前已采取措施	目前状况	责任人	备注
是否脱离企业品牌主题						
媒体是否不感兴趣						

续表

风险类型	预警评估（高、中、低）	可能会出现表现	目前已采取措施	目前状况	责任人	备注
是否会引起公众反感，带来负面报道						
是否违反法律法规						
是否会引起竞争对手采取措施						

9. 控制事件衰变量，修正方案执行

在事件营销的过程中，由于一个事件经过新闻媒体的中介最终到达公众，随着每一个环节，事件的能量都会被逐步减少，这就是事件的衰变量。因而需要事件营销的策划者不断地跟踪事件的进展，随时修正事件方案，以求公众可以完整地了解事件本身。

（1）事件是会变少的 事件内容的衰变主要发生在两个环节，一是媒体加工过程中，二是公众接收新闻的过程中。

（2）尽量减少事件的丢失 对于事件营销的策划者来说，能够让自己策划的事件最完整地走上媒体，最完整地被公众记忆才是最理想的。所以在整个事件营销的过程中，策划者需要不断地关注事件进展并不断修订自己的执行方案来尽力获得最大的效果。

10. 评估事件营销的效果

事件营销的效果是指一个成功策划的企业事件通过媒体传播以后所产生的影响，或者说媒体、受众对事件效果的结果性反应。

（1）事件营销的事前评估 在事件尚未正式操作以前，邀请有关专家和普通公众进行现场观摩，审查事件中存在的各种问题，对于事件可能获得的成效进行评价。根据测定的结果，及时调整事件策略。

常见的问题可以是：

您会关注这样的新闻吗？

您会把类似的新闻转告给您的朋友或家人吗？

您对企业参与上述新闻事件有反感情绪吗？

企业这样的行为会增加您光顾的次数吗？

（2）事件营销的事中评估 事件营销的事中评估是在事件已经进行后开始的。可以直接了解媒体和公众对某一事件的反应，得出的结果也更加准确可靠。这一过程必须重视，因为它决定了企业是否应该采取紧急措施来应对随时可能出现的公众危机。

事件营销的事中评估一般可以采用数量统计法、普通公众调查法、顾客调查法等方式来进行。

（3）事件营销的事后评估　事后评估不能对已经完成的事件营销进行修改或补充，但可以全面、准确地对已经运作的事件效果进行评估，一方面可以用来衡量本次事件营销活动的业绩，另一方面可以用来评价企业公共关系领域策划的得失，累计经验，总结教训。

事后评估通过座谈会的方式或书面调查的方式，也可以采取对消费者的致函调查或网络调查的方式来进行。

（二）事件营销成功的关键点

1. 相关性

事件的议题要与企业或组织的品牌、产品和对象相关。

品牌相关是指事件议题要与品牌定位的内涵相关。如蒙牛借助神五升天航天员专用一举占领市场。

产品相关是指活动内容要与所销售的产品相关。

对象相关是指事件的参与者和关心者是产品的消费对象或潜在消费对象。很多事件的参与者最初并非原来的消费对象，而是为活动所提供的诱因而来，然而通过事件参与者把口碑传播出去以及媒体的报道，让大众知晓，进而建立品牌知名度与好感度，所以媒体也是事件的对象之一。

2. 创新性

创新性是指事件活动的议题要有原创性，不能炒冷饭。

3. 话题性

话题性是指事件活动的议题要有"亮点"，有亮点才能抓住社会大众的目光以及吸引媒体的报道。话题的选择有两种方式：借力使力和无中生有。

4. 简单

简单就是活动设计要求活动符合易于执行和消费者易于参与，过于追求复杂不仅导致消费者难以理解和接受，也导致风险程度大幅增加，带来难以控制的诸多问题出现。

5. 诱因

诱因就是提供优惠给予参与者，提高参加者的参与意愿。尤其是对消费者开展事件营销，提供优惠是必不可少的。

项目思考

一、基础知识

（一）判断

1. 在淘宝网开店是典型的自立门户型网店。（　）

2. 微信营销主要是在安卓或苹果系统手机以及平板电脑等客户端上进行的区域定位营销。（　）

3. 在企业新进入一个行业或是新产品上市阶段最常用的事件营销手段就是说

服型事件营销。(　　)

(二) 简答

1. 简述网店活动传播的方法主要有哪些。
2. 简述与传统营销方式对比微信营销的优点。

二、能力训练

1. 选择一家你熟悉的企业，为其进行一个完整的网店（或微信）营销策划。
2. 结合目前正在发生的新闻事件或活动赛事等，选择一家你熟悉的企业为其进行一次完整的事件营销策划。

项目七 软文营销策划

项目引入

现在提到孝敬爸妈的保健品,大家心目中第一个出现的是什么?大多数人都会想到脑白金。脑白金是如何出名的?很多人可能会说是电视广告。的确,是连番轰炸的电视广告将脑白金的宣传效应推向巅峰。所以大家认为是广告成就了脑白金,但很多人并不知道,脑白金在央视打广告之前就已经在短短的三年内创造了10多个亿的销售额。初期脑白金没那么多充裕的资金去做电视广告,他靠什么捞到第一桶金?就是软文。在投放初期,脑白金建立了一套行之有效的软文体系,采用软广告,回避高额资金投入,以相对较少的营销费用,以报媒、书刊等非电波媒体为宣传载体,独树一帜。

知识目标

理解软文、软文营销、软文营销策划的内涵。
掌握软文的作用。
熟悉软文营销策划的步骤。
掌握软文效果评估方法。

技能目标

能识别软文营销的内涵。
能理解软文的作用。
能具备撰写软文的能力和技巧。
能具备软文发布和推广的技巧。

能具备评估软文效果的能力。

▰▰▰ 必备知识

软文营销策划。

▰▰▰ 项目实施

软文营销策划

▰▰▰ 任务目标

认识软文及软文营销策划，熟悉软文营销策划的步骤，掌握撰写软文的技巧，掌握软文的发布途径及技巧，具备评估软文效果的能力。

▰▰▰ 工作任务

请根据项目引入脑白金的例子，结合市场和产品实际情况，为脑白金做软文营销方案。

▰▰▰ 任务实施

步骤一　认识软文营销

软文营销是营销行为，做市场背景分析是十分必要的。对营销环境、消费者、竞争者、行业及企业自身进行周密的调研和分析，明确市场机会、市场威胁及自身的优劣势，才能准确地策划软文话题，选择正确的媒体策略。

早期的脑白金销售策略做的就是软文营销，具体的做法就是首先在一些有权威的报社刊登一些新闻软文，最早的文章有《人类可以长生不老吗?》《两颗生物原子弹》。这两篇文章表面上是普通的科普新闻，仔细研究发现其实这其中有很大的学问，首先抓住了用户渴望长生健康的普遍心理，和极具争议性的炒作效应。而两颗生物原子弹这篇文章，其实就是在给用户包装脑白金这个概念，同时利用权威数据和部门铲除用户的怀疑心理。为什么要包装脑白金这个概念呢？因为他们的产品主要是针对人体大脑松果体素的，但是松果体素这个概念很早就有了，用户很熟悉。用户对新鲜事物都有猎奇心理，所以必须要重新包装一个全新概念——脑白金!

因此，撰写软文前应进行市场背景分析，抓住目标受众对产品最关注的是什么、易于接受的传播方式是什么等问题。否则，即便你妙笔生花，若不能迎合消费者也不会有理想的市场回报。例如，某手机卖场要为一款女士专用手机做软文宣传，他们对该款手机深入了解研究后发现该款手机具备很多新功能及高端的配置，于是软文撰写内容便围绕这些新功能、高配置进行诉求，该文对手机的新功能高配置与同档机型进行优势对比，写得十分到位，可刊发后市场反映平平，问题就出在该文操刀者对目标市场了解得不够——女性消费者对手机强大的功能并不十分感兴趣，而更在意手机的款式是否漂亮、新潮、小巧等。后经过调整，重新撰写的软文传播定位在"小资的化妆包"（该款手机具备屏幕＋镜子功能）。定位人群特征是：中等收入、年轻且追求流行、时尚的小资一族，软文重点描述该机型时尚高雅的造型设计与小资一族内在气质的和谐搭配及女性补妆时可作镜子使用的功能。软文刊出后市场反映强烈，同样的费用，效果却截然不同。

知识链接

（一）软文

"软文"，是指企业通过策划在报纸、杂志、网络、手机短信等宣传载体上刊登的可以提升企业品牌形象和知名度，或可以促进企业销售的一些宣传性、阐释性文章，包括特定的新闻报道、深度文章、付费短文广告、案例分析等，以强有力的针对性心理攻击，迅速实现产品销售的文字图片模式和口头传播。软文的本质是广告。与硬广告相比，软文之所以称为软文，精妙之处就在于一个"软"字，好似绵里藏针，收而不露，克敌于无形。

（二）软文的作用

1. 让用户更容易接受广告

现在广告信息太多太杂，消费者都很理性，不喜欢硬性推销的广告，他们愿意自己去寻找所需要的信息。所以软文不似硬性广告那样会遭到用户抵触，能让客户放下心中芥蒂，更容易去接受。

2. 可以提高打造产品品牌知名度

企业品牌，需要使用软文提高知名度，好的软文能够让读者不知不觉产生好的印象，让广大读者相信产品的知名度，知名度有了，产品品牌效果也就体现出来了。

3. 投入费用低，承载信息量大，效果好

普通的广告投入费用很高，而且所能承载的信息量十分有限，尤其是纸张媒体上的图片广告，受版面和字数限制，无法将广告信息完整地表达清楚。而软文广告投入费用低，而且所能承载的信息量大，相应的投资回报也高得多。

（三）软文营销

软文营销是将产品或者品牌的商业特色以及市场优势、营销动态、行业动态等影响要素，以文字描述或者文字评论的方式呈现出来，进而转化成相关的商业性文章。通过各种宣传媒体和渠道将品牌的形象以及文化内涵传递给目标客户，扩大品牌影响力的营销手段。软文营销包括软文策划、软文撰写和软文投放三个环节。广义上讲，任何文字形式的软文营销手段都属软文营销的范畴。

(四) 软文营销策划

软文营销策划是软文营销的第一个阶段,是指企业的市场营销人员根据企业的产品或服务特征,结合企业经营管理过程中的各个阶段的具体情况,以及当前及未来一段时间的市场需求变化趋势而制定的软文营销计划。因为软文营销策划涉及的内容很多,因此,这个工作通常由网络策划(公关)公司来完成,不过,根据软文营销的发展趋势,企业自主策划将成为必然。

(五) 软文营销策划做什么

1. 制定一定时期内的软文整体营销战略

通常,注重软文营销的企业往往也是对于媒体运作比较熟悉的,因此系统性的软文营销战略往往围绕着一个主题展开,结合当前的社会热点,促发新闻事件,引来媒体的广泛关注。这是软文营销的最极致表现,当然软文营销策划往往与企业的事件营销等战略结合在一起,才能发挥出 $1+1>2$ 的效果。

2. 品牌建设(强化)

软文的基础是文字,而文字则是文化传承的最佳载体。在企业的品牌建设中,企业文化是相比 VI 更具生命力的组成因素,所以,企业文化通过软文营销来传播,可以说是品牌建设最佳的载体。当然,一些软文形式本身也能进行图文并茂式的品牌建设,对于企业的 VI 元素也能够进行有效的传播。

在软文营销策划过程中,在企业品牌的建设中,需要考虑多方面的内容,特别值得一提的是软文写手的选择,由于高水平的软文写手往往在网络上同时具有较大的影响力或传播力,因此他们往往也不自觉地成为了企业品牌元素中的一分子,如何选择一个契合企业品牌形象的软文写手,也是软文营销策划所要考虑的内容。

3. 软文营销的预算与效果评估

软文营销策划与其他所有市场营销策划一样,必须要考虑投入与产出比例。软文营销一个突出的特点是,效果相对难以评估,因为软文的结果往往难以预料。比如软文营销策划中,最可能产生爆发力量的新闻软文,如果这个阶段没有一个很好符合企业产品或服务特征新闻点,那么这个阶段的软文营销往往就是相对平淡的。同时,一篇好的软文经过各种网站的广泛转载,也难以统计其浏览量。不过从长远来看,软文营销的效果是有目共睹的。

步骤二 软文话题策划

软文话题的策划要准确把握用户群的特点。根据营销的导向性来策划话题。脑白金以《人类可以"长生不老"?》和《两颗生物原子弹》两篇软文作为开篇,引起人们对脑白金的兴趣。紧接着跟进的是系列功效软文篇,主诉求点分别从睡眠不足与肠道不好两方面阐述其对人体的危害,并指导人们如何克服这种危害。将脑白金的功效巧妙融于软文,让读者主动了解脑白金。这种广告起到了极好的埋伏性效果。如《一天不大便等于抽三包烟》《人体内有只"钟"》《夏天贪睡的张学良》《宇航员如何睡觉》等。这一系列功效软文以连续性、次第性方式出现，加深了产品功能的可信度，而且每一篇都在谈科普，并无做广告之嫌，投入只两个月，就获得意想不到的市场奇效。

另外，脑白金配合季节性的营销策略，在不同的季节，还推出不同的软文广告，如送礼篇、夏季太阳风篇等。不同类型的软文各有侧重，分别解决不同的市场问题，这是脑白金软文广告的独到之处。

知识链接

在写软文时要尽量弱化广告意图，突出软文的公益性、权威性、科普性，弱化广告意图，消除客户心理的芥蒂，如此才能获得用户的青睐与信任。

软文的形式如下所示。

1. 新闻式

什么样的软文是最好的软文？让读者感兴趣，同时又巧妙地将所要传导的信息传递给了读者，这种软文当数最佳软文，在诸多形式的软文中，最隐蔽、最常见的软文当数新闻式软文。它以类新闻的手法撰写软文，读者在读完后感觉就像看了一篇新闻，但是对其中宣传的产品却有了深入了解。

在手机的新闻软文中，以"商人在机场弄丢68万元天价手机"为标题，从软文的标题中我们就可以看出这是一篇很有新闻性的软文，"68万元天价手机"，充满了新闻点，诱导着人们想去了解什么手机要68万元，怎么弄丢的，是否找回等，而在正文中，作者以导语、背景、正文、结尾等新闻体的方式将怎样的手机、怎么丢的、丢了后失主做了什么、如何找回等信息做了详细介绍，最后详细描述了该手机的特征，为何这么高价。引发受众对VERTU的关注与感慨。但是，软文一定要结合企业的自身条件，多与策划沟通，不要天马行空地写，否则，会造成负面影响。

2. 悬念式

中国传统相声中有个绝活，叫抖包袱，就是把最关键词的一个点先说出来，然后层层铺垫，慢慢解开，越解开，越有料，越吸引人。这点同样适用于软文创造过程中，我们把这种形式的软文称为"悬念式"，悬念式软文设下的提问必须要有吸引力，否则将不能引发读者的关注。

脑白金早期的软文中，传播效果第二名的软文就是采用悬念式形式创作的，名叫《南京睡得香，沈阳咋办?》，也有叫《美国睡得香，中国咋办?》，从标题中我们就想知道美国为什么睡得香，中国又将会怎么办。在软文一开头，作者并没有直接解释美国睡得香，而是欲扬先抑，先说以"1995年开始，美国人疯了！1996年开始，日本人疯了！台湾人疯了！"，他们疯了的原因是抢购一种叫脑白金的产品，进而解释脑白金可以有助睡眠，同时表达了美国人睡眠有保障了，中国这么多失眠患者怎么办的担忧，引导有失眠症状的读者对产品的关注。

3. 故事式或科普式

小时候，我们就喜欢听爸爸妈妈讲故事；大一点，认字了，我们开始自己看故事，故事也成为人们接受知识的一种方式。由于故事具有知识性、趣味性甚至情节性，因此受到读者的喜欢。软文的创作中可以尝试以故事的形式来撰写软文。

微博上有一篇热门的长微博——《千万不要用猫设置手机解锁密码》，实则就是华为手机的一则软文广告。文章讲述主人公用猫设置手机解锁密码后遇到的一系列囧事，十分有趣，具有可读性，同时介绍了该手机的"刷指纹解锁、保密性高、手机不充电两天还有电"等功能。改微博转发、评论、点赞达26万，借助社交平台，传播效果极好。通过讲一个完整的故事带出产品，使产品的"光环效应"和"神秘性"给消费者心理造成强暗示，使销售成为必然。例如，"1.2亿买不走的秘方""神奇的植物胰岛素"等。听故事是人类最古老的知识接受方式，所以故事的知识性、趣味性、合理性是软文成功的关键。

4. 情感式

情感一直是广告的一个重要媒介，软文的情感表达由于信息传达量大、针对性强，可以使人心灵相通，容易打动人，容易走进消费者的内心，所以"情感营销"一直是营销百试不爽的灵丹妙药。

以德芙的《青春不终场，我们的故事未完待续》为例，以生动优美、略带煽情文艺的文字，讲述作者与一位男生从初中到大学相持、相伴、相惜的情感故事，具有感染力和可读性，甚至引发很多人的共鸣，德芙的植入更显得浑然天成。

5. 促销式

促销式软文是各行各业最喜欢用的软文形式，之所以促销式软文较常见，一个原因是比较好写，基本上接近硬广的形式；另一个原因是促销软文对于有购买需求的读者来说，通过价格、促销等方式刺激，更加易于成交。

以脑白金为例，在其早期的宣传软文中，不乏这样的促销形式软文，一般都是在前面大量的新闻式软文、悬念式软文、科普式软文、情感式软文之后，推出促销软文，给消费者临门一脚，促进产品的销售，如《广州出现"脑白金热潮"的征兆》，就属于促销软文，通过广州市民争相抢购脑白金促使消费者产生购买欲。

6. 恐吓式

恐吓式软文属于反情感式诉求，情感诉说美好，恐吓直击软肋——"高血脂，瘫痪的前兆！""天啊，骨质增生害死人！""洗血洗出一桶油"。实际上恐吓形成的效果要比赞美和爱更具备记忆力，但是也往往会遭人诟病，所以一定要把握度，不要过火。

步骤三　软文媒体策划

软文媒体策划，就是软文传播的媒体策略，直白一些就是软文发布的媒体选择。这一步完全决定于前两步，如果市场策略和话题都已确定，有一位熟悉媒体的媒介经理，很轻松就可以做好媒体策划这一步。但是企业往往是重发布轻策划，最后反倒说软文营销的效果看不出来，怪软文发布商不给力。

软文发布的媒体很多。选择发布的媒体要根据软文的性质和软文所针对的客户群体来选择，不能随随便便选择。

知识链接

（一）软文发布媒体类型

1. 传统媒体

报纸、杂志、广播、电视是广告传播活动中最为经常运用的媒体，通常被称为四大广告媒体。

（1）报纸 在传统四大媒体中，报纸无疑是最多、普及性最广和影响力最大的媒体。报纸广告几乎是伴随着报纸的创刊而诞生的。随着时代的发展，报纸的品种越来越多，内容越来越丰富，版式更灵活，印刷更精美，报纸广告的内容与形式也越来越多样化，所以报纸与读者的距离也更接近了。报纸成为人们了解时事、接收信息的主要媒体。报纸优势如下：

①传播速度较快，信息传递及时：对于大多数综合性日报或晚报来说，出版周期短，信息传递较为及时。有些报纸甚至一天要出早、中、晚等好几个版，报道新闻就更快了。一些时效性强的产品广告，如新产品和有新闻性的产品，就可利用报纸，及时地将信息传播给消费者。

②信息量大，说明性强：报纸作为综合性内容的媒介，以文字符号为主，图片为辅来传递信息，其容量较大。由于以文字为主，因此说明性很强，可以详尽地描述，对于一些关心度较高的产品来说，利用报纸的说明性可详细告知消费者有关产品的特点。

③可信度高，印象深刻：一般来说，大多数报纸历史长久，且由党政机关部门主办，在读者的心目中享有较高的信誉，它所发布的新闻消息具有一定的权威性，借助报纸刊登广告，能赢得读者信任。

④灵活性：这往往是报纸能吸引广告主的另一重要原因。报纸广告不需要复杂的制作程序，从稿件处理到制版印刷时间很短。同时广告版面的大小、颜色和有关细节可灵活掌握，广告主可根据自身的具体情况及市场对产品、对广告的反应随时对广告信息进行修改。

⑤易保存、可重复：由于报纸特殊的材质及规格，报纸广告不像电视、广播广告那样转瞬即逝，不可追踪。报纸具有较好的保存性，而且易折易放，携带十分方便。一些人在阅读报纸过程中还养成了剪报的习惯，根据各自所需分门别类地收集、剪裁信息。这样，无形中又强化了报纸信息的保存性及重复阅读率。

报纸劣势如下：

①生命周期短：人们读报时倾向于快速浏览，而且是一次性的。一份日报的

平均生命周期只有短短的 24 小时，因此，其生命周期是很短的。

②干扰度高：很多报纸因为刊登广告而显得杂乱不堪，过量的信息削弱了任何单个广告的作用。即使是增刊广告，现在也因为太厚而显得更加混乱。

③产品类型限制：报纸和所有的印刷媒体一样有着共同的缺陷。有些产品不能在报纸上做广告，例如要演示的产品。

④印刷难以完美，表现形式单一：报纸是印刷成本最低的媒体。受材质与技术的影响，报纸的印刷品质不如专业杂志、直邮广告、招贴海报等媒体的效果。多数是黑白报纸，难以造成强烈的视觉美感。同时报纸仍需以文字为主要传达元素，表现形式相对于电视的立体、其他印刷媒体的斑斓丰富，显然要单调得多。但近年来，随着报纸彩印化趋势的加强，报纸的美感正在加强。

（2）杂志　杂志也是一种印刷平面广告媒体，尽管与报纸广告相比，它明显地缺乏时效性，而且覆盖面有限，但由于它精美的印刷，具有光彩夺目的视觉效果，故深受特定受众的喜爱。由于杂志种类繁多，雅俗均有，而且出刊周期短的杂志种类最多，影响颇大，因此，它成为现代广告四大媒体之一。由于印刷技术的发展和人类思维的进步，以往的单纯平面设计模式不断被打破，新的设计形式不断出现，这都体现着杂志广告的广阔前景。杂志优势如下：

①读者阶层和对象明确：杂志的读者不像报纸广大，但分类较细，专业性较强，这便于选择特定阶层的广告，非常方便，更能做到有的放矢。同类杂志的读者，在质的方面大体相同，因此，广告文案的制作也容易得多，反过来说，每一类杂志都拥有其基本的读者群，那么就可以针对不同的消费者选择不同的杂志。所以，为了更好地利用杂志媒体，应该根据广告目标对象的要求对能利用的杂志进行分类。

一般来说，杂志的读者都有一定的文化水平，有较好的理解能力，而且凡是订阅某种杂志的人，对该杂志的性质与刊登内容都有一定了解和兴趣，搞专业的人对专业杂志刊登的东西容易接受，这样就有利于广告发挥作用。订阅杂志的人生活水平都较高，有能力领略广告介绍的内容，所以新产品在开辟市场时，杂志媒体也是一个有效的媒体。

②杂志印刷精美，阅读率高，保存期长：杂志媒体的用纸较好，尤其是广告用纸更为讲究，在广告的印刷上要比报纸精美得多，尤其是彩色广告，色彩鲜艳精致，容易引人注目，可以逼真地再现商品形象，激发读者的购买欲望。杂志广告大都用全页或半页，版面较大，内容多，表现深刻，图文并茂，容易把广告客户所要提供的信息完整地表达出来。

杂志媒体比起广播、电视来说，生命长得多。广播电视节目一播即逝，而杂志阅读时间长，常被人保存下来反复阅读，因此，杂志广告能反复与读者接触，有充分时间对广告内容做仔细研究，加深人们的印象。

③杂志媒体版面安排灵活，颜色多样：在版面位置安排上可分为封面、封底、

封二、封三、扉页、内页、插页，颜色上可以是黑白，也可以是彩色，在版面大小上有全页、半页，也有 1/3、2/3、1/4、1/6 页的区别，有时为了适应广告客户、做大幅广告要求，还可以做连页广告、多页广告，效果十分强烈，影响巨大。

杂志与报纸一样，同属印刷媒体。这就决定了它们之间存在着一些共同的心理特性，包括阅读主动性、保存性和可信性。但是杂志与报纸也存在着很大的差别。在内容上，杂志不像报纸以新闻报道为主，而是以各种专业和科普性知识来满足各种类型读者的需要。在印刷质量上，杂志一般也优于报纸。因此杂志具有一些不同于报纸的心理特性。

④读者针对性强：杂志内容有较大的倾向性、专业性，不同的杂志，一般可以在广大区域里，拥有不同的和比较稳定的读者层。比如摄影杂志，读者以摄影行业和业余摄影爱好者为主，故有关摄影器材的广告，登在摄影杂志上，广告对象与该杂志的读者接近，有效地争取这些读者成为购用该商品的顾客。

⑤美感好，引人注目：杂志纸质较好，可以印上较美的彩色图片，较逼真地再现商品原貌。同时，杂志广告多是商业广告，广告登载量也不多，一般都集中刊登在一定的书页上，排列整齐美观，因此，杂志广告有较强的艺术感染力，引人注目，给人以美的享受。

杂志劣势如下：

①有限的灵活性：广告主在遇到市场情况变化时，需要变更广告内容很困难，一些时效性广告也无法使用杂志媒体。

②时效性差：杂志是定期刊物，发行周期较长，有周刊、半月刊、月刊、季刊、半年刊，甚至年刊，因而影响广告的传播速度。时效性强的广告，如企业开张广告，文娱广告，促销广告等，一般不宜选用杂志媒体，否则容易错过时机，收不到广告效果。

③制作复杂，成本高。

④递送问题：除了少数杂志，大多数杂志不是在所有的书报摊上都出售。如何使杂志到达目标受众是较为严峻的问题。

（3）广播　由于科技的发展，新媒体不断出现，广播媒介面临着越来越多的挑战和冲击，然而广播还是有它的优越性，只有充分地了解这些特性，才能扬长避短，进一步开掘这一媒体的潜力。广播优势如下：

①传播方式的即时性：即时性，是指广播广告传播速度最快。广播可使广告内容在信息所及的范围内，迅速传播到目标消费者耳中。不论身在何地，只要打开收音机，广告对象就可以立即接收到。如果广告策略、战术的临时调整而需要紧急发布某些广告信息，例如发布展销会、订货会、折价销售等时效性要求比较强的供求信息时，广播广告可以在数小时内完成播出任务，有时还可以做到现场直播。广播广告的这种即时性的优势是其他媒介所无法取代的。

②传播范围的广泛性：由于广播广告是采用电波来传送广告信息的，电波可

以不受空间的限制,并且广播的发射技术相对比电视简单得多,所以广播的覆盖面积特别广泛,它可以到达全世界的每一个角落。广播覆盖范围的广阔性使得人们不论在城市还是在乡村,在陆地还是在空中,都可以收听得到。广播不受天气、交通、自然灾害的限制,尤其适合于一些自然条件比较复杂的地区。

③收听方式的随意性:收听广播最为简便、自由、随意。因为它不受时间、地点的限制,不管是白天还是晚上,不管你在哪里,也不管你在干什么,只要打开收音机,都可以收听广播的内容。科技的进步,使收音机越发向小型化、轻便化发展,有的只有火柴盒大小。尤其是"随身听"这种为青年人所青睐的收听工具的出现,从某种程度上可以说,广播媒体可以为受众所随身携带。

④受众层次的多样性:印刷媒介对受众文化水准、受教育程度的要求较高。所以,广播可使文化程度很低甚至不识字的人也能听得懂广告的内容,所以广播媒体的受众层次更显出多样性。尤其是在我国,文化教育事业还不很发达,仍有很多文盲和半文盲,而这一部分人又是任何广告主都无法忽视的消费群体。要想针对他们发挥广告的告知与说服功能,广播是非常合适的广告媒体。

⑤制作成本与播出费用的低廉性:广播广告单位时间内信息容量大、收费标准低,是当今最经济实惠的广告媒体之一。同时,广播广告制作过程也比较简单,制作成本也不高。广播广告不受时间、地点的限制,可以随时收听。

⑥播出的灵活性:因为广播广告是诸媒介中制作周期最短的,所以广告主要根据竞争对手的举动来调整自己的战术行动,快速做出反应。广播广告是最为方便、最为得心应手的工具。而报纸和电视广告除了制作较为复杂以外,刊播时段和版面一般都比较紧俏,需要提前预订。而广播广告在安排播出和调整时段上相对比较容易,比较灵活。

广播劣势如下:

①易被疏忽:广播是个听觉媒体,听觉信息转瞬即逝,广告很有可能被漏掉或忘记。很多听众都把广播视为令人愉快的背景,而不去认真听它的内容。

②缺乏视觉:声音的限制会阻碍创意。必须展示或观赏的产品并不适合作广播广告,制作出能令观众产生观看产品这种想法的广告非常难。专家认为,幽默、音乐和声音效果的运用是最有效的方法。

③干扰:竞争性广播电台的增多和循环播放,使得广播广告受到很大的干扰;广播听众往往倾向于将自己的精力分散于各种事情,这样,听众听到或理解广播信息的可能性就大大降低了。

④媒体生命周期短:一个15秒的广播广告播出后就会荡然无存,假如受传者没有听清,也没法倒回去听。

广播是一种简便迅捷,时效性强的媒体。优点是媒体覆盖面广,受众广泛,费用低廉;更具想象张力、情绪感染力的媒体;缺点是属线性传播媒体、信息稍纵即逝,保存性差。

（4）电视　电视优势如下：

①直观性强：电视是视听合一的传播，人们能够亲眼见到并亲耳听到如同在自己身边一样的各种活生生的事物，这就是电视视听合一传播的结果。单凭视觉或单靠听觉，或视觉与听觉简单地相加而不是有机地合一，都不会使受众产生如此真实、信服的感受。电视广告的这一种直观性，仍是其他任何媒介所不能比拟的。它超越了读写障碍，成为一种最大众化的宣传媒介。它无须对观众的文化知识水准有严格的要求。即便不识字，不懂语言，也基本上可以看懂或理解广告中所传达的内容。

②有较强的冲击力和感染力：电视是唯一能够进行动态演示的感性型媒体，因此电视广告冲击力、感染力特别强。因为电视媒介是用忠实的记录的手段再现信息的形态，即用声波和光波信号直接刺激人们的感官和心理，以取得受众感知经验上的认同，使受众感觉特别真实，因此电视广告对受众的冲击力和感染力特别强，是其他任何媒体的广告所难以达到的。

③渗透力强：电视对我们的文化有着强烈的影响。对多数人来说，电视是一种主要的信息来源、娱乐形式和教育途径。它是我们生活中的一部分，以至于我们更容易相信那些在电视上做广告的公司，而不相信那些不做广告的公司。

电视劣势如下：

①媒体生命短暂：在电视节目中，一则电视广告多在几秒和几十秒之间，广告信息稍纵即逝，观众稍不留意就会错过，而一旦错过，受传者就无从查找，这就大大地影响了对广告商品的认知、记忆效果。

②费用昂贵：一是指电视广告片本身的制作成本高，周期长；二是指播放费用高。就制作费而言，电影、电视片这种艺术形式本身就以制作周期长、工艺过程复杂、不可控制因素多（如地域、季节天气、演员等）而著称，而电视广告片又比一般的电影、电视节目要求高得多。广告片拍片的片比通常是 100∶1，可见仅是胶片一项，电视广告片就要比普通电影、电视剧节目超出多少倍了，而且为广告片专门作曲、演奏、配音、剪辑、合成，都需要花大量的金钱。

就广告播出费而言，电视台的收费标准也很高。尤其是黄金时段的广告费更贵，少则几万，多则数千万。

③对观众没有选择性：虽然已有各种技术，能够更好地定义消费者，但是电视对观众仍然缺乏选择性。由于广告主不能确信观众就是恰当的受众，于是广告有很多浪费的覆盖面，比如向并不符合目标市场特征的受众传递信息。

④容易产生抗拒情绪：因为电视广告有显著的效果，运用电视广告的客户不断增加，电视节目经常被电视广告打断，容易引起观众的不满。

2. 新媒体

新媒体是新的技术支撑体系下出现的媒体形态，如数字杂志、数字报纸、数字广播、手机短信、网络、桌面视窗、数字电视、数字电影、触摸媒体等。相对于报纸、广播、电视、杂志四大传统意义上的媒体,新媒体被形象地称为"第五媒体"。

(1) 新媒体的特点

①媒体个性化突出:由于技术的原因,以往所有的媒体几乎都是大众化的。而新媒体却可以做到面向更加细分的受众,可以面向个人。个人可以通过新媒体定制自己需要的新闻。也就是说,每个新媒体受众手中最终接收到的信息内容组合可以是一样的,也可以是完全不同的。这与传统媒体受众只能被动地阅读或者观看毫无差别的内容有很大不同。

②受众选择性增多:从技术层面上讲,在新媒体那里,人人都可以接受信息,人人也都可以充当信息发布者,用户可以一边看电视节目、一边播放音乐,同时还参与节目的投票,还可以对信息进行检索。这就打破了只有新闻机构才能发布新闻的局限,充分满足了信息消费者的细分需求;与传统媒体的"主导受众型"不同,新媒体是"受众主导型"。受众有更大的选择,可以自由阅读,可以放大信息。

③表现形式多样:新媒体形式多样,各种形式的表现过程比较丰富,可融文字、音频、画面为一体,做到即时的、无限的扩展内容,从而使内容变成活物。理论上讲,只要满足计算机条件,一个新媒体即可满足全世界的信息存储需要。除了大容量之外,新媒体还有易检索性的特点:可以随时存储内容,查找以前内容和相关内容非常方便。

④信息发布实时:与广播、电视相比,只有新媒体才真正具备无时间限制,随时可以加工发布。新媒体用强大的软件和网页呈现内容,可以轻松地实现 24 小时在线。新媒体交互性极强,独特的网络介质使得信息传播者与接收者的关系走向平等,受众不再轻易受媒体摆布,而是可以通过新媒体的互动,发出更多的声音,影响信息传播者。

由此可见,新媒体与传统电视媒体最大的本质区别在于:

• 传播状态的区别:由传统媒体的一点对多点型,变为新媒体的多点对多点型。

• 主导状态的区别:由传统媒体的主导受众型,变为新媒体的受众主导型。

• 受众状态的区别:由传统媒体的普通大众型,变为新媒体的细分受众型。

(2) 新媒体的优势

①网络电视:网络电视,即 IPTV,是利用有线电视网或者电信运营商的宽带网络为用户提供多种交互式视频节目服务的新型电视传播媒介。也就是说,网络电视集互联网、多媒体、通信等多种技术于一体,用户使用的时候既可以通过加装 IP 机顶盒的电视机,也可以通过连接互联网的计算机。网络电视的最大优点是:节目交换平台可以提供交互式和个性化的节目,可以使网络电视的用户拥有高度灵活的时间选择和内容选择空间;可以为用户提供多种形式的交互式数字媒体服务,可配置多种多媒体服务功能,包括数字电视节目、可视 IP 电话、DVD/VCD

播放、互联网游览、电子邮件,以及多种在线信息咨询、娱乐、教育及商务功能。

②手机电视:手机电视是利用具有操作系统和视频功能的智能手机作为电视节目接收终端的新型电视传播媒介。手机电视的最大优点是:它的节目包括电视、广播、网页和游戏,用户可以随身携带、随时收看、随处收看、随意收看,被称为装在口袋里的电视机,也被称为零距离亲密接触的媒体,是继家庭电视机和电脑之后的"第三块"影像。

③移动电视:移动电视是可在移动状态中收看的电视,是全新概念的信息型移动户外数字电视传媒。它采用先进的数字电视技术,通过无线发射、地面接收的方法进行电视节目传播,用户可以在任何安装了接收装置的公交车、轮渡、轨道交通等移动载体中收看到DVD般清晰的移动电视画面(当然也能在非移动的情况下接收)。移动电视的最大优点是:用户可以在时速120千米甚至更高速度的运动状态下接收电视信号,并且接收灵敏度高,抗干扰能力强,做到图像稳定,色彩逼真,画面清晰。

④数字电视:数字电视从技术特征讲,是指电视节目的采集、制作、编辑、播出、传输、接收的全过程都采用数字技术。与原来的模拟电视相比,数字电视有高清晰的电视画面,可与DVD相媲美;有优质的音响效果,由于采用了数字技术,使得数字电视的伴音更趋逼真;有抗干扰功能,数字电视受其他电器的干扰很小,因此画面稳定,扩展功能多,可增加上网、点播等。数字电视的最大优点是:数字化以后的电视信号占用网络带宽资源大大减少,使目前线路的传输能力由原来几十套扩展为几百套。向用户提供的数字电视节目内容更加丰富。另外,数字电视还可以开设增值服务,可以分成更多更细的专业频道,如汽车、房产、MTV、体育、音乐、电视剧频道等。一方面,在模拟时代的电视受众到了数字时代有了自己的主动选择权,可以点播自己喜欢看的节目内容,不再像过去那样只能被动接受;另一方面,由于有存储功能,看电视可像电脑一样进行文字录入、上网浏览、收发邮件、电视购物、远程教学、远程医疗、股票交易、信息咨询等。它改变了图像、文字等信息的生产、传播、交换和消费的方式,使信息传播从单向单一形态向双向多元化形态转变、从资源垄断向资源共享转变。不难看出,新媒体的优势体现在它的互动性和参与性,尤其是网络电视和手机电视媒体,他们充分调动了受众的积极性,实现了一对一传播的模式,让受众在这种互动体验中获得更深刻的品牌认知。

常见的新媒体还有:论坛、博客、播客、微博、微信、QQ、陌陌、微淘、微视等。

(二)熟悉尽可能多的网络媒体特征

无论是综合门户网站、地方行业门户网站,还是个人媒体,软文营销策划人必须了解每一种网络媒体的特点,才能制定出具有针对性的软文写作形式和软文发布方案,把合适的东西放在合适的地方,是软文营销策划人最基本的能力。

1. 注意要点

一是尽可能选择新闻源网站。什么叫新闻源网站呢？简单地说，把文章放到一个网站上，比如新浪，其他的网站都会转载你的文章，那么新浪就是新闻源网站，那么发到源网站你有什么好处呢，你发到这个网站，其他网站你就不用发了，它主动给你转发。而且新闻源网站威信高，人家看了容易信。

二是要全方位覆盖，比如你所从事的行业有一百个网站，那你这一百个网站全发，这就是全方位覆盖。

三是占领渠道，发软文要长期坚持，把渠道占住，软文营销想达到好的效果，一定要长期坚持，软文营销，它不是说你写一篇就有很好的效果，它往往不一定有好的效果，你想要好的效果一定要长期写。

2. 联系谁发

一是直接找站长，比如你要发到新浪网的新闻栏目，那就直接联系新闻栏目负责人，这种方式适合发布量不大的，就发那么一两个网站。

二是找代理公司，比如你要发一百个网站，一家一家联系那就麻烦了，那你可以找第三方，专门发软文的，让别人去发，省时间。

3. 常见术语

一是入口，发软文的时候有个入口，什么是入口，简单的说就是你这篇文章发上去后，在哪个页面能看到链接，能看到链接的页面就叫入口，比如你在新浪微博发了一篇文章，它在首页就出现了你文章的链接，那它叫首页入口；如果你在某个栏目页出现你的文章链接，它叫栏目入口。所以说，你发的时候你要问，是什么入口。也有没有入口的，发到他网站上你看不到链接，他只有给你网址才能看到，这就叫没有入口。第二个，百度收录，比如这文章发到某个网站上，百度能不能收录这个地址。

4. 选择发布的地方

写内容如果你付费，可以直接发布到权威的新闻站点、行业站点、产品的垂直网站。如果你不想花钱，怎么办，首选论坛，大家知道论坛是免费的，其次是博客，比如新浪、搜狐等这些地方发。再就是有的网站可以免费投稿，这些地方也可以发。

步骤四 软文写作技巧

软文写作不是一段信手拈来的文字，需要洞察清晰了解用户需求，结合用户心理创造出宣传企业品牌的文章，在文章中与消费者产生共鸣。

专业的人做专业的事。脑白金刚开始时邀请了十个非常厉害的文案专家来写软文，进行封闭式的魔鬼训练，将这些文案人才关在一个酒店里面，根据脑白金的要求不停创作，还要接受许多高层和各地经销商的审核，不通过的再重新写。这些人才除了软文创作以外不会销售，不会跑渠道，不会公关，没有其他方面的才能，他们的才能和精力全聚焦在软文这一块上，事实上他们在脑白金软文的整个营销过程之中也只要负责软文撰写这一块就行了，后续的媒体发布，营销策划等另有其他的专业人士来执行。

知识链接

软文的写作技巧如下所示。

1. 标题要醒目、生动、吸引人

软文的标题是整篇软文的重中之重，大家看报纸都是先看每段内容的标题，感兴趣后再接着阅读。一般读者决定是否看某一个内容70%是由大标题和副标题决定的。因此，标题是整篇软文的点睛之笔。尤其是网络上的软文，没有吸引力的标题就没有点击率。所以从软文写作来看，软文标题怎么写是最重要的一个环节。下面介绍几种软文标题的撰写方法。

（1）以"利"诱人　与其他类型文章不同，软文一般都是商家发布宣传产品、品牌的文章，所以一定要以"利"诱人，在标题中就直接指明你的利益点。

经典软文标题如下所示：

- 《小站长年收入10万不是梦——我的奋斗历程》（××网站培训的软文标题）
- 《留下你的10块钱，也留下你的痔疮》（××医疗的软文标题）
- 《注册××网站会员，即送100元现金券》（××网上商城的软文标题）

（2）以"新"馋人　人们总是对新鲜的人、新鲜的事物感兴趣，这是人之常理，把握住这个特征，制造出具有新闻价值的软文，往往会引发巨大的轰动，特别是在网络传播的时候，可以获得更多的转载，这里新闻标题常用的词语包括：惊现、首度、首次、领先、创新、终于、风生水起、暗流涌动等。

经典软文标题如下：

- 《记者观察：网上项目外包风生水起》（××威客网的软文标题）
- 《我市惊现"日光盘"》（××楼盘的软文标题）
- 《苹果AIR创、新、薄（世上最薄的笔记本电脑）》（苹果的软文标题）
- 《终于，多功能车开始用安全诠释豪华》（××轿车的软文标题）

（3）以"情"动人　人都是有感情的动物，亲情、友情、爱情，在这个世界上我们被"情"所包围着。所以借助这个特性，在软文标题抓住一个"情"字，用"情"来感动读者，写此标题的时候作者一定要投入自己的感情。

经典软文标题如下：

- 《19年的等待，一份让她泪流满面的礼物》（××礼品的软文标题）
- 《为了这个网站，我和女朋友分手了》（××网站的软文标题）
- 《老公，烟戒不了，洗洗肺吧》（××保健品的软文标题）

（4）以"事"感人　从小的时候，我们就听爸爸妈妈们讲故事，长大一点，认识了汉语拼音和简单的一些字，我们开始阅读故事，成年了，我们喜欢看《知音》之类的故事性杂志。可见从小到大"故事"一直陪伴我们身边，而故事型标题也更容易感动人，吸引人阅读。

经典软文标题如下：
- 《那些年，我走过的弯路》（××招商手册的软文标题）
- 《一个襄樊汉子和他的世纪华峰装饰品牌梦想》（××装饰公司的软文标题）
- 《我和采茶美女的邂逅》（××茶叶的软文标题）

（5）以"悬"引人　电视剧《潜伏》播出当年，收视火爆，为什么这部剧会吸众人关注，很大程度是因为一个接一个扣人心弦的剧情，因为你总猜不出下面一集剧情会走向何方？写软文也是如此，从标题上，就埋下伏笔，使读者由于惊讶、猜想而读正文。此类标题应具趣味性、启发性和制造悬念的特点，并能引发正文作答。

经典软文标题如下：
- 《是什么让他的爱车走向了不归路？》（××防锈产品的软文标题）
- 《十年里发生了什么？》（××红酒的软文标题）
- 《高端乳酸猪肉是忽悠吗？》（××食品的软文标题）
- 《我是如何从失败中奋起，进而走向成功的？》（××培训的软文标题）

（6）以"密"迷人　与悬疑一样，大家最喜欢听到各种真相，人类的求知本能也让大家更喜欢探索未知的秘密。于是揭秘的标题往往更能引发关注，如果大家留意中央电视台春节联欢晚会，会发现每年的魔术只要一结束，网上就会兴起揭秘潮，而相关的帖子也被炒得火热。这类标题常用的关键词：秘密、秘诀、真相、背后、绝招等。

经典软文标题如下：
- 《半个月瘦身10斤，秘密首次公开》（××减肥产品的软文标题）
- 《净之美热销的背后》（××化妆品的软文标题）
- 《让销售业绩提升三倍的九种方法》（××培训的软文标题）
- 《小心被宰！低价做网站的惊天秘密》（××虚拟运营商的软文标题）

（7）以"险"吓人　恐吓式标题最早见于保健品软文中，通过恐吓的手法吸引读者对软文的关注，特别是有某种疾病的患者，看到相关软文后更能引发共鸣。后来，这种恐吓手法也开始转变，转为陈述某一事实，而这个提供的事实，能让别人意识到他从前的认识是错误的，或者产生一种危机感。

经典软文标题如下：
- 《高血脂，瘫痪的前兆！》（××保健品的软文标题）
- 《天啊，骨质增生害死人！》（××保健品的软文标题）
- 《30岁的人60岁的心脏》（××保健品的软文标题）
- 《一生有三分之二的时间是在床上度过的，为什么不选个好床垫呢？》（×

××床垫的软文标题)
- 《如果你不在乎钙和维他命,请继续喝这种豆浆》(××食品的软文标题)

(8) 以"问"呼人 软文标题如何让读者感觉更亲近,最简单的方法莫过于打招呼,就如中国人见面就会问的一句话,"吃了吗"。显然,以对话、发问的形式,或者直呼其名的方式往往更能吸引读者的目光,甚至可能一些不是你发问的人群会因为奇怪,相反会关注到这篇软文。

经典软文标题如下:
- 《××,××他们都来了,你呢?》(××活动的软文标题)
- 《1982年出生的人来聊聊》(××产品的软文标题)
- 《还有谁想要雅思、托福、CJRE学习资料?》(××培训机构的软文标题)

(9) 以"趣"吸人 一个好的软文标题,读者阅读后往往会过目不忘,这个就得益于软文创作者所使用的语言。生动、幽默、诙谐的语言可以将标题变得活泼俏皮,恰当地运营修辞手法,谐音的效果,可以令读者读后回味无穷,甚至乐意进行口碑传播。

经典软文标题如下:
- 《赶快下"斑",不许"痘"留》(××祛痘化妆品的软文标题)
- 《有"锂"讲得清》(××手机电池的软文标题)
- 《不要脸的时代已经过去》(××润肤水的软文标题)
- 《打得火热的男女也不会出汗,因为有××冷气机》(××冷气机的软文标题)

(10) 以"议"动人 建议性的标题是我们经常看到的标题,特别是做促销活动的时候,这样的带有鼓动性的标题更为多见。但是建议性的标题要想跳出常规,需要下一番苦功,可以从人们都有逆反的心理着手,不让他干什么,这样读者往往都会想着干什么。

经典软文标题如下:
- 《千万不要为了当老板而去创业》(××招商的软文标题)
- 《果珍建议:冬天要喝热果珍》(××饮品的软文标题)

(11) 借"名人" 名人的任何事情都是大众所关注的,无论是他们的工作,还是他们的生活,或是他们的兴趣等,如果你所宣传的事物或者产品能和名人靠靠边,借着名人的噱头,定会吸引不少读者的眼球。记得北京奥运会的时候林丹夺冠后把自己的鞋扔向观众席,第二天淘宝即出现不下1万的林丹冠军鞋,这就是明星效应。

经典软文标题如下:
- 《赵雅芝年轻20岁的秘密》(××化妆品的软文标题)
- 《李冰冰最喜爱的几款包包》(××品牌包的软文标题)
- 《巩俐:欧莱雅,你值得拥有》(××化妆品的软文标题)

（12）借"牛人" 在信息化的社会里，除了公众的名人外，各行各业都有一些公认的牛人，借助这些牛人或者这些知名机构，从他们口中发出声音，吸引大家的关注。

经典软文标题如下：
- 《一天收益上万元，创业牛人的生意经》（××招商机构的软文标题）
- 《PS大师××告诉你怎么画一个西瓜》（××培训机构的软文标题）
- 《PHP高手教你怎么隐藏文件》（××培训机构的软文标题）

（13）借"热点" 抓住社会上的热门事件、热门新闻，以此为软文标题创作源头，通过大众对社会热点的关注，来引导读者对软文的关注，提高软文的点击率和转载率。软文撰写者可以借助百度的搜索风云榜来关注最近热门事件。这里的热点大到奥运会、世界杯、神六登天，小到社会上的用工荒、圣诞节的鲜花预定潮等。

经典软文标题如下：
- 《神六采用爱国者U盘能重复擦写百亿次》（××数码的软文标题）
- 《面对"用工荒"，企业如何借力电子商务》（××威客网的软文标题）
- 《圣诞节鲜花预定火爆鲜花网》（××鲜花网的软文标题）

（14）借"流行" 在网络的时间里，每隔一段时间就会有一些流行词汇的出现，从前两年的"Hold住""你懂得"到"伤不起""100块钱都不给"，再到成龙的口头语"DUANG~~DUANG~~"，使用这些频率高的流行词汇，在一定程度上也能吸引读者的关注。

经典标题如下：
- 《彻底粉碎"疯狂的石头"》（××医疗的软文标题）
- 《iPhone5抽奖进行时，你怎能Hold住》（××活动的软文标题）
- 《DUANG，房价真的降了》（××地产的软文标题）

（15）借"文化" 借助诗词、成语典故、古汉语、谚语、歇后语、口语、行业内专业术语、军人常用语、外语和方言土语、人名地名、影视戏曲歌曲等来创作软文标题，提升软文的"文化涵养"，降低了其广告味道。

经典软文标题如下：
- 《第一视频叫板央视：同根不同命，相煎已太急》（××视频网的软文标题）
- 《房价下跌百姓只问不买，中介只求"非诚勿扰"》（××中介的软文标题）
- 《"双汇"掉泪了》（××食品的软文标题）

（16）夸大型软文标题 利用对某件事情或者某个观点夸大，甚至是过激的看法，来吸引读者的注意力，进而对软文宣传的内容产生兴趣。

经典软文标题如下：
- 《上万市民"夜袭"××家电卖场》（××家电卖场的软文标题）
- 《200万人的健康和这个观点有关》（××保健品的软文标题）

（17）史上型软文标题　中国的历史上下 5000 年，提及××历史、××朝代上最××的事情，往往必定会引起轰动和关注。利用这个特点，在软文标题写作的时候可以借助史上最××事情来达到吸引读者的目的。

经典软文标题如下：
- 《史上卖的最疯狂、N 次断货的女装》（××淘宝店的软文标题）
- 《史上最省钱的团购就在今夜》（××商场的软文标题）

（18）对比型软文标题　这类软文标题通过与自己或同行进行比较，来显示自己的优越性，使读者对软文所要宣传的产品或服务的独到之处有深刻的认识。从对比型软文标题，还可以演化创作变化型软文标题、选择型软文标题。

经典软文标题如下：
- 《××品牌服务，超越国家三包服务范畴》（××商场的软文标题）
- 《中国公关面临十字路口：向左走，向右走?》（××公关公司的软文标题）
- 《五粮液不再强攻党政军市场》（××酒的软文标题）

（19）数字型软文标题　数字的威力有多大，数字能给人什么样的心灵碰撞，巨大数据产生的效应会有多大，这些问题不需要去解答，我们只需要认真思考当我们遇到数字的时候我们的心到底有多震撼。从数字中震撼一个人的心灵，从数字中寻找好奇心的答案，从数字中得到一种力量。

经典软文标题如下：
- 《快看，他就是第 90000 个 M – Zone 人！》（移动公司的软文标题）
- 《5 天时间，赚足 3800 元!》（理财产品的软文标题）
- 《素材中国：五分钟 PS 出一个漂亮的 LOGO》（××网站的软文标题）

2. 软文内容要和目标消费者拉近关系

软文正文的内容一般要表达三个方面的内容：

（1）诉求重点，即软文的核心内容，

（2）对诉求重点的深入分析，

（3）让潜在消费者行动起来。

3. 软文字数要适中

很多人认为，软文推广需要长篇大论，把每个细节都写得一清二楚，并且字数不少于几千字，其实一篇好软文并非是那种长篇大论，而是普通的 500~1000 字左右的文章，因为这个范围是用户比较容易接受的，既不会产生审美疲劳，也不会让文章显得又长又臭。

4. 广告信息要巧妙地融合

在创作软文过程中，"说什么"和"怎么说"是创作人员首先要考虑的两个重要因素。首先是"说什么"。这也是充分整合信息资源的重要环节。但我们所看到的大多数软文广告，求大求全，有一种使最重要的信息淹没在了"长篇小说"之中的感觉，反而得不偿失。

步骤五　软文发布策略

软文发布是将上一步编撰好的文稿发布到策划好的目标媒体上。

脑白金当时选择的软文发布载体是报纸,一是因为报纸是资讯比较集中的、比较权威的媒体,在这些版面上刊登的软性广告也不易被用户发现是广告。二是因为脑白金仔细研究了它的客户群体后发现,他的客户群体多半是那些有较高收入、有孝心、有社会关注心,喜欢读报纸时事的一些青年。

而且在脑白金选择报纸时也非常谨慎,要求在当地 2~3 种报纸上刊登,而且每次每种媒体每周只刊登 1~2 次广告,每篇文章占用四分之一版面,而且这个文章不能刊登在报纸广告角落,要刊登在正规的健康、社会新闻版块。

因此,在发布软文之前要先选择一个合适软文主题的发布平台,仔细分析研究软文针对的客户群体,了解他们的生活喜好、习惯和消费心理,再针对性地选择一个合适的载体进行发布,实现精准化营销。

知识链接

好软文可以在不经意间无招胜有招,能够迅速消除消费者的戒备心理,进行渗透传播,使消费者在不知不觉中接受企业想传播的信息。但是有了好的软文,并不等于企业已成功地完成了营销工作,还必须有好的投放策略与之配套,才能取得事半功倍的效果。

(一) 软文发布形式如下:

软文发布的形式有很多种,分为收费形式和免费形式。收费形式的发布一般需要企业支付服务费,或找营销公司代理发布。免费形式是企业的工作人员通过自行投稿或发布,通过劳动就可以实现发布的形式。

1. 常见的收费软文发布形式

(1) 报纸杂志　现在谈起软文,大家一般想到的都是网络,其实软文最早产生于报纸,当然也可以在平面媒体上发布,报纸杂志是最常见的形式。但是,平面媒体由于版面受限,软文发布费用远高于网络,不是按篇计算,而是按字计算,配图和标题有的需要另付费。目前平媒的受众不断减少,网络媒体受众日益庞大,网络软文的性价比较高。

(2) 网络新闻　网络新闻是网络软文最常见的形式,企业一般通过网络营销公司代理发布。

(3) 名博挂文和博客推荐　软文可写成博客文章的风格,发布到行业知名博客上,或者发布到专业博客,通过公关操作推荐到博客频道首页,根据网站和博客量级的不同收费标准也不同。

(4) 论坛置顶　软文可以写成论坛帖子的形式,做成置顶帖或精华帖。

2. 常见的免费软文发布形式

（1）网站投稿　网络新闻发布一般是需要投入费用的，但是有些网站是接受用户投稿的，稿件文章质量好，对读者有用，网站的管理员会转成新闻发布出来。如，A5 站长网、艾瑞网、速途网等。

（2）博客发布　在企业博客或个人博客上发布，是完全可以免费的，但流量不会太大。名博挂文需要博主操作；博客推荐需要网站博客频道管理员操作；一般的博客发布自己注册博客就可以操作，前两者需要投入公关预算，第三者不需要。此外，本文探讨的博客是广义的，包括 QQ 日志、开心日志、飞信空间、威客空间等类博客互联网形态。

（3）论坛发帖　论坛，这个大家比较熟悉，作为普通帖子发布到相关版块。

（4）文件共享　把软文文档上传到百度文库、豆丁网、道客巴巴等文件共享平台。

（5）百科知道　软文稍加修改，便可以作为百科名词底稿，也可以改写成问答形式，在互动百科、百度百科创建名词，完成软文的变相发布。问答平台道理也是一样，把软文内容作为问题答案提交，只要能解决提问者的问题，便是好答案。

（6）微博　有人说微博只能发布 100 字，软文有几千字怎么发？可以提炼软文的中心思想作为微博发布，如果觉得实在不够明了，还可以将文章的链接附上。

（7）其他　其他发布的形式还有，如新闻评论、视频评论、博客评论、商铺公告、邮件、IM 等。

邓小平同志说过："不管是黑猫白猫，抓住耗子就是好猫。"营销也是这样，没有一成不变的营销方法，能推广企业的产品，便是成功的营销方法。就软文推广来讲，发布形式不是不重要，重要的是要达到营销目的，知道的形式越多，就离成功推广越近。

（二）给软文拟一个新闻标题

发布软文推广是企业的需求，无非是要达到品牌宣传目标或产品销售目标，但写作软文广告时首先要考虑读者的需求。就整篇软文推广而言，标题就像"脸面"一样，能否吸引读者的目光就全靠它了。当然，仅仅吸引目光是不够的，标题还应该让读者动心，并产生"让我瞧瞧"的欲望。

（三）善于运用新闻惯用词汇

在软文的写作过程中，要善于运用新闻惯用的一些词汇，来增强正文的"新闻性"，如何才能运用好新闻词汇？时间、地点词汇：比如"近日""昨天"、"正当××的时候""×月×日"和"在我市""××商场""家住××街的××"等，这些时间以及地点的概念可以引导读者产生与该时间、该地点的相关联想，加深印象，淡化广告信息。

（四）发布时和新闻粘在一起

如果说成就某件事情需要"天时""地利""人和"的话，软文广告的成功发布也需要如此。软文广告发布时要和新闻粘在一起，主要是发布时的"天时"和"地利"，至于"人和"，将在下一节论点中阐述。"天时"：主要表现在企业发布软文广告时对发布契机的把握与对当时新闻热点的巧妙跟从。当新闻媒体在连续"炒"某个重要话题时，企业要快速做出应变，撰写与此话题相近的软文进行"跟风"，这样才会"把豆腐炒成肉"。

步骤六　软文效果评估

软文营销的效果其实是企业最关心的问题，但是如何评价软文营销的效果呢？应该综合品牌和销售情况、网站流量、电话咨询来考虑。一般来讲，以发布之后几天网站的销售和流量提升考核不是合理的，软文自身的优势在于网络口碑与推广的持续效果。

知识链接

（一）软文营销评估的意义

就像企业开发的绩效考评一样，对于员工来讲是一种鞭策，更重要的是，对于提升企业经营业绩具有重要的作用。软文营销的效果评估作用同样如此。无论是中小企业将软文营销外包了，还是企业内部组建团队实施的软文营销，客观地对软文营销的效果进行评估有两个方面的现实意义。

首先，对于软文营销本身来讲，能够通过效果评估，去鞭策我们进一步思考软文营销下一个流程的循环应该重点放到哪里。也能够及时总结好的经验，为下一步提高软文营销的水平奠定基础。

其次，对于实施软文营销的团队来讲，也是一种学习和进步的机会。软文营销涉及的环节比较多，影响因素比较复杂，软文营销效果评估能够客观上使软文营销团队注意调研、思考，有利于软文营销团队与企业的市场部、营销部及其他部门的团结合作。因此我们坚持认为软文营销必须评估，尤其是对于长期实施软文营销的企业，更需要如此。唯有如此，软文营销的创新能力才会持续提高，才会让企业最终切身感受到软文的力量。

（二）软文营销评估的方法

我们认为，软文营销对于企业认知度、品牌知名度、产品线下的销售促进等作用，也是不容忽视的，即使不能进行数据统计，但效果客观存在，也能够通过一些客观的指标做一个相对客观的效果评估。

1. 成本评价法

主要针对营销为导向的企业。将实施软文营销周期内的销售业绩与同时期对比，软文营销投入的费用与业绩增长额对比，如果远远超出业绩增长额，那么软文营销的效果就毋庸置疑了。这种方法适合评价平面软文和网络软文。

2. 搜索引擎收录评价法

主要针对网络门户软文。在实施网络软文营销之前，分别在百度网页和百度新闻格下检索相关关键词，记录检索到的数字结果。软文营销实施后，将检索结果进行对比。还可以增加谷歌、搜狗的检索对比。这三个主要搜索引擎已经能够客观评价网络软文的收录效果了。

3. 转载率评价法

也可以简单理解为二次传播量评价法。无论是平面软文还是网络软文全部适用。平面媒体的软文引起网民主动引用或者评价了，即可认为是一次二次传播。网络软文主要看网站、论坛的帖子转载率。转载率，不是指文章被多少个站点转载了，而是被多少个站点转载后，留了版权链接的个数。比如，文章被转载了100次，留了链接的有25个，那么转载率就是25%了。

4. 流量分析评价法

主要针对推广网站的网络软文，为网站带来了多少点击量，这个通过站长工具可以非常精确地统计出来。这个评价方法最客观。

5. 置顶率评价法

主要针对网络论坛中的帖子形式软文，简单来说就是多少次被置顶了。

软文营销的效果评估不能绝对化，因为在个别情况下，软文的行动目标不一定是销售，有可能是危机公关，有可能是信息反馈。建议软文营销的效果评估将对上几种方法结合考虑。

一般来讲，企业做软文营销，把握好上述六个步骤，便可以顺利地实施软文营销，但是企业各有背景，实际操作需要有经验的顾问做项目经理，整体管控软文营销的实施，这样效果才能保证。

软文不如硬广告那样直接，而是通过文字描述来潜移默化地影响消费者的思想，只有通过长期的营销宣传才能提升品牌和美誉度，进而才能在营销上产生质的变化。因此，企业在进行软文营销前应具有明确的产品诉求，在进行软文的撰写和发布过程中将企业的诉求与消费者的需求相结合。这种诉求又是随着消费者的需求变化而不断变化的，因此软文营销应该是一个持续的过程，根据市场的变化在软文内容和投放等方面做出相应调整。如企业某一阶段的诉求的内容是销售产品，则软文应着重传递给消费者能给他们带来什么样的利益，在软文撰写中要强调产品的功效和与众不同的特色；如果诉求是传播品牌文化，则软文的内容要侧重品牌理念、品牌精神、品牌故事的宣扬。由此可见软文营销也应该遵循计划、组织、实施、修正等操作规律。

同时要想让软文真正起到大的营销效果，或者想达到品牌宣传的效果，就要持续跟进，即不间断地发布软文，在一篇软文效果消失之后，继续推出另外的软文把效果接上。这种持续跟进的结果可不是 1+1=2 的效果，而是 1+1 远大于 N

的效果。

正常情况下,一波软文营销要持续跟进 4~5 篇软文,每篇软文在内容上要接续,不能断裂开,后篇文章要利用前篇文章的效果,并放大前篇文章的效果。

总而言之,软文营销讲究一个"软"字,通过能带动起一部分人眼球的标题,将广告埋于其中,用引导性的文字来带动读者的心情,软化读者对广告的排斥信息,将广告传递给读者。

【案例 7-1】 赵雅芝年轻 20 岁的秘密

2010 年,赵雅芝获得 2009 非凡女人年度盛典"非凡女人奖和 2010 年品牌中国——电影事业爱心公益最佳贡献奖"。《新白娘子传奇》《上海滩》《戏说乾隆》《雪山飞狐》《楚留香》等,视坛常青树赵雅芝 1954 年出生,现在已经 63 岁,仍能保持着高雅、气质非凡的一面。2009 年,李咏在《咏乐汇》节目中,介绍赵雅芝的专题节目就叫"完美女人"。

赵雅芝她就是一个完美女人,不是吗?我们还记得她那甜甜的笑;记得她偶尔会有皱皱眉头的样子,可是那么惹人心疼,惹人怜爱;戏说乾隆中你又看到了她刚毅的一面。也许有人说这是演技超群的表现,一个演员技艺精湛的表现,那生活中的赵雅芝是怎样的呢?

一谈到护肤到这个话题,赵雅芝就会眉开眼笑,毕竟花甲之年的人如今还能拥有小姑娘的脸蛋不知是多少人的梦想。很多人不知道用了多少化妆品都没这样的效果,脸蛋还是起色斑、长痘痘、显干燥、显暗沉,所以大家都一直好奇是什么法宝才能让赵雅芝容颜不老。

其实曾经赵雅芝也饱受色斑、脸色暗沉的苦恼,30 多岁看起来就和老太太一样了,因为这个原因赵雅芝在娱乐圈消失一段时间,不管是谁邀请她都拒绝上镜,更不用说广告了。可如今赵雅芝的肌肤突然年轻如 20,这一直是个谜。赵雅芝之所以能保持不老容颜,除去健康的生活方式和运动之外。据香港媒体透露,源自美国的"维纳斯精纯胶原蛋白"也是芝姐保持美丽的独门秘方。赵雅芝说:"肌肤衰老除与年龄、自然环境侵害外,更与肌肤中真皮层缺失一种营养——胶原蛋白有关,肌肤的弹性润泽,细腻光滑都与胶原蛋白在体内的多少有着密切的关系!"精纯胶原蛋白现在对于爱美人士已不是陌生词,它被称为肌肤的软黄金。像范冰冰把维纳斯精纯胶原蛋白当水喝早已不再是娱乐圈美容的秘密了。

另外,赵雅芝说,每个年龄的肌肤都有不同的特点,要区别对待。我喜欢素面朝天,不喜欢自己的脸被化妆品所覆盖。如果出去见朋友,为表示礼貌也只是化淡妆。她认为虽然女性花在护肤上的金钱和时间远多于男性,但似乎仍难以抗拒自然的力量。化妆品只能收一时之效,做不到从身体内部进行调理,就像灰姑娘过了12点要被打回原形一样。女人要真正美丽,还要靠内养,从身体的最深处带来的转化才能维持长久!

【案例7-2】"肠"胜将军的秘密

现代社会生活节奏快,上班族普遍工作压力大、情绪波动大,加上不规律的饮食,使得肠道负担加重,出现亚健康状态,甚至引发急性或慢性腹泻等症状。在这样"高压"的环境下,如何保持肠道健康,做一名"肠"胜将军呢?

1. "菌"衡才是硬道理

人体的肠道内寄居着种类繁多的细菌,统称为肠道菌群。和复杂的人类社会一样,这些菌群在肠道里拉帮结派、各立山头,形成了"有害菌"和"有益菌"两大阵营。各方菌群帮派只有在势均力敌的时候,肠道才会平安无事;若是有一方豪强做大,侵占其他势力的地盘,就会引起肠道不适,所以,"菌"衡才是肠道健康的关键!为了达到"菌"衡的目的,我们需要有一支强力的"城管"大队来肠道"维稳"。

乳酸菌饮品就完美地扮演了这个角色。它可以帮助肠道消化,并抑制肠道内"有害菌"的生长,居中调停,使人体肠道菌群恢复平衡,带来和平稳定的肠道环境。

2. 膳食纤维与"菌"共舞

膳食纤维作为"健肠派"的高手,早已名满天下,它被誉为人体第七大营养素,是健康饮食不可或缺的组成部分。

膳食纤维十八般武艺样样精通:促进肠道蠕动,缓解便秘;增加饱腹感,帮助人体减少食物摄入,有效帮助控制体重;吸附肠道中的有害物质并排出体外;帮助降低人体内胆固醇水平……不过,膳食纤维还有一项不为人知的绝技:帮助肠道里的有益菌发酵,协助保持肠道菌群平衡。膳食纤维与"菌"共舞,肠道健康可高枕无忧了。

综上所述,要成为一名"肠"胜将军,肠道"菌"衡和补充适当的膳食纤维才是王道,忙于生活和工作的你,不如把这个问题交给娃哈哈乳酸菌吧!经过层层遴选,保障肠道势力平衡的菌群已经脱颖而出,加上清肠促消化的膳食纤维"双剑合璧",融于一瓶之内,让你常喝常舒畅,肠道更健康!怎样,新技能 get 了吗?

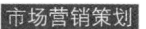

项目思考

一、基础知识

1. 什么是软文?
2. 什么是软文营销策划?
3. 软文营销策划的步骤有哪些?

二、能力训练

能根据营销推广的需要编写软文标题。

选择以下产品撰写营销软文标题:篮球、矿泉水、黑板、护肤品。

表7-1　　　　　　　　软文标题表

形式	例子	撰写软文标题(每小点至少写两个)
悬念式	"人类可以长生不老?" "什么使她重获新生?" "牛皮癣,真的可以治愈吗?"	
故事式	"1.2亿买不走的秘方" "神奇的植物胰岛素" "印第安人的秘密"等	
情感式	"老公,烟戒不了,洗洗肺吧" "女人,你的名字是天使" "写给那些战'痘'的青春"等	
恐吓式	"高血脂,瘫痪的前兆!" "天啊,骨质增生害死人!" "洗血洗出一桶油"	
促销式	"北京人抢购＊＊＊" "＊＊＊,在香港卖疯了" "一天断货三次,西单某厂家告急" "企通互联推广免费制作网站了"	

参 考 文 献

[1]菲利普.科特勒.营销管理(第13版).北京:中国人民大学出版社,2009.
[2]黄静,王文超.品牌管理.武汉:武汉大学出版社,2015.
[3]杨兴国.品牌划谋.北京:经济管理出版社,2008.
[4]孙晓强.品牌资产提升策略——品牌代言人视角下的理论与案例.北京:经济科学出版社,2009.
[5]百度百科策划词条 http//baike. baidu. com/link? url = 5IFYWUzd_pseCJkT5j0zkxMEkkkNz9DRml0F2yR2ycI – Dhe9cAgqY1Yik4K49LBvNWdDfw5RAfHcT9SRwcif0RuMp0HnBldYIkzIgXoQPgy
[6]市场背景分析 https://wenku. baidu. com/view/7d3b080ff78a6529647d53c1. html
[7]杭州 E 都市 http://hz. edushi. com/bang/info/2 – 15 – n4104003. html
[8]百度百科:http//baike. baidu. com/link? url = _VXcS – – 6nxHDxNZ – HPq59C3rAA17VAEQDGc3z4umv2LK34PPxbLpfJiRSCxx3WDS8v3 – FHy5kWWSI0_vtAZEhkco6mSQbWwc0s1Nr5lAEEAb458QCet_LusefkZoSyhkaHlhLDHP2d8KcVBj2H7R0_
[9]第一赢销网 http://www. yingxiao360. com/htm/2016114/19660. htm
[10]界面. 产品卖点的行销力提炼法则 http://www. jiemian. com/article/512416. html
[11]谭木匠:小梳子做成上市大公司 http://money. 163. com/13/1209/09/9FL3PJ1I00253G87. html
[12]百度百科产品组合词条 http://baike. baidu. com/link? url = MjJAUAexYYv9dVx3Hbk9Tx1WpqVdFJvVOt6j2zY6XE7Rl0T2RQ7spMsTe5_YyekdgrBXP4pEnhaw0GVE5y2CWZvCKbj97xMhNahINVhq2QNwBzAd – An8_2RsEALJddpc
[13]百度百科新产品词条 http://baike. baidu. com/link? url = N7wvYJTOa1evKqu0X1C7qRNM3xsYJGSUBfPsGQdOl75MwgyWNJ1e6Bq8K7ykongHuCjgZ1jss1WCsY1ttPcGM6l_aZCiTILqSyzk7S5 – SXTajUEsVNWmswhUPLH6uz3U
[14]科易网 http://www. cnxm. org/a/xiangmuxueyuan/chanpinyanzhi/2014/0626/237. html
[15]豆丁网 http://www. docin. com/p – 63076988. html
[16]资料来源:MBA 智库百科 http://wiki. mbalib. com/wiki/% E6% 96% B0% E4% BA% A7% E5% 93% 81% E5% BC% 80% E5% 8F% 91% E6% B5% 81% E7% A8% 8B

[17] 大不六文章网 http://www.wtoutiao.com/p/Xb4Pae.html

[18] 经管百科 http://wiki.pinggu.org/doc-view-17404.html

[19] 第一赢销网 http://www.yingxiao360.com/htm/2011425/3773.htm

[20] 百度百科品牌策略词条 http://baike.baidu.com/link?url=uqPHt5sQe76PuYZuHHPJ_XSI50RJkmr_UjoVqByywe097yutIjmpsYHzQMmRVhvAujzaqej3Bqna2mvOXguq3b2hPtDUp-DonTU5wWc5cHFQ0FuHS9Gi70rm2lVQRoPr

[21] 阿里巴巴商圈 https://club.1688.com/threadview/46688812.html

[22] 百度百科品牌词条 http://baike.baidu.com/link?url=RlkcpgGGI3Uiz_pX-SCyuTwYY-i4U12Rrl9YHVSe50uGOTN5xSKcEFEnH1Y7SlxjgvVD1aAe2MRMwyWlphMx5AjrvDrL5JU-C996D3O9aYj_

[23] 九创 http://www.9branddesign.com/news-i114.html

[24] 豆丁网 http://www.docin.com/p-1565194166.html

[25] 新浪新闻 http://news.sina.com.cn/o/2016-09-22/doc-ifxwermp3626289.shtml

[26] 新浪财经 http://finance.sina.com.cn/leadership/ppcs/20060614/15502651049.shtml

[27] 世界服装鞋帽网 http://www.sjfzxm.com/news/shangren/201604/01/485849.html

[28] MBA 智库百科 http://wiki.mbalib.com/wiki/%E9%95%BF%E6%9C%9F%E5%93%81%E7%89%8C

[29] 新浪财经 http://finance.sina.com.cn/leadership/ppcs/20060614/15502651049.shtml

[30] 百度百科品牌命名词条 http://baike.baidu.com/link?url=-_TvgVm5Qqb99UYnnbjcTBTgamtREliZvqzlG5ihECazVyFO39B8BFJvMqHZ9GSq

[31] 一品威客 http://www.epwk.com/meijie/162726.html

[32] 百度文库 http://wenku.baidu.com/view/d609fadb7f1922791688e810.html?from=search

[33] 凤凰财经 http://finance.ifeng.com/a/20140418/12149535_0.shtml

[34] 中华品牌管理网 http://www.cnbm.net.cn/wenda/391969413.html

[35] 百度百科品牌词条 http://baike.baidu.com/link?url=9b_arcX-FRz8gDw7AjlIC_cDZ-zW9IADpBqAqpU5RaLLSIiKnDaA6jYWhFdiUiDs0SmaDmniUm22Oxy4Qhpn6VsdDlEATrKtYPIKT-vEl6gS

[36] 五粮液和施华洛世奇做了一款高端婚庆定制酒. http://www.sohu.com/a/152925286_426303

[37] 三亿文库 http://3y.uu456.com/bp_3n85t7l4ay7b8vd53zjd_1、html

[38] 圣才学习网 http://guanli.100xuexi.com/ExamItem/ExamDataInfo.aspx?id=

75E2CA16-8EAE-45C6-A3D2-2E5274693542

[39] 市场背景分析 http://wenku.baidu.com/view/7d3b080ff78a6529647d53c1、html? from=search

[40] 从经典软文营销案例看形式多样的新闻软文 https://wenku.baidu.com/view/137fa9346f1aff00bfd51e59.html

[41] 四大传统媒体广告的优缺点 https://wenku.baidu.com/view/603a3534f111f18583d05a83.html? re=view

[42] 詹勇. 论新媒体的优势及发展趋势 http://wenku.baidu.com/view/058c12a55fbfc77da269b1c0.html? from=search

[43] 史上最全软文标题写作套路 http://wenku.baidu.com/view/36f88825700abb68a882fbd1、html? from=search

[44] 软文怎么写 http://wenku.baidu.com/view/393e322de2bd960590c677d7.html

[45] 教你如何写软文 http://wenku.baidu.com/view/8addee6f0722192e4436f616.html? re=view

[46] 软文推广：常见的软文发布形式有哪些？ http://wenku.baidu.com/view/639b36cedd36a32d72758111、html

[47] 软文推广：发布软文的五大技巧 http://wenku.baidu.com/view/9615afed03d8ce2f0166238e.html? from=search

[48] 软文营销评估 http://bbs1、people.com.cn/post/23/1/2/146243031.html

[49] 赵雅芝年轻20岁的秘密 http://blog.sina.com.cn/s/blog_6032b47701017gu5.html

[50] 乳酸菌饮品经典软文案例："肠"胜将军的秘密 http://www.duoma8.com/rwyx/rwsx/1587.html